Allen Roy Evans

Der Zug der Rentiere

Deutsch von
Richard Hoffmann

rororo

Rowohlt

169.–175. Tausend Juni 1964
176.–187. Tausend Dezember 1988

Veröffentlicht im Rowohlt Taschenbuch Verlag GmbH
Hamburg, Oktober 1952
Titel der amerikanischen Ausgabe: «Reindeer Trek»

Umschlaggestaltung nach einer Idee
von Karl Gröning jr. / Gisela Pferdmenges
Satz Bembo (Linotron 202)
Gesamtherstellung Clausen & Bosse, Leck
Printed in Germany
880-ISBN 3 499 12407 6

Erstes Kapitel

Die Buckland-Bai

Kult eilte von der Niederung, die die Bucht umgab, aufwärts. Er trug etwas im Arm. Vor dem Zelt saß Soak auf einem Schlitten; er mußte ihr seinen großen Fund zeigen. Er legte, was er trug, behutsam auf den Schlitten: es war ein Eiderentennest mit sechs Eiern. Eine übel beratene Ente hatte sich, fern von ihrer Wohnstätte, in der Jahreszeit geirrt und zu Beginn des arktischen Winters versucht, eine Familie zu gründen.

Beim Anblick des unerwarteten Schatzes lachten sie beide – Kult und Soak. Sie lachten in letzter Zeit immer, seit Soak hier im Bucklandtal war, das spannende Lagerleben teilte und in Kults Zelt wohnte. Kult warf ihr ein Ei zu und schrie auf, als es in ihren Händen zerbarst. Vor den anderen Zelten standen mit weitaufgerissenen Augen die Kinder – Kob und Sik, Lug und Uji – im Kreise und schauten. Kult zerbrach ein Ei, es war nahezu schon ausgebrütet. Er warf den Kopf zurück und schluckte es rasch, dann lachte er wieder. Der harte Schnabel des Entenkükens hatte ihn beim Hinabgleiten in der Kehle gekitzelt. Soak folgte dem Beispiel Kults; die Kinder sahen schweigend und erstaunt zu. Als die Eier verzehrt waren, eilte Kult zum Sandstrand zurück, und Soak strich sich langsam mit dem Handrücken übers Gesicht. Sie war noch jung und neigte zur Eitelkeit.

Im Hügelland war schon vor Tagen Schnee gefallen. Dieser Schnee mußte immer näher kommen, sich tiefer und tiefer seinen Weg in die Täler bahnen. Soak wußte, daß dort im Hinterland die Lappen Pehr und Akla und Mikel mit ihren Rentieren seltsame Dinge trieben. Soaks Brüder, ihr Vater, ihre Großväter hatten Rentiere gejagt und das kostbare Fleisch mit den Fellen auf Hundeschlitten heimgebracht. Alle Eskimos hielten es so seit je, nun aber unterwiesen die Lappen mit großer Geduld die Rentiere im Schlittenziehen. Das erschien allen sehr sonderbar; auch das Land der Lappen mußte ein sonderbares Land sein. Soak hatte mit den Lappenfrauen noch nicht Bekanntschaft geschlossen: weder mit Waas, der Gattin Pehrs, noch mit Neji, seiner sechzehnjährigen Tochter. Dann gab es hier noch zwei Lappenkinder, Ata und Jak, aber die waren zu jung, um eine Rolle zu spielen.

Soak durfte in ihrer neuen Würde als verheiratete Frau mit den anderen Eskimofrauen sprechen: mit Kipi, die Tapiks Gattin war, und sogar mit Quag, die Kaas, dem ältesten und weisesten Eskimo im ganzen Lager, angehörte. Sie hatten Soak viele Dinge erzählt, alles, was sie allmählich von den Männern erfuhren. Die Gatten versuchten, würdevolle Überlegenheit aufrechtzuerhalten, indem sie sehr wortkarg taten, am Ende aber erzählten sie ihren Frauen doch alles. Die Liebe zum Klatsch ist tief in der ganzen Eskimorasse verwurzelt, doch schienen hier die Männr größere Willenskraft zu haben; sie hielten ihre Neuigkeiten ein wenig länger zurück.

Obwohl Soak erst vor ein paar Wochen ins Lager gekommen war, als Kult sie hierher an die Küste brachte, damit sie die seltsamen Vorgänge sehe, glaubte sie doch schon über viel neues Wissen zu verfügen. Der alte Häuptling Kaas war nicht der Oberste im Lager, sondern ein großer Lappe namens Jon, ein Mann, der alles zu wissen und über einen jeden Gewalt zu haben schien. Er sollte der Führer des langen Wanderzuges werden, und alle mußten ihm gehorchen. Soak hatte ihn von ferne beobachtet. Er lebte ohne Frau, ohne Familie; er hauste allein, in majestätischer Einsamkeit.

Aber selbst der große Jon war nicht allmächtig. Über ihm, unermeßlich höher, standen die großen Weißen Häuptlinge. Ihrer List und ihrem unermeßlichen Reichtum verdankte der Plan zu der seltsamen Wanderung, die jetzt bald angetreten wurde, seine Entstehung. Jon selbst hatte viele Jahre in jenem Märchenland im Süden verbracht; er kannte die Sprache des weißen Stammes; er verstand es, auf Papier sonderbare Zeichen zu machen, die sowohl für Jon wie für die Weißen Häuptlinge einen Sinn enthielten. Er aß nie unglaubliche Mengen von Wal- oder Rentier- oder Seehundfleisch, er gab sich auch keiner der ungeheuren Schlaforgien hin, die bei den anderen so beliebt waren. Vielleicht kannte er absonderliche Vergnügungen und Freuden, von denen die Eskimos nichts wußten.

Alles war seltsam und aufregend, und Soak ahnte, daß das Leben von nun an voll interessanter und neuer Dinge sein werde. Kaas, der alte Häuptling, noch immer anerkannter Gebieter über die Eskimo-Abteilung des Lagers, hatte sich oft und oft mit Jon beraten. Dann erzählte er es Quag, und die gab die absonderliche Neuigkeit den anderen Weibern weiter. Obwohl Soak die jüngste Ehefrau im Lager war, fühlte sie dennoch Stolz, weil sie der Schwesternschaft der Vermählten angehörte. Sie hoffte, Kult werde nie eine zweite Frau nehmen und auch nicht – nicht einmal für kurze Zeit – seine Gattin austauschen. Doch konnte man nie genau wissen, wohin Männerlaunen führen. Jedenfalls standen ihnen allen Monate spannenden Erlebens bevor.

Während die Frauen dasaßen und Rentierhäute abschabten, berichtete Quag, was sie von Kaas erfahren hatte. Irgendwo im Süden lag in unglaublicher Ferne ein Dorf des weißen Volkes. Dieses Dorf wurde nie von einer Stelle zur anderen gebracht, sondern blieb immer auf demselben Fleck. Dort lebten die größten aller Weißen Häuptlinge, und die wußten alles. Durch geheimnisvolle Geisterbotschaften erfuhren sie sogar von Hungersnöten im höchsten arktischen Norden. Die Inland-Eskimos, die am meisten darunter litten, gehörten nicht der Familie der Weißen Väter an, waren mit ihnen nicht einmal entfernt versippt, dennoch besaßen die Weißen Häuptlinge so gewaltigen Reichtum, daß sie allen Stämmen, wo die auch waren, etwas zu geben vermochten.

Man konnte sich auf die Karibuherden nicht mehr verlassen. Manchmal wanderten sie durch dieselben Täler und über dieselben Bergketten wie sonst, manchmal kamen sie überhaupt nicht. Hunger und Kälte packten das Nordland mit tödlichem Griff, als die Karibus ausblieben. Da befahlen die allmächtigen Weißen Väter, daß eine gewaltige Herde der schönsten Rentiere auf Erden gesammelt werde. Diese Herde war ein unglaublich kostbares Geschenk, bestimmt für jene fernen Eskimostämme im Osten an den Ufern des Großen Stromes, der breit und mächtig war wie das Meer.

Dann hatten sich die Lappen eingefunden. Obwohl sie sich gerne hochmütig von den anderen abschlossen, konnte Soak doch sehen, daß dieses Volk ihrem eigenen ähnelte. In Kleinigkeiten mochten sie ein wenig dem weißen Volk gleichen, doch fehlten ihnen der große Reichtum und die Zauberkunst. Aber die Lappen hatten Gewalt über die Rentiere. Sie konnten sie dazu bewegen, daß sie

Schlitten zogen, als wären sie Hunde. Sie hielten sie in Herden und trieben sie von Ort zu Ort, so daß man immer wußte, wo man die Tiere finden konnte. Manche von diesen waren so zahm, daß die Lappen sie berühren und ihnen die Milch abnehmen durften. Und sie taten dies Tag für Tag, obwohl die Rentiere doch schon wissen mußten, was die Menschen von ihnen wollten. Das alles gab Grund zu großem Staunen.

Der Zeitpunkt zum Antritt der großen Reise war beinahe schon gekommen. Wenn die schweren Fröste den Flüssen und den Marschländern und den verräterischen Sümpfen ihr Siegel aufdrückten, wollte man nach Osten ziehen. Aber dazu bedurfte man auch des Schnees; dann bogen sich die Schlitten unter der Last der Felle und Zelte und all der sonderbaren Vorräte, die die Weißen Häuptlinge beigestellt hatten. Die Eskimos erhielten drei schöne Hundegespanne, eins für jede Familie; die Lappen aber wollten ihre zahmen Rentiere lenken oder es zumindest versuchen. Quag hatte gesagt, die Rentiere seien sehr schnell, viel schneller als Hunde. Das mochte stimmen, doch die Rentiere scheuten vielleicht und liefen davon. Soak hielt es für weitaus klüger, sich auf die alten erprobten Hundegespanne zu verlassen, wie man es schon seit vielen Menschenaltern tat. Natürlich hatten auch die Lappen Hunde, verwendeten sie aber nur zum Hüten der Rentiere oder zur Jagd auf Wölfe. Sie besaßen ganz gewiß wunderbare Macht über Tiere.

Daß sie an dem großen Zug teilnehmen durfte, war das aufregendste Ereignis in Soaks Leben, wahrscheinlich das größte Ereignis, das ihr je widerfahren mochte; etwas, wovon jemand sein Lebtag in den Iglus, den Schneehütten, erzählen konnte. Sie fühlte, wie sie in den Plauderstunden so manchen langen Winters zum Mittelpunkt des Interesses wurde. Sie konnte sich jetzt schon ausmalen, wie man den Marsch antrat. Weit vorne die mächtige Rentierherde, größer, als ein Mensch glauben kann. Männer und Hunde kreisten rundherum, rundherum, hielten die Tiere beisammen, trieben sie aber immer weiter. Dann kam die Reihe der Schlitten, voran die Lappen mit ihren angeblich zahmen Rentieren, wenn sie es zustande brachten, die Tiere zum Ziehen zu bewegen, dann Soak und die Ihren mit den kräftigen Hunden, sechs vor jedem Schlitten. Oh, das wurde ein Erlebnis! Fortzuziehen in den seltsamen Osten, in immer größere Fernen, durch Länder, die noch keiner je betreten hatte! Im Sommer wollten sie in irgendeiner freundlicheren Gegend haltmachen, bis der Frost wiederkam. Dann zog man weiter, immer geradeaus, immer nach Osten, weiter und weiter, und niemand konnte zählen, wieviel Hunderte von Meilen. Welch ein Traum! Und welch Glück für Soak, die dort hinten im Hügelland keinerlei Rolle gespielt hatte!

«Soak! Soak!» rief Kult, der jetzt wiederkam. Er erwartete wohl, daß das Essen bereit sei – wahrscheinlich gesottenes Seehundfleisch. Er war natürlich hungrig. Die Männer hatten immer Hunger. Soak seufzte wie ein Eheweib von großer Erfahrung und lief ins Zelt. Im Leben gab es nicht nur Träumerei, sondern auch Pflichten.

Eine große Überraschung! Soak brauchte heute abend nicht zu arbeiten. Tapik hatte den anderen Eskimozelten die Nachricht gesandt, daß alle mit gekochtem Seehundfleisch bewirtet würden, vielleicht auch mit getrockneter Rentierzunge oder langstreifig geschnittenem Walroßspeck. Kipi, Tapiks Gattin, war einst die Gattin Advarks gewesen, eines Küsten-Eskimos – an Bord eines der großen Schiffe, wie die Weißen Häuptlinge sie haben. Dort hatte sie Zwieback und Zucker gegessen, und sie wußte die herrlichsten Dinge zu erzählen. Soak fragte sich oft, wie Kipi Tapiks Frau geworden war. Vielleicht durch Streit und Kampf, obwohl Tapik friedfertig zu sein schien. Doch bei den Männern wußte man das nie genau; zumindest konnte Soak dies nicht, und sie zweifelte daran, ob überhaupt irgendeine Frau dieses konnte.

Jetzt kamen sie zu Tapiks Zelt, wo auch alle anderen sich einfanden. Die Lampen brannten, der Topf mit dem Seehundfleisch brodelte, und das Zelt schien überzuquellen von Männern und Frauen und Kindern. Sogar die Hunde drängten sich unablässig ins Zelt, und obwohl man sie jedesmal mit Tritten verjagte, kamen sie doch immer wieder. Wie schön war es, unter Menschen zu sein und sie sprechen zu hören! Soak lächelte Kob zu, dem jüngsten Sohn Quags, einem prächtigen Jungen von zwölf Jahren. Und auch Kipis Familie saß da: Sik, Lug und die kleine Uji, und sie knufften und kniffen einander, jedoch in aller Stille, damit ihre ernsten Väter nichts bemerkten.

Endlich hob Tapik das Fleisch, das er mit einem scharf zugespitzten Rippenknochen aufspießte, aus dem Topf. Er reichte es Kaas, dem ältesten Häuptling, der von dem heißen triefenden Fleisch einen gewaltigen Mundvoll nahm. Er konnte es nicht abbeißen, sondern sägte nahe an seinen Lippen mit einem stumpfen Messer so lange hin und her, bis der Teil, den er im Mund hatte, abgetrennt war. Dann gab er die große Fleischmasse an Kult weiter, der ebenfalls die Zähne hineinschlug und die gleiche Prozedur des Schneidens vollführte. Und so ging das Stück rundum. Als es aufgegessen war, wurden ohne Ende andere heiße Fleischklumpen aus dem Topf gehoben und weitergereicht. Jetzt hatte man keine Zeit zum Sprechen, denn Essen ist ein ernstes Geschäft, ernster noch als der Schlaf.

Als niemand mehr auch nur einen kleinen Bissen schlucken konnte, war das Mahl zu Ende. Die Befriedigung, die vielleicht aus diesen runden Gesichtern geleuchtet hätte, wurde von einem Durcheinander zausigen Haars und verschmierten Fetts verborgen, einer Mischung, die jeglichen Ausdruck maskierte. Niemand dachte daran, Tee zu trinken, dieses wunderbare Getränk, das die Schiffe der Weißen Häuptlinge vor einigen Jahren gebracht hatten. Alle warteten, angestopft und zufrieden, bis Kaas begann:

«Ich bin im Zelt Aklas, des Lappen, gewesen. Dort sind viele Dinge zu hören.» Das Gesicht dieses Mannes war von tausend Schneestürmen gezeichnet, seine Hände zitterten wie ein flatterndes Zeltblatt. Er war noch immer der Häuptling, und man lauschte.

«Jon, der Einsame, hat von den Weißen Häuptlingen viele sonderbare Vorräte bekommen. Ein kräftiges Getränk – Kaffee – stärker als Tee; im Lagerhaus sind viele Kisten mit Zwieback, mit Zukker, mit Mehl und merkwürdigen Speisen, die keinen Namen haben. Jon ist der Hüter dieser Vorräte und vieler anderer Dinge von großem Wert.» Alle verwunderten sich über die unvorstellbaren Reichtümer der Weißen Häuptlinge und über deren Klugheit beim Zubereiten von Speisen, die sich sowohl im Sommer wie auch im Winter genießbar hielten.

«Die Vorräte der Weißen Häuptlinge und viele eiserne Messer und Töpfe und Büchsen gehen bald mit uns auf den langen Zug.» Die Aussicht, an solchem Reichtum teilzuhaben, unbekannte und köstliche Speisen aus einem fernen Land zu verkosten, stachelte die Hörer auf.

«Heute nacht kommt Schnee; bald auch große Kälte. Tapik und Kult sollen auf den Skiern des Lappenlandes gehen. Man wird viel

Mühe mit den Rentieren haben. Jon, der Einsame, hat es gesagt.» Während der feierlichen Erklärung des Häuptlings verlor die lange Reise mit der großen Rentierherde immer mehr und mehr die Ähnlichkeit mit einer fröhlichen Vergnügungsfahrt. Sie wurde ungeheuerlich, wurde episch, fast zu einem Befehl der Berggeister. Das fremde Land, durch das man in der trüben Winterdämmerung ziehen mußte, bot drohende Möglichkeiten. Die Eskimos fühlten sich wie Kinder, die im Begriff sind, eine dunkle, unbekannte Treppe zu ersteigen. Die Stimme des alten Kaas klang warnend; etwas Prophetisches lag in seiner langsamen Rede. Die Reise, die sie jetzt antreten sollten, war keine Sache, die man leichthin unternehmen konnte, nichts, wovon man wieder lassen durfte, wenn einen die Laune packte – nicht der gewohnte ziellose Wanderzug –, kein willkürliches Umherschweifen ohne bestimmte Richtung. In Tapiks Zelt schwiegen jetzt alle; in unausgesprochener Frage blickten sie einander an. Sogar die Kinder waren verstummt, da sie die geänderte Stimmung der Erwachsenen fühlten.

Wolken, die schon tagelang die Höhen der Hügel verhüllt hatten, senkten sich nachts über die Ebene. Weicher Schnee deckte die wohlbekannten Umrisse des Bucklandtals. Ungeheure Flocken schwebten ohne Ende aus der trüben Luft und bedeckten die gewaltigen Tundren für den langen Winterschlaf. Den ganzen Tag fiel Schnee, und am zweiten Morgen hatte sich schon eine steife Kruste gebildet. Langsam, unwiderstehlich, erbarmungslos mußte dieses unermeßliche Laken wachsen, schwerer werden, drückend, alles umfassend.

Es war ein Tag der Arbeit. Die Rentiere kamen ins Tal – dreitausend erlesene Tiere, gesund und tauglich für die lange Reise. Unter Jons Anleitung trieben Pehr, Akla und Mikel die große Herde langsam zur Tiefe, drei stämmige Lappen, reich an uraltem Wissen um Rentiere. Von Kindheit an in der Hirtenarbeit geschult, waren sie über die halbe Welt hierhergezogen und hatten ihre besondere Gabe mitgebracht, die noch wilden und scheuen Tiere zu zähmen. Mit einer bei so klein gewachsenen Männern fast unglaublichen Ausdauer und mit schier übermenschlicher Geduld hatten sie sich Tag für Tag gemüht.

Jetzt überwachte Jon persönlich den langsamen Talzug durch den Neuschnee. Tiefes Sinnen lag in seinem vom Wetter rot gegerbten

Gesicht. Ihn allein belastete die furchtbare Verantwortung; er besaß die Macht eines Diktators über die ihm Unterstellten. Auf geheimnisvolle Art hatten die großen Weißen Häuptlinge von ihm gehört, ihn gefunden und dazu bewogen, aus seiner Zurückgezogenheit hervorzutreten, damit er noch einmal im Norden einen Kampf austrage. Dreimal zwanzig Jahre hatte er seine Kraft und Gewandtheit den Gefahren der Arktis entgegengestellt und sich dann als unbesiegter Krieger zurückgezogen; doch jetzt war er gebeten worden, von neuem ins Feld zu ziehen.

Hier im Lager lebte er allein, schweigsam, gedankenvoll, wachsam, durchs Geschwätz der gewöhnlichen Männer nicht gestört. Eine Reise über fast zweitausend Meilen, ein Zug durch unbekannte Wüsten und durch die Polarnacht – das war die ihm gestellte Aufgabe. Von seinen Entschlüssen hing das Leben seiner Männer und ihrer Familien ab. Seine Entschlüsse entschieden auch über Untergang oder Sicherheit dieser mächtigen Herde wertvoller Tiere, die die Regierung der großen Weißen Häuptlinge seiner Fürsorge anvertraut hatte.

Dann oblag ihm eine vielleicht noch größere Verantwortung, nicht so unmittelbar, aber weithin reichend, von Geschlecht zu Geschlecht durch die Zeiten. Das Dasein ferner Stämme hing von seiner Klugheit ab; menschliche Leben, ungezählt, noch ungeboren, mußten je nach dem Tun eines einzigen gedeihen oder von der Erde verschwinden. Diese große Herde ans Ziel zu führen, die jetzt ins Tal strömte, war Jons gigantische Aufgabe. Die lebenspendenden Tiere so zu überbringen, daß das Gespenst der Hungersnot für immer aus dem Norden verschwand, das stand bei ihm – bei Jon, dem Lappen. Es war ein überwältigender Gedanke. Weder Cäsar noch Wellington noch Lincoln hatten eine schwerere Last auf den Schultern getragen, aber Jon kannte diese Namen nicht, er mußte allein weiterschreiten in der Einsamkeit seiner Gedanken.

Als er jetzt zusah, wie Pehr und Akla und Mikel gewandt den Zug der Herde lenkten, erinnerte er sich der Sorgfalt, mit der er diese drei Mitarbeiter gewählt, ihre starken Seiten und ihre Schwächen bedächtig erwogen hatte. Pehr war unschätzbar; er hatte an Geduld und Erfahrung nicht seinesgleichen und wußte in allem, was mit der Behandlung von Rentieren zu tun hat, vortrefflich Bescheid. Lange hatte Pehr überlegt, ehe er sich Jon anschloß. Dann stellte er die Bedingung, daß auch Waas, seine Gattin, mitkommen dürfe. Sie hatte ihn immer begleitet; sie verstand prächtig zu kochen; sie war kräftig und tapfer. Auch Neji, die älteste Tochter, jetzt mit sechzehn Jahren schon reif und fraulich und sehr gewandt im Nähen von Fellen, mußte dabeisein. Ata, acht Jahre alt, und Jak, fünfjährig, bedurften der Mutter. So waren alle mit Pehr gekommen, sehr zu Jons Besorgnis.

Jon hatte auch Akla, den Jäger, gewählt. Diesem Mann entgingen Wölfe nur selten. Er überlistete die gierigen Vielfraße und war auch der einzige Jäger, der es zustande brachte, in einer Jahreszeit drei Bären zu erlegen. Den kostbaren Rentieren tat sein erfahrener Schutz not.

Mikel, erst zwanzig Jahre alt, war klüger, als seinen Jahren entsprach, und besaß noch die Raschheit der Jugend. Auf den Skiern konnte er wie ein Wirbelwind die Rentierherde umkreisen, doppelt so rasch, als man für möglich gehalten hätte.

So hatte Jon die verschiedenen Fähigkeiten gewählt, deren man für die lange Reise bedurfte. Diese Leute waren ehrenhaft, sie waren wackere Männer. Jon wandte jetzt den Blick von der nahenden Herde der Küste zu. Dort stand das Zeltlager der Eskimos. Ihrer fühlte sich Jon weniger sicher. Vielleicht waren auch sie wackere Männer; die Weißen Häuptlinge hatten das behauptet. Sie sagten, die Eskimos seien nötig, sie kennten das Land, sie verstünden die Sprache, man mochte umherziehenden Gruppen verwandter Stämme begegnen, die fast gewiß die Herde sonst angriffen. Dann müßten die Eskimos auch lernen, mit den Rentieren umzugehen, sie während der ganzen Zeit zu hüten, zu warten, zu schützen, geduldig zu betreuen. Diese Unterweisung der Eskimos war eine kaum geringere Aufgabe als die lange Reise selbst.

Und die fernen Eskimostämme, jenseits des Großen Stromes, von deren Fürsorge die Wohlfahrt der wertvollen Tiere dereinst abhing – wie stand es mit denen? Auch sie mußten belehrt werden; das erforderte langen Unterricht – Erklärungen – Geduld – Selbstbeherrschung. Die Eskimos waren von Natur, gleich Kindern, Freunde der Zerstörung und kümmerten sich nicht um die Zukunft. Solange sie nur primitive Waffen besessen hatten, hatte diese Vergeudungssucht keinen großen Schaden gestiftet. Aber die Flinten der Weißen Häuptlinge kamen allmählich in immer größerer

Zahl ins Nordland. Wie leicht, eine ganze Herde nach Futter scharrender Moschusochsen zu erlegen! Welch hohe Freude, ein Karibu nach dem andern niederzustrecken! Manchmal so viele, daß man bloß die Zungen zu verwenden brauchte. Jetzt wurden die großen Herden seltener; sie mieden die früheren Wanderstrecken. Hunger und Kälte lasteten ohne Gnade über der arktischen Nacht.

All dies zog durch Jons Sinn, als die Zeit zum Antritt der Reise näher kam. Jede Einzelheit war mit den Weißen Häuptlingen besprochen worden. Die hatten ihm alles gegeben, alles, was er haben wollte, und viel mehr. Sie vertrauten ihm; ihr Vertrauen war unbegrenzt. Er, Jon der Lappe, durfte sie nicht enttäuschen. Er hatte oft mit den Weißen Häuptlingen und ihrem Volke zu tun gehabt; er kannte ihre Sprache, ihre Bräuche; er hatte jene großen Dörfer gesehen. Er war ein Mann, der in seiner Heimat in hohem Ansehen stand. Die Seelappen, die Waldlappen, die Berglappen – alle kamen zu ihm, sich Rat zu holen. Ein wenig verstand er auch die Eskimos: ihr kindisches Wesen, ihren plötzlichen Jähzorn, ihre Dreistigkeit, ihren Schmutz, ihre Gewandtheit. Jon der Lappe war in der Tat unparteiisch. Jetzt fühlte er, daß seine Erfahrung, sein Können und seine Ausdauer bis zum äußersten not taten.

Er eilte talaufwärts, um die nahende Herde zu besichtigen. Er mußte darauf achten, daß die zwei Eskimos hier, Tapik und Kult, auf ihren neuen Skiern mehr übten. Sie waren noch nicht schnell genug zum Dienst bei der Rentierherde. Bei dem alten Häuptling Kaas fiel so etwas nicht ins Gewicht; von ihm konnte man nicht fordern, daß er gleich den anderen arbeite. Kaas mußte sehr alt sein, hatte aber noch immer großen Einfluß; als Mittelsmann zwischen den Lappen und den Eskimohirten mochte er von Wert sein. Es hielt schwer, sich zu entschließen, was mit den Eskimofamilien zu geschehen habe, aber Jon wußte, daß die Männer ohne Frauen und Kinder sich unglücklich fühlen würden. Sie mochten dann verdrießlich und zänkisch werden und Gelegenheit zur Flucht suchen – ja, er mußte alle mitnehmen. Die kleine Reisegesellschaft bestand dann aus acht Lappen und zehn Eskimos – Männern, Frauen und Kindern. Einige fielen gewiß ab; vielleicht schlossen sich unterwegs andere an. Jon hätte gerne gewußt, wie viele dieser achtzehn Personen beim Übergang über den Großen Strom wohl noch da waren. Er konnte kaum hoffen, daß alle das Ziel der Reise erreichten.

Als Jon auf der Höhe einer kleinen Bodenwelle angelangt war, blieb er stehen. Die Rentiere strömten unter ihm langsam ins Tal. Jon hatte noch nie eine Herde in so prächtigem Zustand gesehen: große, ausgewählte Tiere, kräftig und dick; sechshundert Bullen mit mächtigem, vielästigem Geweih und zweitausendvierhundert Kühe mit kleinerem Kopfschmuck. Daheim besaßen nur die reichsten Lappen solche Herden, die sich durch viele Geschlechter vererbten.

Die Bullen hatten gewöhnlich die Führung oder schritten am äußeren Rand zur Seite der Herde. Sie warfen die Köpfe mit neuer Munterkeit, jetzt, da das kältere Wetter anbrach. Sie stampften, sie scharrten den dünnen Schnee fort und rupften sich beim Gehen ein Büschel Moos. Manchmal stellte sich ein Paar angriffslustiger Tiere zum Kampf; sie ließen zur Kraftprobe die Geweihe aneinanderkrachen, doch wurden sie bald von den vielen, die hinter ihnen kamen, umringt und weitergetrieben. Ein Meer grauer Rücken wogte dicht aneinandergedrängt vorwärts; im Takt bewegte Geweihe, wie Massen von Treibholz auf dem Kamm einer Flutwelle, ergossen sich durch den engen Paß. Als Jon die herrlichen Tiere vorbeiziehen sah, machte ihn dieser vertraute Anblick von neuem erschauern. Das war mehr als eine bestimmte Anzahl von Geschöpfen, die von einem Ort an den anderen geschafft werden mußten. Es war der sichtbare Gegenangriff des Menschen in seinem nie endenden Ringen ums Leben. Unklar zog durch Jons Sinne die Unablässigkeit dieses Ringens: Wanderzüge durch die Grasebenen, Kämpfe um das Recht am Wasser, Gefahren, denen Fischer auf fernen Meeren Trotz boten, Erfindungsgabe, Heldensinn, Opfermut. Der Mensch kämpfte manchmal gegen den Nebenmenschen, doch diesen langen Krieg ohne Ende führte er gegen unsichtbare Feinde – gegen die Gespenster Kälte und Hungersnot. Jons Augen wurden feucht. Es war erschütternd. Er, Jon der Lappe, hatte teil an diesem epischen Ringen ums Leben. Dort unter ihm, durchs Tal brandend, schritten Wärme und Nahrung, Licht und Glück – das Leben selbst zog vorbei.

Hinter den Rentieren kamen die Hirten, die auf langen Skiern fast mühelos dahinglitten. Langsam, ohne jähe Bewegungen, steuerten sie die Tiere vorwärts. Die alten Hunde mit ihrer Lappendressur bewachten die rechte und linke Flanke der Herde, indem sie vorwärtsliefen, sich niederkauerten oder wieder zurückliefen, wie es die Gelegenheit erforderte. Pehr hatte seinen Platz in der Mitte eingenommen; in Jons Abwesenheit war er der Leiter der taktischen Operationen. Er hob den rechten Arm, den linken Arm, den rechten Arm, je nach der Richtung, in die er den Marsch fürsorglich lenken wollte. Jon hatte Vertrauen zu Pehr; der vertrat ihn im Befehl. Jetzt, da die Herde aus dem Hügelland zu Tal getrieben war, machte ihre Überwachung geringere Mühe. Den ganzen Sommer hatten die Hirten in den Bergen verbracht. Täglich arbeiteten sie sich dort mit einer kleinen Zahl ausgewählt schöner Männchen ein. Diese Tiere waren schon vorher ein wenig abgerichtet worden, zeigten sich aber nervös und schreckhaft und scheuten oft plötzlich. Dieses natürliche Mißtrauen vieler Geschlechterfolgen schien nahezu unüberwindlich. Die Männer näherten sich ihnen leise und fingen die Gezähmten aus den anderen heraus. Langsam schritten sie bis zu einer Entfernung von dreißig, manchmal nur zwanzig Fuß an die gewählten Tiere heran. Mit kurzen Lassos wurden diese gefangen. Manche warteten ruhig das Nahen des Hirten ab; andere leisteten wilden Widerstand, stemmten sich dagegen oder jagten fort und schleppten den Mann eine lange Strecke hinter sich her, ehe sie sich fassen ließen.

Mit großer Geduld, ohne Zorn, ohne Mißhandlung, ging es so weiter, immer wieder und wieder, viele Male an jedem Tag. Sogar die sehnigen Hirten waren beim Anbruch der Nacht erschöpft. Aber die Rentiere mußten Zugtiere werden und die schweren Schlitten über die ungeheuren schneebedeckten Ebenen schleppen. Sie mußten ihre Furcht vor dem Menschen ablegen und wider Willen in dem urewigen Eroberungskampf eine Rolle übernehmen. Außer dem Wert, den sie nach dem Tod hatten, mußten sie noch bei Lebzeiten Dienst tun.

Das Abrichten näherte sich jetzt den Endstadien. Zelte und Werkzeuge waren bereit, die gegerbten Felle, Schlafsäcke und Kaptas in Ordnung. Vielerlei Lebensmittel, getrocknet oder in Blechdosen, geräuchert und gefroren, frisch und konserviert, lagerten in großen Mengen. Messer, Töpfe, Nadeln lagen schon für hastiges Zusammenpacken bereit. Die Schneedecke wurde dichter, die Nächte kälter. Wenn Seen und Flüsse und tückische Sümpfe hart waren vom Frost, kam der Tag des Abmarsches. Da sollten die

Kinder des Nordens langsam hinausziehen ins Dämmerdunkel der langen Reise. Das Düster der Arktis umhüllte sie dann; der Nebel der Sturmdämonen verschlang sie. Welcher Mut ohnegleichen, welche Wildheit, welch wohlerwogene Tollkühnheit, welch erhabener Glaube!

Nur noch wenige Tage mußten verstreichen.

Zweites Kapitel

Aufbruch!

Nachts wurden die Wolken landeinwärts geweht, und am Morgen hatte es aufgehört zu schneien. Es war ein Tag für lange Skiübungen, für geduldige Abrichtarbeit bei den Zugrentieren. Jon hatte Tapik und Kult befohlen, den Tag auf den Skiern zu verbringen und immer wieder die Herde zu umkreisen. Die Rentiere bedrohte keine Gefahr; auch zeigten sie keinerlei Neigung, fortzuwandern, doch bot es den Eskimos gute Gelegenheit zum Üben und machte sie mit der Herde vertrauter. Vielleicht machte es auch die Herde mit den Eskimos vertrauter, was nicht minder wichtig war. In der langen Nacht, dir vor ihnen lag, in dem gefahrvollen, sturmdurchtobten Dunkel, mußten alle ohne irgendein Versagen Hand in Hand arbeiten. Ein einziger Mißgriff in bedrohlicher Lage konnte dem ganzen Unternehmen unabsehbaren Schaden bringen.

Tapik und Kult waren frühzeitig ausgezogen; gleich Kindern fühlten sie die eigene Wichtigkeit. Sie hegten den lebhaften Wunsch, sich den Frauen in der neuen Rolle als Hirten zu zeigen. Wenn sie jemanden im fernen Lager sahen, fuchtelten sie erregt mit den Armen. Die Tiere, die ihnen zunächst standen, erschraken; sie liefen ein paar Schritte, blieben dann stehen und stampften trotzig. Die Lappenhirten vermieden nämlich jede plötzliche Bewegung. Jon sah es von ferne, sagte aber nichts; in wenigen Tagen war die ganze Arbeit gewiß schon eine alte Gewohnheit, und die Zeit brachte alles in richtigen Gang.

Während des kurzen Sommers hatten die abgerichteten Rentiere ihren Dienst als Zugtiere zum Teil vergessen. Jetzt, da der Schnee lag, beschäftigten sich die Lappen eifrig damit, ihnen die Winterpflichten in Erinnerung zu rufen. Den Frauen und Kindern der Eskimos bot dieses Zähmen der Rentiere eine nie versiegende Quelle des Staunens. Es glich einer unaufhörlichen Zirkusvorstellung, und sie sahen in jedem freien Augenblick zu. Besonders bei Mikel, der so rasche Bewegungen, doch freilich auch die geringste Erfahrung hatte. Jetzt blickten sie ihm nach, während er sich lautlos zwischen den Tieren bewegte. Er trug sein kurzes Fangseil sorglos, als wollte er seine Opfer nicht auf den Gedanken bringen, daß er mit ihnen etwas vorhabe. Sie weideten eifrig, indem sie den dünnen Schnee wegscharrten, um zum Moos darunter zu gelangen. Sie traten zur Seite, während Mikel zwischen ihnen durchlief; sie fürchteten ihn nicht, hielten sich jedoch immer ein gewisses Stück abseits von diesem Menschending, das sich hier eindrängte. Als Mikel dem großen Bullen, den er ins Aug gefaßt hatte, bis auf wenige Fuß nahe gekommen war, warf er das Lasso – fast ohne merkbare Bewegung. Der Rentierriemen straffte sich und fiel über das Geweih des erschreckten Tieres. Dieses tat einen Satz, blieb einen Augenblick stehen und lief dann davon; Mikel hielt sich indes fest.

Das war eine Wonne für die zusehenden Frauen und Kinder. Die Kinder hüpften vor Erregung und verfolgten mit funkelnden Blicken Mikel und das Rentier, die miteinander weiterjagten. Jetzt schien es, als müßte der Mensch ganz umgerissen werden, doch richtete er sich mit einer raschen Bewegung wieder auf, hielt die Skier parallel und sauste erschreckend geschwind über den Schnee. Weiter und weiter jagte er in einem großen Bogen quer durchs Tal. Bald konnte man ihn kaum noch sehen, und endlich verschwand er über einen Hügelkamm.

Als er wieder auftauchte, hatte sich seine Geschwindigkeit merklich verringert. Das ermüdete Tier gehorchte jetzt schon ein wenig. Manchmal blieb es ganz stehen und Mikel kam heran, bis er es fast berühren konnte, dann eilte es wieder davon. So kamen sie näher und näher ans Lager; das Lasso am Geweih schien auch als Leitseil zu dienen. Als Mikel nahe bei den Schlitten war, brachte er das Rentier zum Stehen und legte ihm sehr langsam und behutsam ein Halsband um. An dessen unterem Ende befestigte er eine lange Schnur; die zog er dem Tier zwischen den Beinen durch; das andere Ende knüpfte er an die Stirnseite des Schlittens. Das Tier war nervös wie ein Rennpferd und hatte nichts anderes im Sinn, als fortzulaufen. Ehe Mikel sich noch im Schlitten niederlassen konnte, jagte es schon dahin. Mikel warf sich quer über den Schlitten, während der an ihm vorbeiglitt, und setzte sich dann im

Vorwärtssausen allmählich zurecht. Über die glatte Fläche fuhren sie in toller Hast.

Wenn diese ersten Ausbrüche des Trotzes aufgehört hatten, begann Mikel mit den wenigen einfachen Lektionen, die man seinem Zugtier schon zwei Winter lang mit viel Geduld beigebracht hatte. Mechanisch erinnerte sich der Bulle der Zeichen für die Angabe der Richtung, ferner des Anziehens der Leine nach links, wenn man halten wollte, des Anziehens nach rechts, wenn erhöhte Geschwindigkeit gefordert wurde. Nach einer Weile löste Mikel Halsband und Schnur, und das Tier trottete davon, zur Herde. Heute wollte er dasselbe Zugtier noch einige Male mit dem Lasso fangen und es anschirren, und auch morgen und übermorgen, immer wieder unermüdlich, geduldig. Niemals durfte es dabei ein lautes Wort geben, niemals eine rasche Bewegung oder einen Schlag, was auch geschehen und Mikels Zorn wecken mochte. Auf fast unmerkliche Weise verminderten sich dann allmählich die Scheu und die natürliche Wildheit des Tieres; freilich wurden sie niemals ganz überwunden. Trotz seiner Kraft und Jugend war Mikel am Abend müde – sehr müde.

Am nächsten Tag trieb man die zahmen Rentiere landeinwärts auf die Hügel. Dort mußte Bergan- und Bergabfahrt geübt werden, denn nicht die ganze Strecke der langen Reise führte über ebenen Boden. Jon und Pehr, Akla und Mikel waren bei der Arbeit. Die Eskimos hüteten im Tal die große Herde; ihre neue Obliegenheit machte sie noch immer stolz. Der Tag in den Bergen war klar und kalt und die Rentiere unruhig wie immer, wenn die strenge Witterung kam. Sie betrugen sich so scheu und fahrig, daß die Leute gar nicht richtig in den Schlitten Platz nehmen konnten, sondern diese, wenn sie vorbeisausten, packen mußten; dann brachten sie sich, so gut es während der schnellen Fahrt ging, in die richtige Stellung.

Manchmal jagten die Schlitten Seite an Seite dahin wie bei einem Rennen, manchmal bogen einzelne weit ab. Beim Hinuntergleiten über die langen Hänge wuchs die Geschwindigkeit erschreckend. Jedes Rentier machte ein eigentümliches knackendes Geräusch, wenn die Hufe sich spreizten und sich gegen das Einsinken im Schnee stemmten; beim Herausziehen klappten sie dann scharf aneinander. Harte Schneebälle flogen von den Hinterbeinen empor und trafen oft die Lenker der Schlitten. Der wichtigste Augenblick beim Hinabfahren kam am Fuß des Hanges. Die Rentiere sprangen, um zu verhindern, daß der Schlitten sie an den Beinen treffe, jäh zur Seite. Dem darauffolgenden Schwung des Schlittens konnten nur die Erfahrensten standhalten. Die Lappen beugten sich weit über den Rand, um der Wirkung der plötzlichen Kurve zu begegnen. Immer gelang es allen, außer Mikel, dem jüngsten. Viermal am Tag flog er im Bogen vom Sitz und wälzte sich etliche Male im Schnee. Das Rentier blieb in solchen Fällen immer stehen; nach ganz wenigen Augenblicken war Mikel wieder bereit, hinter den anderen einherzujagen.

Es war ein anstrengender Tag, noch anstrengender sogar als ein Tag der Lassoarbeit im Tal. Hinauf und hinab, über die großen weißen Hügel, in der klaren scharfen Luft, über die steilen Hänge gleiten wie fliegende Vögel, zollnah an Spalten vorbei – das war eine Arbeit für Männer, für Männer des Nordlands. Die Sterne standen schon lange am Himmel, ehe die vier Lappen die letzten Abhänge herabkamen und die Zugtiere ausspannten. Sie hatten nicht immer dieselben Tiere gelenkt, sondern dreimal abgewechselt. Die Klugheit gebot, Reserven geschulter Tiere bereitzuhalten; man mußte gegen die Gefahr plötzlicher Verluste gewappnet sein.

Als sie ins Lager kamen, ging Pehr zu seinem Zelt, wo Waas und Neji mit dem Kochtopf auf ihn warteten; auch Akla und Mikel, die miteinander wohnten, verschwanden hinter ihrem Zeltblatt. Nur Jon lebte allein, Jon, der Einsame, Jon, der große Führer, der alle Entscheidungen traf, der jeden Streit schlichtete, Jon, auf dem die Verantwortung für Gut und Leben lastete. Er mußte in Schweigen leben, um denken und planen zu können und nicht beeinflußt zu werden von den Meinungen solcher, die weniger Erfahrung hatten als er.

So verstrichen die Tage, erfüllt mit der Tätigkeit des Abrichtens und zahllosen kleineren Vorbereitungen. Gelegentlich spannten Tapik und Kult ihre Hunde ein und fuhren kurze Strecken. Die Hunde waren dick und träge und bedurften des Antreibens, aber ein paar Tage der Reise mußten ausreichen, sie wieder in Form zu bringen. Jon hätte sie gerne tauglicher gesehen, noch ehe man aufbrach, aber Kaas versicherte ihm, daß dies nie so geübt werde. Wozu sollte man die Hunde mager machen und mit ziellosem Hin- und Herfahren ermüden, ohne daß man irgendwo zu tun hätte? So urteilte Kaas.

Zudem sei es nicht Sitte; die Geister würden es nicht gerne sehen und könnten ihnen die Jagdbeute verweigern.

Während die Männer mit den Rentieren arbeiteten, plagten sich die Frauen in den Zelten. Sie hatten Rentierhäute und Fuchsfelle abgeschabt, und diese Arbeit war jetzt beendet. Mit den wunderbaren funkelnden Nadeln der Weißen Häuptlinge ließ sich bei weitem leichter arbeiten als mit den alten Knochennadeln. Und welch ein Vergnügen, mit einer Schere zu schneiden! Niemals wieder wollten sie den Versuch machen, mit ihren alten Messern zu arbeiten. Die Kaptas wurden eilig zusammengenäht und die Stiefel und unzählige Fäustlinge. Man schnitt Felle für Zelte zurecht, und die Schlafsäcke nahmen allmählich Gestalt an. Es war eine Zeit fröhlicher Tätigkeit, eine Zeit regen Geplauders über die Tage, die kommen sollten.

Die Lappenfrauen und die Eskimofrauen waren jetzt ein wenig besser miteinander bekannt. Die Eskimoweiber verwunderten sich über die ungeheuren Stiefel, die Waas und Neji verfertigt hatten, so weite Stiefel, daß man sie mit einer dicken Schicht trockenen Grases ausstopfen konnte. Die Lappen hielten Ballen getrockneten Grases mit den anderen Vorräten bereit. Das bewahrte auf den Schlittenfahrten ihre Füße vor Erfrierung; selbst wenn sie die Füße fest an die Skier gebunden hatten, verwendeten sie manchmal dieses Gras. Die Eskimofrauen waren erregt über diesen neuen Brauch und sprachen davon, daß sie ihn nachahmen wollten. Aber Kaas hatte für die fremde Sitte nichts übrig, und darum wurden keine weiten Stiefel angefertigt.

Es hatte scharfe Fröste gegeben und leichte Schneefälle; die Tage wurden allmählich dunkler. Es war eine Zwischenzeit zwischen dem kurzen hellen Sommer und der schwer lastenden Hand des Winters. Dann dröhnte der erste wirkliche Sturm von der Buckland-Bai heran und tobte durch die ganze Länge des Tals. Zuerst wanderte eine Wand weißen undurchdringlichen Nebels landeinwärts. Ihr folgte heulend der Wind, nicht allmählich ansteigend, sondern vom ersten Augenblick an mit voller Gewalt. Er kam frühmorgens, als alle noch im Lager waren. Die Hunde drängten sich in die Zelte, und man ließ sie dort. Die Zelte bebten und strafften sich, während die Windsbraut den oberen Enden der Stangen sonderbar pfeifende Geräusche entlockte. Keinen einzigen Augenblick legte sich das Brüllen. Ehe noch der eine tosende Ansturm vorüberging, wurde er schon von einem nächsten, heftigeren Wutausbruch verschluckt. Es war, als wollte sich der Alte Mann des Nordens für den kurzen sommerlichen Verlust seiner Herrschaft schadlos halten, die er jetzt mit doppeltem Ungestüm zurückforderte. Das noch nicht zugefrorene Meer donnerte eine absonderliche tiefe Begleitung zu dem schrillen Winseln des Sturms.

Jon bezog die erste Wache – volle vierundzwanzig Stunden. Mit drei Hunden umkreiste er langsam die Herde, umkreiste sie immer wieder ohne Ende, ohne Ermüdung. Die Rentiere verhielten sich wie bei jedem Sturm; sie senkten die Köpfe. Sie bewegten sich nur wenig, sofern man sie nicht erschreckte; manchmal veränderten sie ganz leicht ihre Stellung, als wollten sie gegen den Wind festeren Halt gewinnen. Es war kalt, doch herrschte noch nicht die mörderische Kälte des tiefen Winters. Als Jon am Ende der Wache die Runde machte, erwartete ihn Pehr am Rand der Herde, an einer Stelle, wo Jon vorbeikommen mußte. Dieser gab das Zeichen «Alles in Ordnung» und verschwand mit seinen Hunden. Pehr hatte drei frische Hunde mitgebracht. Wie genau diese alten Kämpen, sowohl Männer wie Hunde, die Obliegenheiten der langen Wache kannten! Wie viele Winter hatten sie auf den dunklen Hügeln Lapplands die Herden so umkreist und sich so im Wachdienst abgelöst! Und auch die Hunde – welch wunderbaren Richtungssinn die besaßen! Sogar die Lappen hätten sich ohne sie verirren können.

Als die Reihe an Akla kam, bezog er als dritter die Wache. Dann, gerade vor Mikels Dienst, war der Sturm vorbei, fast so augenblicklich, wie er gekommen. Aber Mikel trat dennoch die Wache an, er wollte nicht, daß die anderen glaubten, er könne, weil er der Jüngste sei, seinen Dienst nicht versehen. Zudem war es angenehm, nach drei Tagen im Zelt wieder im Freien zu sein. Er hatte immer gerne zugesehen, wenn die Rentiere zu weiden begannen. Zuerst schickten sich die älteren Tiere an, im Schnee zu scharren; meist begannen sie mit dem rechten Vorderbein. Wenn der Schnee tief war, verwendeten sie beide Beine, da sie offenbar, wenn das Bein müde wurde, wechselten. Sahen die jüngeren Tiere der Herde die alten scharren, begannen auch sie, indem sie ein wenig weiter abseits gingen und einen Futterplatz suchten. Bald breitete sich das Scharren über die ganze Herde aus, bis diese aussah wie ein ungeheures Heer gewaltiger Hunde, von denen jeder einen vergrabenen

Knochen sucht. Beim Anblick so heftigen Eifers lachte Mikel oft vor sich hin. Er selbst hatte so viel Lebenskraft, daß es ihm Freude bereitete, irgendwo Bewegung zu sehen.

In den Eskimozelten hatte man sich während des tobenden Sturms einem geradezu märchenhaften Essen und Schlafen hingegeben. Da sich diese Leute für nichts anderes interessierten, schienen diese Beschäftigungen die einzigen Mittel zu sein, langweilige Zeiten zu vertreiben. Aber welche Meister die Eskimos darin waren; sie aßen Speisen von so unbeschreiblicher Beschaffenheit und in so unglaublichen Mengen, daß kein anderer Mensch auf Erden eine solche Mahlzeit überleben könnte! Und inmitten all dieses Unbehagens kam der Schlaf, Schlaf von so abgründiger Tiefe und Dauer, daß man ihn mit einem kleinen Winterschlaf vergleichen kann. Da schien es keine Sorgen zu geben, kein schlechtes Gewissen, keine nervösen Störungen, keine Schlaflosigkeit. In einem internationalen Schlafwettbewerb könnte der Eskimo mühelos siegen.

Der Eskimohund hat die Eigenschaften seines Herrn angenommen. Er sinkt in behagliches Vergessen, in Lagen, in denen andere Hunde kläglich zugrunde gehen müßten.

Tapik und Kult wagten sich aus ihren Zelten in die Kälte. Sie fühlten neue Frische in der Luft. Es ging kein Lufthauch nach dem Sturm, es herrschte nur klare, heftige Kälte, die ganz eigentümlich ins Mark drang. Es war schon vorher kalt gewesen, diese Kälte aber empfand man anders – sie war scharf und erbarmungslos: die Kälte der Polarnacht, die nahezu unmerklich das Land erfaßt hatte. Lange knochige Eisfinger schlossen sich in krampfhafter Umklammerung über Flüsse und Seen und erstarrende Sümpfe. Tapik und Kult tanzten einige Minuten auf dem harten Neuschnee umher, dann suchten sie wieder die Zelte auf.

Jon hatte das Eis geprüft und das Moor, das jetzt hart war wie Fels. Dann gab er die Weisung aus: Morgen wird aufgebrochen! In den Eskimozelten herrschte Erregung; man schwatzte viel über die kommende Änderung des Schauplatzes und Erlebens. In den Lappenzelten sprach man ruhig und entwarf sorgfältig Pläne. Bloß im Zelte Jons wurde überhaupt nicht gesprochen. Er saß allein und schweigend wie ein General am Vorabend einer großen Schlacht. Und eine Schlacht war es auch. Von ihnen allen fühlte einzig und allein Jon der Lappe, welch große Schlacht das war. Jetzt hätte er gern den Rat der Weißen Häuptlinge eingeholt, auf daß ihre Gedanken, gepaart mit den seinen, weise Entscheidung zeugten.

Sein Entschluß war gefaßt; sein Wort gesprochen – zuerst zu Pehr, dann zu Kaas, und die hatten es allen anderen weitergegeben. Jetzt schliefen sie schon und wußten von nichts, glücklich und frei von Verantwortung. Jon fühlte sich bedrückt und furchtbar einsam. Er schaute ins Freie, denn er hoffte, wenigstens einen Schimmer von Licht zu sehen. Er wußte, daß er keines sehen konnte, und war dennoch enttäuscht. Nur die kalten Sterne des Nordens funkelten froststarr und ohne Mitleid; so blickten sie herab aufs Lager in der Buckland-Bai.

Am Morgen begann reges Treiben. Alles stand schon seit Tagen bereit, es blieb nur noch die letzte Verpackung zu erledigen, das Anschnallen der Lasten auf die Schlitten, das Einspannen der Rentiere und Hunde. Jon hatte beschlossen, anfangs nur kurze Strecken zurückzulegen, bis sowohl Mensch und Tier an die Reise gewöhnt war. Er hatte schon vor mehreren Tagen den Ort des ersten Rastplatzes festgelegt.

Jon sah zu, wie zuerst die Eskimos mit ihren Hundeschlitten aufbrachen. Die Hunde waren dick und hatten breite Rücken. Jon hatte andere Hundegespanne gesehen; er erinnerte sich, wie sehr sie diesen Hunden hier geglichen hatten; er erinnerte sich auch ihres völlig veränderten Aussehens am Ende des Winters. Dann spannte man die Rentiere ein, die sich unruhig und fahrig verhielten. Die Stärke monatelang aufgenommener ausgiebiger Nahrung erfüllte sie. Wie Pferde beim Start eilten sie in wirbelnder Geschwindigkeit davon. Bald entschwanden sie dem Blick über den ersten Hügelkamm im Osten. Der alte Lagerplatz blieb jetzt sonderbar still und trostlos zurück. Der erste Schneesturm bedeckte bald alle Spuren und Überreste; der Ort, wo das Lager gestanden, verschmolz dann unkenntlich mit der endlosen, fahlen Wüste.

Dort wäre ein Aufgeben noch möglich gewesen, die Übergabe des Unternehmens an einen anderen Führer, die Rückkehr zum wohlverdienten Behagen des Südens. Heute jedoch war alle Möglichkeit des Schwankens schon unwiderruflich verloren. Jon sah dem langen Weg entgegen, auf dem es keinen Seitenpfad gab, keinen Umweg. Bloß marschieren, marschieren, immer geradeaus.

Hier konnte nicht die Rede sein von den Möglichkeiten eines Erfolgs oder Mißerfolgs wie in gewöhnlichen Dingen. Einen Kampf ums eigene Leben hätte Jon nicht allzusehr in die Länge gezogen; dieses Leben war zum größten Teil gelebt. Er wollte sein Bestes tun, den Verlust auch nur eines einzigen Lebens in seinem Lager zu verhindern, aber auch ein solcher Verlust hätte ihn nicht niedergeschmettert. Er hatte Wanderzüge mitgemacht, auf denen Menschen zugrunde gingen. Aber die Rentiere! Wenn es not tat, mußte man für sie jedes Opfer bringen. Nicht für das einzelne Rentier, auch nicht für mehrere; einige mußten ja zugrunde gehen, das wußte er; einige sollten auch geopfert werden, damit man frisches Fleisch und wärmende Hüllen habe – für solche Zwecke waren sie ja bestimmt. Doch im Wesen durfte seine Reise keinen Mißerfolg haben – er mußte die Herde in das ferne östliche Land bringen, das die Weißen Häuptlinge ausersehen hatten. Diese Tiere bedeuteten für das Nordland Fortdauer des Lebens. Sie waren der Grundstein eines großen Baus, den die Weißen Väter für ihre arktischen Kinder planten.

Was wog ein Menschenleben gegen ein solches Unterfangen? Eine Schlacht muß gewonnen werden, auch wenn Soldaten fallen.

Jon schaute nach Osten. Die Rentiere stiegen die erste Hügelkette hinan und überschritten sie. Bald war er, Jon, das einzige Stück Leben in dem großen Tal; gleich dem Kapitän eines Schiffes wollte er warten, bis alle fort waren. Die Herde kam langsam vorwärts, die Tiere hatten sich noch nicht daran gewöhnt, daß man sie im Rudel trieb. Mit fast menschlichem Verstande waren da die Hunde am Werk, das wußte Jon, obwohl er sie vor dem Hintergrund des Schnees nicht sehen konnte. Heute stand die Herde unter Pehrs Leitung. Schon näherte sie sich jetzt, Schritt für Schritt, jenem fernen Ziel am anderen Ufer des Großen Stroms. Jon freute sich des bloßen Beginns; jetzt lag nicht mehr die ganze Strecke vor ihm.

Wie vertraut die großen, sanft gewellten Umrisse des Tals geworden waren! Es schien ihm, als könnte er hier selbst im dichtesten Schneesturm seinen Weg finden. Die Weißen Häuptlinge hatten von dem für die Rentiere bestimmten Land erzählt. Aber was dazwischen lag, das wußte Jon nicht; das wußten nicht einmal die Weißen Häuptlinge. Sie hatten ihm eingeschärft, sich möglichst nahe am Eismeer zu halten. Mehr wußte niemand. Noch keiner war vorher diesen Weg gezogen; keiner wenigstens, der nachher davon hätte erzählen können. Es war eine furchterweckende Straße, auf der die Sturmdämonen vom Meer her landeinwärts tobten und anderen Sturmdämonen begegneten, die von den Bergen herabjagten. Über dieses Schlachtfeld der Riesen mußten sich die zwerghaften Menschen ihren gefahrvollen Weg suchen.

Alte Lappenlegenden kamen Jon in den Sinn, während er weit hinausblickte, dem nördlichen Meer zu. Yanna, der Geisterwächter des höchsten Nordens, grollte über das Eindringen anmaßender Menschenwesen ins verbotene Gebiet. Yanna kämpfte erbarmungslos und zog sich nie ohne Rache zurück. Dann mußte man noch Klinik fürchten, den Blender, der Stürme von so grausamer Wucht sandte, daß die Wanderer die Augen nicht mehr öffnen konnten, sondern erfrierend und hilflos weit von ihren Lagern abirrten. Viele Jahre hatte sich Jon dieser Dinge nicht mehr erinnert. Im Land der Weißen Häuptlinge erzählte man solche Geschichten nicht. Nur im dunklen Land der Lappen, wo sich die Zeltstangen unter den mitternächtlichen Stürmen bogen, gingen so uralte Sagen von Mund zu Mund. Jon war überzeugt davon, daß die Weißen Häuptlinge weder an Yanna noch an Klinik glaubten – wenigstens hoffte er das. Er konnte sich nicht entsinnen, wann er zum letztenmal dieser schrecklichen Namen gedacht hatte.

Um so unheimliche Vorahnungen zu zerstreuen, wandte er den Sinn wieder den Rentieren zu, diesem greifbaren Trost. Aber die Rentiere waren verschwunden, von einem grauen Nebel verschluckt, der von den Hügeln herabträufelte. Hinter dem Nebel kam Wind. Ungeheure Wolkenfetzen strömten ins Tal und brachten plötzliches Dunkel. Erschauernd schritt Jon nach Osten aus.

Drittes Kapitel

Des Bären Herz

An klaren Tagen sahen sie die Sonne. Nicht die helle freundliche Sonne des Sommers, sondern eine unendlich ferne Sonne, die blaß war und matt; eine Sonne, die ihnen einen kurzen Blick schenkte und dann, müde von so viel Anstrengung, fast sogleich wieder dem Auge entschwand. Der Blinde Geist, der Herrscher der Nacht, bekämpfte die Sonne unablässig und vertrieb sie aus dem Reich des Nordens. Wenn der dunkle Geist in dem langen Kampf obsiegte, verschwand die Sonne überhaupt, krank und geschlagen. Erst nach einer langen Nacht der Genesung konnte sie wieder auftauchen, von neuem bereit zum ewigen Kampf. Einmal, so hieß es, gab es einen Kampf bis zum Ende, und dann verschwand entweder der Blinde Geist oder die Sonne und kam nie wieder. Während des langen Winterdunkels lebte man immer in der heimlichen Angst, die Sonne könnte für alle Zeit unterlegen sein. Welche Freude, die goldene Scheibe wiederzusehen! Wie erregend, Zeuge zu sein, daß die erneuerte Sonne kräftig und leuchtend zurückkam, um in die Frühlingsschlacht zu ziehen! Die Eskimos ergriffen immer Partei für die Sonne und wünschten ihr dauernden Sieg. Jetzt aber zwang Tag für Tag der dunkle Geist die Sonne tiefer und tiefer hinter die fernen Berge. Es war eine Zeit der Angst.

Jons Leute hatten Lager geschlagen, waren gereist und hatten Lager geschlagen, schon viele Male. Oft waren sie dem Meer nahe, oft aber mußten sie weit landeinwärts ziehen, wenn die Berge an der Küste unübersteigbare Hindernisse boten. Befand man sich in der Nähe des Meeres, machten Tapik und Kult Jagd auf Seehunde. Obwohl die mitgeführten Vorräte noch keineswegs knapp waren, gelüstete es die Eskimos nach frischem Seehundfleisch. Voll Freude benutzten sie jeden Vorwand, um von ihren wunderbaren Gewehren Gebrauch zu machen. Tapik und Kult besaßen schon seit mehreren Jahren Flinten, die sie für eine ungeheure Zahl von Fuchsfellen eingetauscht hatten. Aber weiter im Inneren des Landes waren Gewehre nahezu unbekannt; einige der alten Häuptlinge wollten noch immer nicht gestatten, daß man die Zaubermittel des Weißen Mannes in Verwendung nehme. Tapik und Kult fühlten sich ungeheuer überlegen über diese unaufgeklärten Leute im Hügelland.

Jetzt krochen sie heraus, gespenstisch im grauen Dämmerlicht, stahlen sich weiter und weiter über das endlose Eisfeld. Sie suchten Luftlöcher. Bei diesen Löchern mußten sie mit lang ausdauernder Geduld warten. Oft kam nicht einmal nach dem längsten Warten ein Seehund zum Vorschein, manchmal aber blickte doch ein glatter schwarzer Kopf behutsam um sich. Es bedurfte, besonders bei Kult, großer Selbstbeherrschung, nicht zu früh zu feuern. Der Seehund mußte völlig herauskommen und sich sogar eine Strecke von dem Eisloch entfernen. Denn oft konnten sich die Tiere, wenn sie getroffen waren, mit einem einzigen Satz wieder zurückwerfen und dann waren sie für den Jäger verloren. Ließ man ihnen aber Zeit, sich zu entfernen, konnte man nach dem Abfeuern hineilen und ihnen den Rückzug abschneiden.

Wenn zufällig mittags ein wenig Sonne schien, lagen die Seehunde vielleicht schon auf dem Eis und wärmten sich für eine kurze Zeitspanne in den matten Strahlen. Dann mußte man sich mit unendlicher Vorsicht anschleichen. Wenn es Eisblöcke gab, hinter denen man sich verbergen konnte, fiel dies leichter. Tapik konnte flach auf dem Boden liegend die merkwürdigen Bewegungen des Seehundschwanzes und der Flossen nachahmen und sich beinahe mitten unter die arglosen Tiere vorwagen. Dann feuerte er; und wie sehr freute er sich über die plötzliche Verwirrung! Die Seehunde machten so überraschte Gesichter, daß er wider Willen über sie lachen mußte. Manchmal tötete er zwei zu gleicher Zeit; lagerten sie vom offenen Wasser eine Strecke entfernt, erlegte er drei.

Kult war zwar jünger und rascher, aber kein guter Jäger. Er hatte zuwenig Geduld; ihm mißfiel das unbehagliche lange Warten auf dem kalten Eis. Oft erschreckten seine albernen Bewegungen die Beutetiere gerade in dem Augenblick, da sie begannen heranzukommen. Tapik brachte kaum die richtige Geduld mit Kult auf und entfernte sich manchmal für eine gute Strecke, um allein zu arbeiten. Wenn Tapik zwei Seehunde erlegt hatte, schleppte Kult einen davon ins Lager und tat so, als hätte er den selbst erlegt. Kult liebte es, vor den Frauen in den Iglos zu prahlen. Keine Anstrengung war ihm zu groß, wenn er Zuseher hatte. Aber er schrak vor der einsamen Wacht im kalten Wind zurück. Möglicherweise wußte Kaas von Kults Fehler. Kaas schien allen Klatsch zu kennen, sprach aber wenig.

Heute bedurften die Seehunde offenbar nicht der frischen Luft. Tapik und Kult wachten und warteten an allen wahrscheinlichen Stellen, doch kein schwarzer Kopf zeigte sich. Selbst Tapik war des fruchtlosen Wartens müde, und sie begannen nun über die Eisblöcke weiter hinauszuwandern. Vielleicht waren die Seehunde fortgezogen, eine Strecke offenen Wassers zu suchen. Manchmal liebten sie solche offene Stellen, an denen sie alle gemeinsam viel bequemer heraussteigen konnten als einzeln durch ihre Eislöcher. Tapik und Kult wanderten weiter. Sie hatten es heute nicht eilig. Es war windstill, nur graue Nebel lag mit leichtem Glanze auf dem Eis.

Dieses Eis erstreckte sich überallhin ohne Begrenzung. Kein Strich zeigte an, wo es dem Himmel begegnete, bloß ein undeutliches, unklares Verschmelzen ohne Jenseits. Auf dem gewaltigen Feld erhoben sich unzählige Höhen. Phantastische Mauern und Kämme und mächtige Blöcke waren in wirrem Durcheinander aufgehäuft wie die Ruinen einer marmornen Stadt. Tapik und Kult schritten weiter; sie umgingen die hohen Eisberge oder stiegen über die Platten, wo sich die zu langen Hügelkämme türmten. Dann kamen sie zu einem schmalen Streifen offenen Wassers, einem so schmalen Streifen, daß sie hinüberspringen konnten. Müde lehnten sie sich an die Seite einer hohen Eismasse, um das Wasser zu beobachten, ob sich Leben zeige. Seehundfleisch, roh und warm, war ein erstrebenswertes Ziel.

Aber nichts kam, und jetzt mußten sie zurück. Dann näherte sich um die Ecke des großen Eisberges ein weißes Ungetüm, fast unkenntlich im grauen Licht. Tapik, weiter davon entfernt, sah es zuerst und feuerte. Tapik hatte nur für einen einzigen Schuß Zeit und wußte, daß der Große Weise nur selten auf den ersten Schuß fällt. Kult, fast in Reichweite des Bären, erschrak so sehr, daß er den Kopf verlor. Mit einem krampfhaften Erschauern begann er, den steilen Eisberg zu erklimmen. Seine Hast war so groß, daß er alle

Vorsicht außer acht ließ und augenblicklich den Halt verlor. Ausgleitend, sich anklammernd rutschte er hinab und klatschte ins offene Wasser am Fuß des Eisbergs.

Tapik zückte das große Seehundmesser. So lange wie möglich mußte er dem verwundeten Tier aus dem Weg gehen und es zuerst, so gut es ging, schwächen. Die gewaltig plumpe Masse des Gegners war überraschend schnell. Das Geschöpf schien zu überlegen, ob es ihn angreifen sollte oder das Ding, das sich klatschend ins Wasser gestürzt hatte. Auf dem Eis sah Tapik rote Flecke; er war überzeugt, daß er einen tödlichen Schuß abgefeuert hatte. Wenn er sich den Bären lang genug vom Leib halten konnte, verblutete das Tier. Auf jeden Fall mußte er den Hieben dieser langen scharfen Krallen ausweichen. Gerade in dem Augenblick, da der Bär am Rand des Wassers ankam, stieß Tapik einen lauten Schrei aus. Das Tier wandte sich unschlüssig und trottete dann auf ihn zu. Tapik huschte hinter den Eisberg. Dort stand Kults Gewehr, genau so, wie der es zurückgelassen hatte. Tapik griff danach, dann wartete er, solange er es wagen durfte, und feuerte noch einmal. Das Untier fiel auf alle vier und begann eine Art kreisender Bewegung auszuführen. Es brüllte furchtbar, als die Vorderbeine nachgaben und der Kopf das Eis berührte. Selbst so schob es sich noch immer auf den mächtigen Hinterkeulen vorwärts; dennoch wußte Tapik, daß es nicht wieder aufstehen konnte.

Er eilte zum Rand des Eises, wo sich Kult kläglich und zähneklappernd anklammerte. Ohne Halt konnte er sich nicht aus dem Wasser erheben, sondern mußte warten, die Arme über die glatte Eisfläche gebreitet. Tapik hackte ein Loch, die Ferse darein zu stemmen, dann ergriff er Kults Handgelenke und zerrte kräftig an. Klatschend und triefend kam Kult herauf.

Als sie zu dem Bären kamen, bewegte sich dieser nicht mehr. Die Schnauze ruhte auf den Vorderpfoten, fast so, als ob er schliefe oder darauf wartete, daß die Seehunde wieder aus dem offenen Wasser stiegen. Man mußte ihn abhäuten. Bärenfelle waren nichts Gewöhnliches; man konnte sie verwenden. Mit scharfen eisernen Messern dauerte es nicht allzu lange. Tapik erinnerte sich der Zeiten, da er die alten Knochenmesser verwendet hatte, die dick und stumpf gewesen waren. Damals hatte einen das Abhäuten vor eine wirkliche Aufgabe gestellt, anders als jetzt. Kult arbeitete plötzlich gerne; mit vielen überflüssigen Bewegungen hüpfte er umher und versuchte, sich ein wenig zu wärmen. Nachdem die Haut abgelöst war, schnitten sie Zunge und Herz und ein paar fette Fleischstücke heraus und rollten sie ins Fell, das Haar nach innen. Auf diese Art konnte man die ganze Last wie einen Schlitten übers Eis schleppen. Sie traten den Heimweg an. Die Berge der Küste waren ein wenig höher und dunkler als die Eishügel ringsum.

Kult erreichte sein Iglu sehr spät, aber Soak wartete mit dem brodelnden Topf auf ihn.

«Hast du zwei Seehunde mitgebracht, daß du so lange fort warst?» Soak hoffte wirklich, daß er etwas mitgebracht hatte. Die üble Nachrede, Kult sei kein guter Jäger, färbte auch auf sie ab, als Gattin eines Untüchtigen.

«Keine Seehunde!» Kult war kurz angebunden und schroff. Irgendwie hatte er das Gefühl, daß Soak ihn nicht so achte, wie ein Weib den Eheherrn achten muß. Darum durfte er sich nicht allzu freundlich und nachsichtig zeigen!

«Keine Seehunde! Keine Seehunde!» wiederholte Soak. «Aber Tapik – wie viele hat der?»

«Keine Seehunde. Wenn die Seehunde nicht aus dem Wasser kommen, kann sie kein Jäger erlegen.» Das war endgültig. Wenn Tapik keinen hatte, wie sollte dann er, Kult, einen haben?

Soak wußte, daß etwas dahintersteckte, das er ihr nicht erzählte. Sie wußte nicht, ob Kult hoffte, daß sie ihn fragen werde, was er zumeist erwartete, oder ob er bloß versuchte, das weise Schweigen eines alten Häuptlings, wie Kaas einer war, nachzuahmen.

«Wenn wir nicht mehr mit Lappen auf die Reise gehen, die die Speisen der Weißen Häuptlinge mitführen, wie können wir dann ohne Seehundfleisch leben?» Soak fragte sich oft, wie sie auskommen mochten, wenn der Rentierzug einmal vorbei war.

«Ein großer Jäger gibt sich nicht nur mit Seehunden ab.» Um seine Würde wieder herzustellen, mußte Kult von dem gewaltigen Bären sprechen. Aber er wußte nicht genau, was Tapik von dem Vorfall berichten mochte. Tapik sprach nicht viel; er hatte oft zugelassen, daß Kult unverdient die Ehre, Seehunde erlegt zu haben, für sich in Anspruch nahm. Es war ein heikler Fall. Aber wenn Kult auch nicht den ganzen Ruhm sich selber beimaß, konnte er doch daran teilhaben. Zudem hatte Soak bemerkt, daß er naß war. Sie wartete nur noch den richtigen Zeitpunkt ab, auch danach zu fragen. Nun, er wollte es ihr erzählen. «Es ist nur ein Bär, der zurückgebracht wurde.» Kult tat sehr gleichmütig, wie er es bei den älteren Jägern beobachtet hatte.

Soak sah ihn schweigend an; sie wußte, daß Kult bisher noch nie einen Bären erlegt hatte. Vielleicht wurde aus ihm doch noch ein wirklicher Jäger.

«Wir werden morgen davon essen», sagte Kult, der ihren Zweifel bemerkte. «Der Große Weiße wird nicht mehr die Seehunde von meinem Gewehr vertreiben.» Wenn Kult einmal im Zuge war, konnte er nicht mehr aufhören. «Tapik war mit mir. Nach langem Gehen kamen wir an offenes Wasser und warteten auf Seehunde. Die Seehunde wollten sich nicht zeigen, solang der weiße Bär im Wasser schwamm. Eisstücke wurden auf ihn geworfen, aber er wollte nicht fortgehen. Da überkam mich großer Zorn, und ich sprang mit dem langen eisernen Messer ins Wasser. Der weiße Bär sah meinen plötzlichen Grimm und wäre mir entronnen, aber ich schwamm ihm nach und stach ihm das lange Messer viele Male in die Schulter. Du siehst, ich bin ganz naß.»

Am nächsten Abend sott man in den Iglus Bärenfleisch. Das war wie in alten Zeiten, daß man wieder einmal kräftiges Bärenfleisch hatte. Die zarten Speisen der Weißen Häuptlinge mundeten dem Gaumen herrlich, aber wirkliche Stärke gewann man nur durch die alterprobte Kost.

Als der Bärenschmaus zu Ende war, erzählte man einander alte Geschichten über Jägerlist. Diese Geschichten waren schon viele Male erzählt worden und wurden gewiß in späteren Zeiten noch oft erzählt. Berichte über wahre Ereignisse mengten sich mit den sagenhaften Taten alter Heroen. Geister und Menschen, Dämonen und Tiere mischten sich toll in den verblaßten Kämpfen lang vergangener Tage.

Es ging das Gerücht, Tapik habe das Herz des Bären nicht finden können. Trotz aller Suche unter den gefrorenen Fleischstücken, die er in die Bärenhaut gehüllt hatte, konnte er es nicht finden. Vielleicht war es auf dem rauhen Weg über die Eisschollen in Verlust geraten. Dann ging vom Zelt Pehrs, des Lappen, ein geflüstertes Gerücht aus. Jemand hatte dort ein Geschenk zurückgelassen, das Herz eines Bären, und seltsam, Kult war der Spender gewesen.

Das Gerücht ging von Zelt zu Zelt und von Iglu zu Iglu. Kult hatte vor einer anderen Wohnstätte, in der kein Verwandter von ihm lebte, ein Geschenk gelassen. Das konnte nur eine einzige Bedeutung haben. Man fand dies sehr seltsam. Kult lebte so kurze Zeit mit Soak, und Soak war noch sehr jung. In Pehrs Zelt wohnte Neji, die sechzehnjährige Tochter Pehrs und Waas'. Aber Neji war eine Fremde, eine Lappin und von anderer Rasse. Nur die älteren Männer, die etwas geleistet hatten und größere Habe ihr eigen nannten, hielten sich zwei Frauen, eine alte und eine junge. Wirklich seltsam.

Als Soak den Klatsch der Frauen hörte, ging sie zu ihrem Iglu. Sie war sehr erzürnt und auch traurig. Sie legte sich auf den Stapel von Fellen und bedeckte ihren Kopf, um nachdenken zu können. Man hatte sie vor jedermann beschämt, sie, die so stolz darauf gewesen war, die jüngste aller Gattinnen zu sein. Das konnte sie nicht verstehen. Wie mochte Kult so etwas tun? Kult, der Taugenichts, der von der Jagd nicht genug heimbrachte, auch nur eine einzige Gattin zu erhalten. Hatte er sie durch seine Trägheit nicht jetzt schon in Schande gestürzt?

Soak versuchte sich zu erinnern, wie Neji aussah. Sie hatte dem Mädchen bis jetzt sehr wenig Beachtung geschenkt, denn nur die vermählten Frauen spielten eine Rolle im Lager; junge Mädchen standen niedrig im Preis. Natürlich war Neji jünger und hatte, wie die meisten Lappen, blaue Augen. Ihr Gesicht war dunkel von Kälte und Wind, aber dort, wo sie Kleidung trug, hatte sie eine genauso weiße Haut wie die großen Weißen Häuptlinge. Sie war auch sauber und hielt ihr Haar besser in Ordnung als irgendeine der Eskimofrauen. Dann hatten die Lappen noch eine andere sonderbare Gewohnheit. Manchmal hängten sie ihre Kleider in die kalte Nachtluft. Kult hatte ihr gesagt, die Lappen täten dies, um sich vor Ungeziefer zu schützen. Das mußte eine höchst sonderbare Rasse sein. Kein einziger Eskimo tat so etwas; warum sollte also sie, Soak, sich die Mühe nehmen, etwas zu tun, das niemandem wichtig war.

Oh, über diese hochmütige Neji, die sich so anmaßend abseits hielt und sich betrug, als gehörte sie zu den Großen Weißen, und ohne Zweifel auch stolz darauf war, die Tochter Pehrs zu sein, des Mannes, der Jon im Befehl vertrat! Dann dachte Soak an die Anmaßung Kults. Wie albern von ihm, den Blick auf Neji zu werfen! Welche wilde Überhebung, daß er glaubte, Neji, die Blauäugige, werde je in ein Iglu ziehen! Gewiß verachtete Neji den Eskimo, und außerdem konnte Pehr es nicht erlauben. Pehr brauchte sich nur an den großen Jon zu wenden, und der befahl Kult vielleicht, das Lager zu verlassen. Da mußte Soak wohl mit zurück. Was wurde dann aus ihnen, fern von den reichlichen Vorräten des Rentierzuges? Soak dachte gar bittere Gedanken. Kult beschwor durch seine grenzenlose Dummheit diese furchtbare Gefahr herauf, und sie waren im Anfang doch so glücklich gewesen und hatten sich auf all die Abenteuer gefreut. Unter solchem Sinnen sank Soak in Schlaf.

Viertes Kapitel

Der Eispfad

Man kam langsam vorwärts. Es schien Jon, als wollte ein tückischer Geist jeden Fortschritt vereiteln. Jon arbeitete unablässig; er war überall. Tapik und Kult konnten nie genau wissen, wann er plötzlich in Sicht kam. Sie fragten sich oft, wie lange er sie schon, ehe sie ihn sahen, beobachtet hatte. Im grauen Dämmerlicht fuhr er längs des ganzen Zuges einher, sah alles, gab Ratschläge, Weisungen, Befehle. Wenn zu Mitternacht der einsame Hirte immer wieder seinen Rundgang um die Herde machte, erschien Jon plötzlich aus dem Dunkel, sagte ein Wort und war wieder verschwunden. Es war unheimlich. Man fragte sich, ob er überhaupt jemals schlafe. Und doch kamen sie langsam vorwärts.

Wenn die Herde ohne Verzögerung vorwärts kam, hielt irgendein Zwischenfall die Schlitten auf. Taten die Gespanne ihre Arbeit fehlerlos, scheute plötzlich ein Teil der Herde und brach aus; dann bedurfte es langer Zeit, die Tiere wieder zusammenzubekommen. Es schien unmöglich, alles gleichzeitig in Ordnung zu halten. Und doch kam man weiter, so langsam und beschwerlich dies auch sein mochte, man kam weiter nach Osten.

Jetzt fühlten sie den vollen Grimm des Winters. Dunkle Stürme jagten vom großen Meer landeinwärts – atemraubend, die Augen blendend. In klaren Nächten höhnten die Sterne in kaltem und bitterem Spott. Die Menschen bewegten sich wie Atome inmitten kosmischen Aufruhrs, immer wieder darauf gefaßt, zermalmt zu werden, und immer wieder verschont.

Als sie von einer Kette niedriger Hügel abstiegen, breitete sich ein ungeheures flaches Tal vor ihnen aus. Es war so eben, daß es eine zugefrorene Bucht des Meers sein mußte oder die breite Mündung eines Stroms. Jon wurde sich darüber nicht klar. Da das ganze Land im Schnee begraben lag und die Luft so oft erfüllt war von Nebel oder wirbelndem Schneesturm, fiel es schwer, über die Beschaffenheit des unbekannten Landes Klarheit zu finden. Aber diese große ebene Fläche mußte eine ausgezeichnete Straße für den Zug ergeben; hier konnte man frühere Verzögerungen einbringen. Als die Männer die Ebene erreichten, stießen sie ihre Prüfstöcke durch den Schnee. Ja, gewiß, sie standen auf einer weiten Fläche schneebedeckten Eises. Nach Süden hin machte es der Nebel unmöglich, zu erkennen, ob das Tal sich gegen das Innere des Landes fortsetzte und die Umrisse eines Flußtals annahm. Aber man war der Ansicht, es müsse ein Fluß sein; die wohlbekannten Schollen des Meereises waren nirgends zu sehen.

Jon zögerte; er wußte nicht, warum. Die anderen freuten sich darauf, durch das glatte Tal zu eilen, nach dem rauhen Marsch über die Berge. Schließlich gab Jon den Befehl und sie zogen los. Wie leicht das ging! Der dünne Schnee über dem Eis gab eine prächtige Fläche für rasche Fahrt. Diesmal waren die Gespanne und Schlitten der Rentierherde voran. In weiter Ferne konnten sie vor sich eine Gruppe kleiner Berge sehen, die sich über die glatte Fläche erhoben. Gewiß eine Insel in der Mündung dieses mächtigen Stroms. Auf dieser Insel wollten sie Lager schlagen und am nächsten Tag rasch weiterziehen zum anderen Ufer. Berge gaben einem, und mochten sie noch so niedrig sein, immer irgendwie Schutz. Ein schöner Lagerplatz, wie geschaffen für die Wanderer! Endlich schien man ein wenig Glück zu haben.

Als die Schlitten die Fahrt nach der fernen Insel angetreten hatten, wurden die Rentiere zu dem schneebedeckten Eis hinabgetrieben. Die Tiere schraken zurück und eilten am Ufer hin und her. Sie bedurften des Ansporns. Dann schienen einige der vordersten Tiere die fernen Schlitten zu Gesicht zu bekommen und sie begannen ihnen scheu zu folgen. Bald strömte die ganze Herde über die gewaltige Schneefläche. Jon bemerkte, daß sie immer noch unruhig waren. Kleine Gruppen der Tiere liefen plötzlich auf dem Weg zurück oder scheuten nach rechts oder links. Diese kleinen Abteilungen wurden allmählich bewogen, sich wieder der Herde anzuschließen. Die Tiere waren empfindlich. Vielleicht war ein Sturm im Anzug. Auf dieser ungeheuren Fläche mußte der Wind furchtbar sein. Jon blickte bange nach der fernen Insel hin.

Lange bevor die Rentiere die Insel erreichten, hatte man das

Lager bereits aufgeschlagen. Die Insel war größer, als sie vom Ufer ausgesehen hatte. In kleinen Bodensenkungen hatten die Lappen ihre Vadmal-Zelte aufgeschlagen, und auch die Iglus waren fast schon fertig, obwohl es merkwürdig schwerfiel, genügend tiefen Schnee für die Igluziegel zu finden. Als die Rentiere zur Insel kamen, sprangen sie den Hang hinauf, sie schienen froh, die ebene Fläche des schneebedeckten Eises verlassen zu können. Sogleich begannen sie, den Schnee fortzuscharren, aber bald hörte alles Scharren auf. Jon prüfte die Löcher, die sie aufgekratzt hatten; unter der sonderbar dünnen Schneedecke war kein Moos, sondern nur harter Fels überall. Die Tiere hatten drei Tage lang gute Weide gehabt, so daß sie unter dem Hunger gewiß nicht allzusehr litten, und morgen war man gegen Mittag schon auf dem östlichen Ufer.

Es war eine klare Sternennacht. Eine scharfe Brise wehte über den glatten Schnee und es tat wohl, ins Zelt oder ins Iglu zu kriechen. An diesem Tag hatte es kein Umwerfen gegeben, keinen Zwischenfall, keine Verzögerung. Man war nicht so müde wie sonst, und allgemein herrschte ein Gefühl der Befriedigung über die zurückgelegte Strecke. Waas schnitt lange Streifen Rentierfleisch, während Neji den Kaffee kochte. Drüben in den Iglus brodelten Klumpen von Seehundfleisch in den Töpfen. Es gab heißen Tee und vielleicht auch Tabak. Tapik und Kult fühlten beinahe eine Art Verwandtschaft zu den Weißen Häuptlingen, seit sie so gut gelernt hatten, deren Gaben anzuwenden. Die Tagesarbeit war vorbei, es gab genug zu essen, sie waren zufrieden.

Aber Jon, der Einsame, war nicht zufrieden. Er fühlte sich nicht behaglich und wußte nicht, warum. Die hohen felsigen Wände der beiden Ufer dieses großen Stroms oder dieser Bucht oder was es war, bereiteten ihm ein unheimliches Gefühl des Eingeschlossenseins. Auch die Rentiere waren unruhig gewesen. Sie hatten sich gesträubt, die glatte Fläche zu überschreiten. Jon mochte froh sein, wenn er wieder offenes Land erreichte; morgen hatte er seine Besorgnisse gewiß schon vergessen.

In Kaas' und Quags Iglu war alles lange Zeit ruhig gewesen. Dann bewegte sich Kaas, der alte Häuptling, unruhig.

«An diesem Ort sind Geister. Die Berggeister sammeln sich in den Hügeln.» Seine Stimme klang seltsam und feierlich. Quag, neben ihm im Dunkel, wußte nicht, ob er wachte oder schlief. Sie stieß undeutliche beruhigende Laute aus und lag sehr still. Aber Kaas fuhr fort:

«Die Schwarzen von der See versammeln sich. Sie ziehen gegen ihre Bergfeinde. Auf dem Schlachtfeld ruhen wir.» Kaas schlummerte ein und schlief. Seine Stimme war in letzter Zeit bei den Beratungen nur wenig beachtet worden. Jetzt dachten die jungen Männer nur an die Weißen Häuptlinge, und die Lappen raubten ihm seine alte Autorität.

Jon war noch wach. Er machte das Zeltblatt los und trat hinaus. Der Wind stieg an; Jon konnte fühlen, wie der harte Schnee auf der Oberfläche verweht wurde. Jon lehnte sich gegen den Wind und nahm den Weg zur Südseite der Insel. Die Tiere waren ruhig, alle gegen den Wind gestellt, bewegungslos, wie in Stein gehauen. Tapik, mit einem Hund, war bei ihnen. Jon ging zurück.

Noch immer wehte der Wind, nach Mitternacht wurde seine Geschwindigkeit furchterregend. Die Zelte spannten sich dem Meer zu und an der Nordseite aller Zelte wurden plötzlich einzelne Zeltstangen losgerissen. Es war schwer festzustellen, wann der Morgen kommen mochte. Der wehende Schnee war jetzt in die Luft gehoben worden und erfüllte sie in tollem Jagen. Der Schnee hatte wilde Sehnsucht nach dem großen Meer, das er, so schien es, nicht schnell genug erreichen konnte. Ein Grau, das kaum irgendein Licht enthielt, sickerte durch die tobende Luft.

Jon in seinem Zelt lauschte. Das war nicht der gewöhnliche Sturm, nicht eine Folge mächtiger Windstöße mit Ruhepausen dazwischen. Das Tal war ein gewaltiger Schornstein, durch den die gesammelten Bergwinde sich zum Meer ergossen. Das war ein Windstrom, der keinen Augenblick stehenblieb; ohne verschiedene Stimmen, nur mit diesem einzigen grölenden Ton.

Es war Zeit aufzubrechen, Zeit wegzustreben vom Pfad dieses schrecklichen Ergusses der Berge. Jon konnte kaum stehen. Er dachte daran, zu Pehrs Zelt zu kriechen; dann bemerkte er, daß der Schnee fort war. Die Felsen lagen kahl und rauh; sogar aus den Ritzen zwischen den Felsen war der Schnee verschwunden. So etwas hatte er noch nicht gesehen. Jon kämpfte sich zu den Iglus durch. Kaas und Quag, Tapik und Kult und alle die anderen lagen zusammengekauert hinter dünnen Schneemauern. Die Iglus waren weggefressen worden; nur der untere Teil der Wände war geblieben, und jeden Augenblick stiegen wirbelnde Schneewolken auf, so daß der Rest immer niedriger und niedriger wurde.

Die Leute kauerten dicht aneinander, wie betäubt von diesem Mißgeschick. Noch nie war ihnen so etwas widerfahren. Manchmal mochte es vorkommen, daß am Ende des Winters das schmelzende Dach eines Iglus ins Innere der Hütte fiel, doch noch nie hatte ein starker Sturm ihnen das Dach über dem Kopf fortgetragen. Das mußte mehr sein als Sturm, diese schrecklichen Fittiche bargen gewiß Zauberkraft. Aber Jon rüttelte sie auf. Sie riefen Pehr, und in gemeinsamer Bemühung erreichten sie den tiefsten Felsspalt der Insel. Zwischen die Felsen eingekeilt, bildeten die Schlitten eine Barriere. Hinter dieser Barriere konnte man Felle befestigen. Allen war kalt und sie fühlten sich unglücklich, aber eine Zeitlang konnte man so weiterleben. Noch ehe sie alle dort untergebracht waren, war auch schon die letzte der Iglumauern auf der Fahrt zum Meer begriffen.

Jon schlug sich zur Südseite der Insel durch. Man durfte keine Zeit verlieren, von diesem Pfad des erbarmungslosen Sturmwildbachs fortzukommen. Er wußte, daß nicht fern im Osten große schattendunkle Hügel Schutz boten. Dann kam Jon zu den Rentieren. Er konnte Hunderte und Hunderte von ihnen sehen, dicht aneinandergepreßt, alle angestemmt gegen die furchtbare Gewalt des Windes. Sie mußten sogleich von diesen kahlen Felsen auf die moosige Weide des Festlandes gebracht werden. Sogar noch ehe die Schlitten beladen waren, sogar noch ehe die Frauen und Kinder reisefertig gemacht wurden, mußten die Rentiere weggetrieben werden. Der lange Wanderzug war ihnen geweiht; ihre Sicherheit und ihr Wohlbefinden mußten zuerst kommen – heute und immer.

Der vertrauenswürdige Pehr und Akla und Mikel warteten schon; sie hatten gegessen und es irgendwie zustande gebracht, große Mengen dampfenden Kaffees zu trinken, und jetzt waren sie bereit. Jon fühlte, wie in ihm Stolz aufstieg auf diese Landsleute, die immer bereit waren. Sie mochten müde sein und hungrig und von Frost gepeitscht und mochten vielleicht im tiefen Dunkel der Mitternacht von heimlicher Furcht vor Gespenstern und Geistern befallen werden – aber sie waren immer bereit.

Als sie jetzt mühsam zu den Rentieren hinschritten, geschah etwas Seltsames. Fast unvermittelt hörte der Wind auf. Wie Wasser, das aus einem Kessel gegossen wurde, war der Vorrat an Sturm plötzlich zu Ende. Die Männer blickten einander verblüfft an; dann sahen sie zur See. Sie konnten das Toben der Luft noch hören; sie konnten die Sturmwirbel hinausjagen sehen über das unendliche gefrorene Meer. Dann verhallte das letzte Murren; das letzte Flüstern des Windes erstarb in der Ferne, wich in jene düstere und schreckliche Region, die kein Mensch kennt.

Die Stimmen der Männer wirkten sonderbar und klangen hohl in der dünnen, ruhigen Luft, als sie zu den Rentieren hinabschritten. Diese blickten hinüber zu den undeutlichen Umrissen der Berge auf dem Festland, wo Weideplätze liegen mochten. Dazwischen erstreckte sich eine glatte Fläche Eis, reingefegt von jeglichem Schnee, geglättet durch die Macht des Sturms. Die Rentiere waren steif von der langen Regungslosigkeit während des Sturms; sie stampften auf die Felsen und reckten im langsamen Vorwärtsziehen die Hinterbeine. In kurzen ungeduldigen Bewegungen, ungeduldig über das fortdauernde Fehlen von Moos, warfen sie die Köpfe zurück.

Die Tiere am unteren Rand der Herde erprobten vorsichtig das Eis und zogen sich wieder auf die Felsen zurück. Als dann die große Herde den Abhang hinunterdrängte, zwang der Druck die dem Eis nächsten Rentiere auf die Fläche. Hufe begannen zu gleiten und zu klappern bei ihren verzweifelten Versuchen, festen Fuß zu fassen. Manchmal schleuderte die kleinste Bewegung die Tiere hart auf die trügerische Oberfläche. Manche waren nach dem Sturz ruhig und blieben einfach liegen, andere mühten sich wie toll, wieder aufzustehen. In diesem Kampf warfen sie auch andere, die ihnen nahe waren, zu Boden. Jon war fest überzeugt, das leichte Knacken von Knochen zu hören. Alle Anstrengungen, weiterzukommen, gerieten sofort ins Stocken.

Die Männer waren sehr ernst, als sie sich um Jon versammelten. Sie hatten schon oft kurze Aufenthalte gehabt, hatten schon viele plötzlich auftauchende Probleme lösen müssen. Aber das hier war etwas anderes! Sogar Jon war stumm, als er hinausblickte auf das unversöhnliche Eis, das sich von dem Eiland in seiner Mitte weithin nach allen Richtungen erstreckte. Sie waren fester eingeschlossen, als wenn sie von den tobenden Strömungen der Sommerfluten umgeben gewesen wären. Die Männer sagten nichts; sie warteten auf Jons Beschluß.

«Wir müssen nach denen sehen, die unten liegen», befahl Jon. Er hoffte, daß man während der Arbeit irgendeine Möglichkeit der Lösung finden werde. Die Tiere, die zu Fall gekommen waren, wurden über die glasglatte Fläche geschleppt, bis sie zu den Felsen kamen. Manche leisteten Widerstand, manche waren still und sonderbar ruhig. Bis auf sieben mengten sich alle allmählich wieder unter die Herde auf den Felsen. Akla ging in sein Zelt, um das Schlachtmesser zu holen. Die sieben mit den gebrochenen Beinen konnten dazu dienen, die Vorräte zu ergänzen. Es waren lauter junge Tiere, die noch wenig Erfahrungen in Winterreisen gehabt hatten.

Akla kehrte mit Tapik und Kult zurück. Die Rentiere wurden nach dem alten Lappenbrauch getötet. Für den erfahrenen Akla war es das Werk eines Augenblicks, ein Tier beim Geweih zu nehmen und es flach auf den Rücken zu drehen. Zwischen den Vorderbeinen stieß er ihm so das lange Messer ins Herz. Das Blut wurde aufgefangen, weil es dann getrocknet, zerrieben und in der Küche der Lappen verwendet wurde. Akla überließ das Abhäuten der Tiere den beiden Eskimos Tapik und Kult, die bei der Arbeit ungeheure Stücke des warmen rohen Fleisches verschlangen.

Dann sprachen Jon und Pehr, Akla und Mikel miteinander, während sie hinüberblickten zu den fernen Hügeln. Man konnte ein Tier fangen und festhalten, als ob man ihm die Besitzmarke ins Ohr schneiden wollte, wie es in der alten Heimat Brauch war. Diesem einen Tier mochte man dann rauhe Felle über die glatten Hufe binden, was die Eskimos manchmal bei ihren Hunden taten, um deren Pfoten auf dem gefrorenen Schnee zu schützen. Aber es war ganz offenbar unmöglich, die vielen Tausende und Tausende Hufe der großen Herde zu umhüllen. Mikel machte den Vorschlag, den Rentieren die Beine zusammenzubinden und die hilflosen Tiere über den glatten Boden ans Festland zu schleifen. Doch wieder war ihre Zahl zu groß für einen solchen Ausweg. Gewiß kam ja wieder Schnee, aber es konnte viele Tage dauern, ehe diese trügerische Fläche eine neue Schneedecke festhielt. In der Zwischenzeit hatte man kein Moos auf der Insel. Nur jenseits des Eises, in den breiten Tälern zwischen den Hügeln, die sie nicht erreichen konnten, wuchs das kostbare Moos. Die Rentiere waren abgehärtet und an unregelmäßiges Weiden gewöhnt, aber auf unbestimmte Zeitdauer konnten sie nicht durchhalten. Das Dämmerlicht des Tages verblaßte. Traurig nachgrübelnd über ihre schwere Aufgabe, zogen sich die Männer langsam zu den Zelten zurück. Sie schlossen sorgfältig die Zeltblätter und setzten sich, um nachzudenken. Das Leben aller, ja der Bestand der großen Herde selbst hing nur von ihren Gedanken ab. Es mußte sich ein Ausweg finden.

In der Stille, die dem Heulen des Sturms folgte, kam die Kälte – die bittere Kälte, die zwischen den Zeltblättern durchkriecht, die durch die Ärmel der gestrickten Jacken gleitet, die sich durchs getrocknete Gras in die Stiefel stiehlt und die festesten Schlafsäcke durchdringt. Die Sterne funkelten in so eisstarrem Glanz, daß es schien, als wollten sie in zahllose splitternde Stückchen zerbersten.

Nachdem die Iglus fortgeblasen waren, hatten Kaas und Tapik und Kult die alten Zelte ausgepackt. Als der Wind erstarb, richteten sie die Zelte auf und krochen hinein; aber sie liebten im Winter Zelte nicht. Sie waren durchfroren und unglücklich und fürchteten weiteres Übel. Kaas schüttelte den Kopf und murmelte düstere Dinge; die Berggeister beunruhigten ihn noch immer.

Das Schweigen war noch unheimlicher als das Toben des Sturms. Die Kälte trat so heftig auf, daß sie wie ein stoffliches Wesen wirkte, gegen das man kämpfen mußte. Man legte lange Blusen aus Rentierfellen an, eine über die andere, den Pelz nach innen. Eigene Einlagen aus getrocknetem Gras wurden in die Stiefel gesteckt und ungeheure, mit Eiderdaunen besetzte Kapuzen tief herabgezogen, so daß die langen haarigen Fransen das ganze Gesicht völlig bedeckten. Es war schwer zu sagen, wer da kam oder ging, es sei denn, er begann zu sprechen. Die Kinder wurden in Säcke, in einen Sack nach dem anderen gesteckt, bis sie von der Last fast zerdrückt waren. Alle Zeltblätter und die Ritzen am Boden der Zelte wurden mit den verfügbaren Fellen verstopft. Es schien unmöglich, daß irgendeine Form des Lebens ohne Schutz die Nacht überstehen könnte. Und dennoch waren irgendwo in diesem erbarmungslosen Dunkel Wölfe und Füchse ohne Zahl. Die Rentiere hatten sich dicht aneinandergepfercht, die älteren Bullen am Rande. Gelegentlich im Laufe der Nacht drängten sich die äußeren Tiere ins Innere der Herde und zwangen andere, am kalten äußeren Rand Posten zu beziehen. In den Eskimozelten schlief man viel, für Jon aber konnte es nichts anderes geben als angstvolles Wachen. Hier, fast noch am

Beginn der langen Reise, hatte er sich wie ein Knabe in die Falle locken lassen. Die Weißen Häuptlinge, die ihm ihren großen Reichtum anvertraut hatten, dachten gewiß geringschätzig von ihm. Nie mehr vertrauten sie wiederum einem seiner Landsleute, vielleicht machten sie nie wieder den Stämmen des Nordens ein großes Geschenk. Solche Gedanken dachte Jon betrübt, als Mikel herangelaufen kam. Mikel hatte etwas erdacht und kam unverzüglich zu Jon, da Jon ihnen gesagt hatte, jeder, dem irgendein Plan einfalle, solle sogleich zu ihm kommen. Mikel hatte ausgedacht, alle sollten zum Festland eilen und große Bündel Moos für die Rentiere zurückbringen, für die Zeit bis zum Fallen des Schnees. Jon erwog langsam den Vorschlag; das Festland war ziemlich weit entfernt, das Moos lag ohne Zweifel unter einer Schneeschicht vergraben, lange Zeit tat not, auch nur ein kleines Bündel Moos zu sammeln. Für die vielen Hunderte hungriger Tiere mochte die ganze Menge, die eine Handvoll Menschen zurückbringen konnte, von keinem Nutzen sein. Mikel zog traurig wieder ab.

Während mit der Dunkelheit die Kälte anstieg, fuhren die Leute aus ihrem unruhigen Schlaf auf, voll Entsetzen über die lauten Geräusche des Eises. Ein kanonenschußähnlicher Krach lief, am Rande der Insel beginnend, in einem großen reißenden Dröhnen hinaus über das gemarterte Eis. Entsetzliches hohles Stöhnen jagte in weiter Ferne mit schwindelerregender Schnelligkeit dem Lager zu. Manchmal hörte das tiefe Krachen ganz plötzlich auf oder bog in scharfem Winkel zur Seite, und sein Echo hallte immer ferner und ferner, bis es zu einem gespenstischen Flüstern zwischen den Hügeln wurde.

Die Eskimos waren wach. Noch nie hatten sie so laute hartnäckige Mahnrufe der Dunklen Geister gehört. Kaas hatte recht gehabt. Es war den Bräuchen und den Gütern der Weißen Häuptlinge und der Lappen zuviel Aufmerksamkeit geschenkt worden, man hatte zuviel Lärm damit gemacht. Die jüngeren Eskimos hatten die alten Geister vernachlässigt. Die Großen waren langsam, aber unerbittlich. Kaas fuhr fort, seltsame Worte zu murmeln, die niemand verstand. Seine Augen waren geschlossen, er schien nichts zu wissen von den Dingen dieser Erde. Die anderen verhielten sich regungslos und still, voll Angst, sie könnten die Aufmerksamkeit des dort außen unsichtbar Drohenden auf sich lenken.

Sogar die Felsen und die Rippen der Erde unter den Füßen der Männer barsten mit schreckerregenden Geräuschen. Man kannte keine natürliche Erklärung: Porosität der Felsen, Aufsaugen von Feuchtigkeit, unglaubliche sprengende Gewalt der Ausdehnung beim Gefrieren. Nein, die Grundfesten der massigen Erde krachten und stöhnten unter dem unsichtbaren Angriff. Sogar auf die Lappen machte es Eindruck und sie entsannen sich mancher längst vergessenen Wintergeschichte. Die hohl krachenden Geräusche des Eises bewirkten eine rastlose Bewegung der Herde. Doch hatte diese keinen Platz, sich weiter zu bewegen, keine Möglichkeit, über die schlüpfrige Fläche zu entrinnen.

Pehr war es, der den Ausweg ersann – Pehr, der Verläßliche, auf den Jons erste Wahl gefallen war. Er schlug sich zu Jons Zelt durch, und sie murmelten miteinander. Pehrs Ausweg war die einzige Hilfe. Alle Leute, Lappen und Eskimos gleichermaßen, wurden zusammengerufen. Jedermann mußte eine Axt nehmen, eine starke Axt der Weißen Häuptlinge. Die Eskimos zögerten noch immer unter dem Bann der Furcht; aber Jons Befehl und Jons Blicke waren stark und drohend. Bald standen sie alle versammelt. Das Eis krachte noch immer mit furchtbarem Lärm; und große Risse zogen sich bis zur fernen Küste.

Dann begannen die Männer. Man durfte das matte Morgenlicht nicht abwarten. Die Zeit war mehr als wichtig. Hauend, hauend, hauend gingen sie weiter, endlos, unermüdlich. Parallel zur Küste begannen sie mit dem Aufrauhen, machten Hunderte und Hunderte und Tausende und Tausende seichte parallele Einkerbungen ins Eis und schufen einen schmalen rauhen Pfad von Eiland zu Festland. Auf diesem aufgerauhten Weg konnten die Tausende harter Hufe Halt finden. Die Männer arbeiteten unablässig, indem sie die langen Kerben ausschlugen. Nachdem sie weit genug gekommen waren, wandten sie sich plötzlich um und begannen die Strecke zurück einzukerben. Eisstückchen flogen überallhin und den Männern ins Gesicht, während sie weiter und weiter arbeiteten. Die Küste des Festlands schien hoffnungslos ferne – aber das war der einzige Weg.

Jon kannte keine Ermüdung, kein Erbarmen, war überall. Am frühen Morgen hatte er schon die Frauen in allen Zelten aufgescheucht; Fleischtöpfe brodelten, der Tee wurde gebraut für die Eskimos und Kaffee dampfte für die Lappen. Als alles bereit war, rief Jon den Männern zu. Sie streckten die gebückten Rücken und schritten zurück über das aufgerauhte Eis. Schon waren sie eine kleine Strecke von der Insel entfernt, eine entmutigend kleine Strecke, aber jetzt durfte es kein Tändeln geben, kein endloses Pfeifenrauchen. Bald waren die Männer wieder zurückgekehrt und das Klirren des gehackten Eises begann von neuem.

Nur in der grimmigsten Not hatte man einen solchen Ausweg ersinnen können. Sie kamen vorwärts wie ein Zug von Raupen, buchstäblich Zoll für Zoll. Der Schnee, der sie früher so oft aufgehalten hatte, weigerte sich jetzt hartnäckig, zu fallen. Nur die Kälte – noch heftiger, bitter, klar und trotzig – wich keinen Augenblick von ihnen. Fern im Südosten zeigte sich zu Mittag ein Stück leuchtender Scheibe, um sogleich wieder zu erlöschen. Nicht einmal die Sonne wollte bei einer so hoffnungslosen Arbeit mithelfen.

Jon selbst ergriff eine Axt und hieb mit verzweifelter Energie drein. Die Männer wußten kaum etwas vom Wechsel des Tages und der Nacht, sie wußten nur von gekrümmten Rücken, vom Bombardement durch die Eisstückchen, von den kurzen Pausen fürs Essen und Rasten. Es schien ihnen, als wären ihre steifen, kalten Körper kaum noch richtig zur Ruhe gekommen, wenn auch schon wieder der Ruf erging, dem Frost und dem Dunkel wieder und wieder die Stirn zu bieten. Einmal war Kult nicht erschienen, und Jon ging ihm nach. Was in Kults Zelt geschah, erfuhr niemand, aber Kult hieb dann mehr Eisfurchen als je zuvor. Die Leute waren zu müde, um zu sprechen. Sie arbeiteten weiter, einer neben dem anderen, wie schattenhafte Gespenster in einer Dämmerwelt. Sie konnten sich nicht mehr erinnern, wann ihre Aufgabe begonnen hatte; sie hatten keine Hoffnung, je damit zu Ende zu kommen. Sie waren Geister, in einer Hölle ewigen Eises, zu immerwährender Mühe verdammt. Ihre Welt war Eis, sie atmeten Eis und in den kurzen Pausen der Rast hieben sie noch immer Eis, sogar im Traum.

Die Leute waren ein Mittel zum Zweck, doch die Rentiere waren der Zweck. Wenn die Männer über alle Vorstellung hinaus abgenutzt wurden, geschah dies zur Rettung der Herde, denn diese bedeutete für zahllose Menschenwesen in einer fernen Zukunft das Leben. Nur Jon verstand etwas von dem ganzen Plan, nur Jon fühlte die volle Last der Verantwortung, wenn er sich dann und wann Zeit abstahl, um die Rentiere zu besichtigen. Täglich ging er zu ihnen und täglich hatte er Angst vor dem, was er da sehen könnte. Dennoch zog es ihn unwiderstehlich hin, trotz seiner Angst. Wie mager sie waren – wie erschreckend mager! Es war geradezu traurig, sie anzublicken, zu sehen, wie die sanften runden Augen mit solcher Sehnsucht zu den Hügeln hinschauten. Wenn Jon zwischen ihnen ging, wichen sie nicht zur Seite wie sonst immer. Sie regten sich überhaupt nicht, sie wandten die Köpfe, um ihn so kummervoll fragend anzublicken, daß Jon von ihnen forteilen mußte. Unten auf dem Eispfad arbeitete er dann mit so schrecklicher Heftigkeit, daß die anderen vor ihm zurückwichen wie vor einem seltsamen übermenschlichen Wesen.

Dann kam eine Nacht der Lichter. Lang nachdem das graue Dämmern des Mittags erloschen war, begann die Helle. Ein leuchtendes Glühen, gleich dem des Sonnenaufgangs, schimmerte wieder am Himmel. Aber es war nicht der Sonnenaufgang; es begann im geheimnisvollen Norden, hinter dem gefrorenen Meer, von wo die schwarzen Stürme kamen – im Heim der Blinden Geister, die gegen die Sonne kämpften. Das Glühen breitete sich aus und schickte helle Füllhörner aus, die sich höher und höher emporwanden bis zu den Sternen. Diese Füllhörner wurden Bänder und Flaggen, die wallten und sich falteten und in einem Nebel farbigen Zukkens strömten. Die Banner schossen hinauf bis zur Mitte des Himmels, glühend und flatternd in phantastischer Unheimlichkeit; sie verdunkelten die Sterne und wurden dann so dünn, daß die Sterne hinter diesem schleierartigen Vorhang hervorfunkelten.

Als der rote Vorhang sich bewegte, als würde er von einem lautlosen Himmelswind zum Flattern gebracht, hielten die Arbeitenden inne, um hinaufzuschauen. Das heftige Glühen ließ ein blasses Licht von der glatten Eisfläche widerspiegeln. Die Männer sahen aus wie schwarze Ameisen vor einem von Himmelsgeistern angezündeten Lagerfeuer. Sowohl die Lappen wie die Eskimos hatten diese wabernden Feuer schon in vielen Wintern gesehen, doch nie war das Feuer so dicht bis zur Erde gefallen. Es schien unmöglich, daß man das Prasseln und Krachen der tanzenden Flammenzungen nicht hören konnte. Tapik und Kult schlossen die Augen vor den feurigen Lanzen, die, so befürchteten sie, jeden Augenblick kommen mußten, sie zu durchbohren und zu vernichten. Kaas bewegte unablässig die Lippen in lautlosem Flehen. Sogar die Lappen standen unter dem Eindruck, und sie warfen scheue Seitenblicke himmelwärts, als ob sie es nicht wagten, der ganzen Herrlichkeit des Nordens voll ins Auge zu sehen.

Dann erloschen die Feuer, so wie sie gekommen waren, indem sie die ungeheuren Flaggen einzogen und rasch ins Geheimnis ihrer Wohnstätte zurückwichen. Als der Himmel fast wieder dunkel war, hörten die Männer Jon von den Rentieren kommen, und das Geräusch des endlosen Hackens begann von neuem.

Als der Pfad schon über die halbe Strecke aufgerauht war, wurden die Zelte zum Festland hinübergeschafft. Das war besser. Es bot ein sicheres Gefühl, wenn man zwischen den Hügeln war und nicht auf den flachen Felsen des ungeschützten Eilands. Dort auf dem Festland fand man Schnee für die Iglus, und die Männer, die auf dem Eise arbeiteten, waren den Vorratslagern näher. Wenn die Rentiere imstande waren, hinüberzukommen, hatte man für sie schon einen Weideplatz gefunden. Wahrscheinlich mußten dann sowohl Menschen wie Tiere lange Zeit hier verweilen, um sich von den Strapazen des Eispfades und dem Hunger der Insel zu erholen.

Am letzten Tag gab es keine Rast für die Arbeitenden. Die Frauen brachten das gesottene Fleisch über die kurze Strecke noch nicht aufgehackten Eises, und die Männer aßen hastig im Stehen. Dann klirrten die Äxte wieder. Man näherte sich der Küste, und weiter und weiter arbeiteten sie bis tief in die Nacht. Es schien ihnen, als könnten sie es nicht länger ertragen, aber Jon war überall, grimmig und schonungslos. Die schwächeren Rentiere kamen schon völlig von Kräften. Die Männer hatten kein Gefühl mehr, ihre Körper waren ertaubt vor Kälte und Ermüdung. Sie konnten die Hände an den Griffen der Äxte nicht mehr spüren; aber noch immer hoben sich die Äxte und senkten sich – ruhelos, mechanisch.

Als der letzte Zoll erledigt war, fielen die Leute zu Boden, wo sie standen. Zusammengekauert hatten die Frauen auf sie gewartet. Die Männer konnten die Äxte nicht loslassen; ihre Hände schienen in einer ewigen Umklammerung verkrampft. Die Frauen halfen einander, Männer und Äxte in die Zelte und Iglus zu zerren. Für sie war die furchtbare Mühe zu Ende.

Aber nicht für Jon. Er wartete auf keinen, sondern sammelte die Hunde der Herde und beschritt wieder den Weg über den Eispfad.

Die Hunde waren munter und frisch nach der langen Rast. Unter den eisig funkelnden Sternen machte sich Jon auf den Weg zu der tückischen Insel, die ihn mit der Verheißung eines Lagerplatzes getäuscht hatte. Jede Stunde war kostbar; er wußte, daß jetzt schon die schwächeren Rentiere nicht mehr stehen konnten. Als er wieder zu den Tieren kam, fühlte er ihr großes schweigendes Willkommen. Es schien ihm, als wüßten sie irgendwie, daß er sie nicht wirklich verlassen hatte. Als er im Rücken der Herde schritt, wandten sie die Köpfe, um ihm nachzusehen.

Die Hunde umkreisten langsam die Herde; da wußten die Rentiere, daß sie wieder aufzubrechen hatten. Alle ihre Bewegungen waren langsam und steif. Ihre Seiten waren so eingefallen, daß Jon sie gar nicht ansehen wollte. Lange Zeit hatte er nachgedacht, was er zunächst tun sollte. Er wollte ein altes Zugtier mit dem Lasso einfangen und es hinausführen auf die Mitte des Eispfades. Dann folgten die anderen, hinter denen die Hunde her waren. Jon brauchte kaum ein Lasso. Als er das Tier fing, stemmte es sich nicht wie sonst und setzte sich nicht zur Wehr. Nach einigen wenigen unsicheren Schritten blieb es stehen. Als Jon die Schleife über dem Geweih befestigte und anzog, schritt das Tier mit ihm, so gelehrig und friedlich, daß es rührend war. Jon konnte kaum irgendeinen Zug am Ende des Stricks fühlen.

Als sie zum Eis kamen, machte das Tier halt. Aber es hatte kaum noch die Kraft, Widerstand zu leisten, und Jons stetiges Zerren führte es langsam über die aufgerauhten Stellen. Die Tiere am Rande der Herde, die dem Eis am nächsten standen, begannen, von denen hinter ihnen gedrängt, zu folgen. Es war eine seltsame Prozession im Sternenschein, die auf der großen Fläche immer länger und länger wurde. Wenn ein Rentier allzu nahe an den Rand des aufgehackten Pfads kam und das schlüpfrige Eis unter seinen Hufen fühlte, zog es sich zurück. Manchmal brachte ein leichtes Drängen der Tiere in der Mitte des Wegs ein unglückliches Rentier auf der glatten äußeren Fläche wirbelnd zu Fall. Dann folgte die matte Bemühung, wieder aufrecht stehen zu können. Nur selten konnte ein Tier, das einmal niedergestürzt war, den rauhen Weg wieder erreichen. Aber Jon hatte gar nicht gehofft, alle retten zu können – dennoch war es traurig, weitergehen zu müssen und auch nur wenige zurückzulassen. Sie mühten sich so bitter und blickten mit solcher

Sehnsucht den anderen nach, zu den Hügeln hin, die schon nahe lagen.

Weiter und weiter zogen sie, fast unmerklich langsam über das schweigende Eisfeld. Die Hoffnung dieses langen Zugs, das Leben ferner Stämme und anderer Zeiten, der große Plan der Weißen Häuptlinge, all dies und noch mehr kroch durch die Nacht. Jon hatte nicht versagt – nicht ganz. Dennoch war das Unheil so nahe gewesen, daß der Druck ihn zermürbte. Als er sich der Küste des Festlands näherte, fühlte er, wie die Kräfte ihn langsam verließen. Aber er hatte den Glauben bewahrt; er taumelte weiter.

Pehr kam zum Ufer herab ihm entgegen – Pehr, der nach der endlosen Mühe zusammengesunken war und sich jetzt als erster wieder erholt hatte. Wortlos nahm er den Strick aus Jons erschlaffenden Händen. Pehr marschierte mit dem Leittier weiter, einem Tal mit dichtem Moos zu. Jon taumelte und griff um sich wie ein Blinder. Vielleicht träumte er bloß und erwachte bald, um wieder die Axt zu ergreifen und Eis zu hacken. Ob die Herde am Leben blieb, bis der Pfad beendet war? Aber irgendwo – wie ihm schien, in einem anderen Teil seines Sinnes, erklang hartnäckig der frohlokkende Schrei: «Gerettet! Gerettet! Gerettet!» Jon fühlte das Zeltblatt in seiner Hand und sank ins Innere.

Fünftes Kapitel

Ome und Uff

Nachher nannten sie den Ort, an dem sie lagerten: «Die lange Rast»! Sechs Wochen rührten sie sich nicht von der Stelle, nachdem sie den Eispfad von der Insel hinter sich hatten. Die Männer schliefen viele Tage und wachten nur auf, um zu essen, und aßen, um wieder zu schlafen. Sie hatten nicht gehungert, denn ihnen hatte es nur an Schlaf und Ruhe gefehlt; es dauerte jedoch längere Zeit, bis sich die Rentiere wieder erholten. Mehr als hundert waren verlorengegangen. Manche hatten nicht vermocht, die Insel zu verlassen, andere waren ausgeglitten und zur Seite des rauhen Pfads gestürzt, und einigen hatte schon, nachdem sie den Weideplatz erreicht hatten, die Kraft gefehlt, den Schnee wegzuscharren.

Die gestürzten Rentiere hatte man getötet, obwohl sie so mager waren, daß sie zur Ergänzung der Vorräte kaum noch taugten. Immerhin gaben sie ein wenig Fleisch, und die Felle konnte man auf jeden Fall verwenden. Langsam lebte die große Herde wieder auf; täglich wurden die Rücken ein wenig breiter und die Rippen waren nicht mehr so deutlich zu sehen. Als wollte der Winter die Leute entschädigen für das angetane Unrecht, schickte er keinen Sturm, solange sich die Tiere nicht ein wenig erholt hatten. Wäre gerade beim Eintreffen der Herde auf dem Festland ein starker siebentägiger Schneesturm gekommen, die Hälfte der Herde hätte zugrunde gehen müssen. Das Moos stand dicht in den Tälern und der Schnee lag nicht allzu hoch. Aber selbst so brauchte man Wochen, um den Verlust von Tagen einzubringen.

Das Lager war hinter die Hügel verlegt worden, so daß man das Felseneiland und das tückische Eisfeld nicht mehr sehen konnte. Keiner hatte den Wunsch, sich an die schrecklichen Geräusche des Eises oder an das furchtbare Toben des unablässigen Sturms zu erinnern, der sie beinahe das Leben gekostet hätte. Wie bei Kindern verschwand ihnen mit dem Verschwinden der Gefahr auch die Furcht. Für den Augenblick fühlten sie keine Bedrohung durch den Blinden Geist des schrecklichen Nordens, keine Drohung der Schwarzen in den düsteren Bergen. Erst wenn eine neue Gefahr auftauchte, mochten ihre Gedanken sich wieder den unsichtbaren Wesen zuwenden, die Böses brachten und niemals Gutes.

Jon lebte noch immer allein, noch ein wenig abgeschiedener und strenger, in ernste Gedanken gehüllt. Für die anderen mochte das Erlebnis des Eispfads verblassen, aber nicht für Jon. Die körperlichen Folgen waren bald vergessen, aber ein neues, unerklärliches Etwas bewog die anderen, ein wenig mehr denn früher zu zögern, ehe man ihn ansprach, ihm noch ein wenig bedingungsloser zu gehorchen. Unangezweifelte Autorität umgab ihn.

Man hielt unablässigen Patrouillendienst bei den Rentieren. Keine einzige Stunde blieben sie unbewacht. Jetzt waren sie wieder kräftig genug zu wandern, und zudem war es die Jahreszeit der Wölfe. Jeder Mann hatte mit seinen Hunden einen Tag und eine Nacht zu wachen, bis er von einem neuen Mann und neuen Hunden abgelöst wurde. So kreisten und kreisten sie unablässig im Dämmerlicht und im Dunkel, trieben wanderlustige Tiere zur Herde zurück und wehrten Gefahren, die von außen kommen mochten, ab.

In so einsamen Wachen hatten die Stämme des Nordens in schwarzer Nacht durch ungezählte Geschlechter Wache gehalten. Das Wirbeln des Sturms, das Dahinziehen wilder Wolkenfetzen, die erbarmungslose Umklammerung bitterer Fröste – das war ihr Leben. In Dunkel und Einsamkeit war Yanna geboren worden und Klinik und der Blinde Geist der vereisten See und die Schwarzen der dunklen Berge. Keine Freude, keine helle Farbe, keine Güte lag in diesen undeutlichen Wesen der Luft. Sie alle waren die ewigen Feinde der Menschen; man mußte sie meiden, sich vor ihnen verbergen, sie beschwichtigen. Ihre Gegenwart wurde nur in Zeiten der Gefahr gefühlt. Nur die durften von ihnen sprechen, die alt waren an Weisheit, und auch die nur im schützenden Dunkel der Nacht.

Jon achtete genau auf den Zustand der Rentiere. Sobald sie wieder kräftig waren, mußte der Zug von neuem beginnen. Die lange Versäumnis verwirrte Jon; sie konnte bedeuten, daß man der bereits festgesetzten Zeit einen weiteren Winter hinzufügen mußte. Aber die Eskimos machten sich keine Sorgen. Es war behaglich in dem geschützten Tal; Nahrungsmittel gab es genug, und sehr viel Zeit zum Schlafen. Vor ihnen erstreckte sich eine unbestimmte Zeitspanne der Fülle neben der großen Herde der Weißen Häuptlinge. Freilich mußten sie ihren Dienst als Hirten machen, mußten lange Zeit durch Sturm und Dunkel trotten; aber bei sechs Männern kam die Reihe nicht allzuoft an einen. Sonst war das Leben angenehm. Wenn kein Sturm wehte, gingen Akla und Mikel oder Tapik und Kult manchmal über die Hügel zum Meer, Seehunde zu jagen. Das bot angenehme Abwechslung nach dem ewigen Rentierfleisch.

Die Tochter Pehrs, Neji, die Blauäugige, war unruhig. In der langen untätigen Zeit, da man im Tal auf die Erholung der Rentiere wartete, gab es nur wenig Arbeit. Kult begann wieder, Geschenke zu machen – eine getrocknete Zunge, die Eingeweide eines jungen Seehunds oder fettes Knochenmark. Neji erinnerte sich der Spende des Bärenherzens in den frühen Tagen der langen Reise. Jetzt hatte sich Kult angewöhnt, wenn sie vor dem Zelt mit Ata und Jak, den Kleinen, spielte, vorbeizuschlendern. Neji mochte es nicht leiden, wie er sich dann immer umwandte und sie ansah. Sie wußte, daß er mit Soak in einem Iglu wohnte. Auch Nejis Mutter sah ihn und die Gaben, die er im Vorbeigehen niederlegte, und die beiden Frauen sprachen miteinander. Sie hatten nicht den Wunsch, Pehr mit ihren Weibersorgen zu belasten. Männer unterlagen plötzlichen Zornausbrüchen und wurden sogar manchmal tätlich. Jon wußte alles; er erfuhr gewiß, was Pehr tat, und so mochte es geschehen, daß der große Führer sie alle mit geringerer Gunst betrachtete.

Neji wußte, daß sie und alle anderen Lappen vom Volk Norwegens nur mit Geringschätzung betrachtet wurden. Sie wußte nicht warum, aber sie erinnerte sich der Mienen einer norwegischen Familie, die einst im Sommer durch Lappland gereist war. Die wundervoll gekleideten Frauen, Mutter und Tochter, wiesen die feinsten Lappenspeisen zurück, mieden jede Berührung mit den Rentierfellen und blickten mit einem Ausdruck in das offene Zelt, als ob sie in eine Wolfshöhle schnupperten. Jetzt begann Neji das zu verstehen, weil sie die gleichen Gefühle den Eskimos entgegenbrachte. Was für ein schreckliches Volk war das mit dem verfilzten fettigen Haar! Wie sie nur rochen! Und sie wußten selber gar nicht, wie verlaust sie waren! Es wäre unmöglich gewesen, mit so jemandem in einem dreckigen Iglu zu leben; selbst der Gedanke daran erweckte in Neji ein Gefühl ungemessener Überlegenheit. Wenn Kult es nicht unterließ, sie anzublicken, wollte sie mit ihrem Vater sprechen.

Man ließ keinen Augenblick nach in den Wacherunden rings um die große Herde, und die Rentiere wurden wieder ganz kräftig. Jetzt taten nur noch ein paar Tage not und die Herde war von neuem bereit für den Zug nach Osten. Pehr, Tapik, Akla und Jon, Kult und Mikel – rundum ging der Dienst, immer ein Tag und eine Nacht, ein Tag und eine Nacht für jeden, für einen nach dem anderen. Man achtete genau auf das Wetter, denn jeder hoffte, die Reihe werde nicht inmitten eines Schneesturms an ihn kommen.

Als eines Tages Mikel ungefähr ums Mittagdämmern durch die Hügel streifte, hörte er den Lärm fernen Feuerns. Das war sonderbar. Die Geräusche kamen von dort, wo die Rentiere weideten, und dennoch trugen die Hirten nur selten ihre Flinten bei sich.

Mikel wußte, daß Kult jetzt bei der Herde war, denn als nächster kam er selbst an die Reihe. Wieder ein Schuß. Es war unwahrscheinlich, daß zu dieser Zeit des Tags Wölfe gekommen sein konnten oder ein Vielfraß. Aber irgend etwas war geschehen – etwas, das sich bis jetzt nicht ereignet hatte. Ein Gefühl überkam Mikel, er werde vielleicht seine Flinte brauchen; darum behielt er sie bei sich, statt sie wie sonst in sein Zelt zurückzutragen. Er eilte über den Schnee, während die Schüsse lauter und lauter erklangen.

Von der näheren Seite der Herde hielt er Ausschau nach Kult und wartete, aber niemand kam. Im Düstern konnte Mikel nicht deutlich sehen, nur daß die Rentiere verschreckt waren und hastig durcheinanderliefen. Er begann sie zu umkreisen und versuchte, ihre Bewegung zum Stehen zu bringen. Zwei weitere Schüsse. Dann begann Mikel, den Südrand der Herde hinabzufahren. Es konnte kein Zweifel mehr bestehen, daß Kult in Schwierigkeiten geraten war. Mikel bewegte sich rascher vorwärts. Er kam plötzlich an ein gestürztes Rentier, das noch warm war. Ein wenig weiter an ein zweites, und noch einers war neben den Futterlöchern niedergefallen. Dann entdeckte Mikel, woher der nächste Schuß kam. Er kam von einem schneebedeckten Felsblock aus dem Hügelhang. Und dort waren zwei – zwei Gestalten, die in die kostbare Herde feuerten.

Mikel jagte weiter. Als er nahe genug war, begann er zu schreien. Die Gestalten neben dem Block drängten sich enger aneinander und beobachteten ihn stehend.

Mikel hielt inne. Er hatte noch nie ein so übel aussehendes Paar gesehen. Sie waren zwar zu kurz und zu platt für menschliche Wesen, hielten aber dennoch altmodische Gewehre in den Händen. Sie glichen eher einer noch unentdeckten Gattung von Tieren, die gelernt hatten, auf den Hinterbeinen zu gehen. Dennoch wußte Mikel, daß sie irgendeinem unglaublich primitiven Stamm angehören mußten – denn solche Gewehre, die von einem seit langen Zeiten nicht mehr existierenden Walfischfänger stammten, wurden oft von Hand zu Hand weitergegeben. Das Paar schien ihn zu beobachten. Mikel wußte nicht, was er jetzt tun sollte. Dann begann einer der beiden, sich wieder zum Schießen anzuschicken. Mikel schrie im besten Eskimo, das er nur kannte:

«Nicht schießen! Nicht schießen! Nicht schießen!»

Sie hielten in ihrem Tun inne. Sie schienen kurze Beratung zu halten. Dann nahmen sie die Vorbereitungen wieder auf. Mikel schrie:

«Hei! Hei! Hei!» Und er schüttelte dabei heftig den Kopf. Aber das uralte Gewehr erdröhnte. Mikel sah, wie am Rand der Herde ein schönes Tier hochging, dann niederfiel und auf dem Schnee um sich schlug. Jons kostbare Rentiere, eins nach dem anderen gemordet! So sehr an Hirten gewöhnt, daß sie nicht klug genug waren, zu fliehen! Schrecklicher Zorn durchfuhr Mikel. Schon hob der zweite Mörder das andere Gewehr; doch da feuerte Mikel. Gewehr und Besitzer des Gewehrs fielen mitsammen zu Boden, aber dieses Geschöpf erhob sich fast sogleich wieder. Der andere begann, seine altmodische Waffe zu laden – ein langsamer Vorgang. Mikel jagte schreiend auf sie zu. Im Laufen lud er und feuerte er – lud und feuerte. Als die anderen die unheimliche Geschwindigkeit bemerkten, mit der ihr Feind schoß, schritten sie auf Mikel zu, nachdem sie ihre Gewehre neben dem Felsblock liegengelassen hatten.

Was nun? Mikel war der jüngste Hirte. Er hätte jetzt gerne die weise Erfahrung Jons oder Pehrs besessen. Selbst das verspätete Auftauchen Kults wäre eine Erleichterung gewesen. Eine solche Gefahr für die Herde wie diese zwei Männer konnte man nicht außer acht lassen. Sie waren wie Wölfe, nur gefährlicher; dennoch schien auch etwas Menschliches an ihnen zu sein, so daß Mikel nicht imstande war, sich ihrer so zu entledigen, wie er anfangs gewollt hatte. Das ergab ohne Zweifel wieder ein Problem für Jon – die beiden mußten ins Lager gebracht werden.

Mikel wies auf seine eigenen Spuren im Schnee und bedeutete den beiden durch viele Zeichen, sie sollten den Spuren bis zum Lager folgen. Bald waren sie unterwegs. Einmal machten die zwei Männer vor Mikel Halt, als ob sie sich umwenden wollten, aber eine Kugel, die nahe an ihnen vorbeipfiff, brachte sie wieder in Bewegung. Mikel war jung – sehr jung, und er wurde allmählich auf diese Sache stolz. Nichts konnte ihn jetzt daran hindern, ins Lager zu marschieren, als Bezwinger zweier schrecklicher Ungetüme.

Jons Zelt war das erste und Jon wartete davor; er hatte Mikels letzten Schuß gehört. Beim Anblick Jons machten die zwei Gefangenen halt, Mikel hätte am liebsten noch einmal geschossen, um Jon zu zeigen, wie rasch er ihnen wieder Beine machen konnte, aber dies erschien ihm zu albern, da er die Männer genau dort hatte, wohin sie gehörten. Er sah einige andere, die aus der Ferne hinblickten, und er fühlte verzeihlichen Stolz bei dem Bewußtsein, daß alle von seinem großen Abenteuer hören mußten. Er meldete das Ganze Jon. Jon sagte ernst:

«Kult hätte diese beiden bringen sollen. Jetzt ist die Zeit gekommen, daß du bei der Herde wachst, der Dienst, den nichts ändern kann.» Jon sprach langsam, als läse er aus einem alten Buch.

«Aber Kult ist nicht da!» Mikel war überrascht, daß er Kult völlig vergessen hatte. «Kult habe ich nicht gesehen. Vielleicht ist er bei den Rentieren verwundet worden», meinte Mikel, während er sich anschickte, in das tieferwerdende Dunkel hinauszuschreiten, um seine verzögerte Wache bei der Herde wieder aufzunehmen.

«Laß nicht ab von der Bewachung der Herde», befahl Jon. «Akla wird nachkommen, um nach Verwundeten zu suchen.» Jon wandte sich um und betrachtete die Gefangenen und im nächsten Augenblick war Mikel nicht mehr zu sehen.

Die Gefangenen schwiegen noch immer. Was Jon auch sagte, nichts machte auf sie Eindruck; entweder waren sie bloß verstockt oder sie sprachen nur den seltenen Dialekt irgendeines fernen Stammes. Hier war Arbeit für Kaas; ein so alter Eskimohäuptling vermochte vielleicht das Dunkel dieser beiden, die ja doch Menschen sein mußten, mit irgendwelchen Strahlen des Verständnisses zu durchdringen. Als Kaas kam, betrachtete er die Geschöpfe lange Zeit. Bewegungslos, ohne ein Wort. Kaas schloß die Augen, aber Jon versuchte gar nicht, ihn zur Eile zu drängen; die Alten haben ihre Gewohnheiten, die man nicht ändern darf. Keine Störung durfte den Zauberbann des Erinnerns brechen, das weiter und weiter zurückdachte zu jenen fernen Tagen, in denen Tatsachen und alte Sagen undeutlich miteinander verschmolzen.

Dann stieß Kaas leise knurrende Laute aus, wie Hunde es tun, wenn sie nach langem Fasten einen Knochen benagen. Nichts glich auch nur einem Worte, das Jon bei all seinen Reisen je gehört hätte. Aber die Gefangenen begannen sich in Bewegung zu setzen und Kaas mit ihnen. Sie verschwanden in einem Iglu.

Als Kaas wieder zu Jons Zelt kam, erzählte er ihm von den beiden. Sie kamen von einem so fernen Stamm, der von mauergleichen steilen Bergen so umschlossen lebte, daß Menschen sie nie zu Gesicht bekamen. Zweimal vor sehr langen Zeiten, als Kaas noch jung gewesen war, waren solche Wanderer ins Lager seines Vaters gekommen. Sie hatten ihre Bergwände überstiegen und machten eine Reise zum Meer. Ihr Heimatstal war die Wohnstätte grimmiger Berggeister, die die feste Erde erschütterten und im Inneren großer Berggipfel lebten, aus denen der Rauch ihrer Lagerfeuer emporstieg.

Noch viel mehr erzählte Kaas von dem verzauberten Tal und von der Bärenart, die dort lebte, und von einem Tier, das die Gestalt eines jungen Rentiers hatte und durch einen Zauberpaß, den niemand entdecken konnte, in großen Scharen ins Tal kam. Aber in diesem Jahr war kein Wild ins Tal gekommen. Während die Monate dahinstrichen, stand der Stamm vor der Hungersnot; nur die beiden, die jetzt in Jons Lager waren, waren kräftig genug gewesen zu entrinnen.

Sie hatten ein unbekanntes Land durchzogen und fast nirgend Wild gefunden. Wohl aber zwei Lager, die fast ebenso Not litten. In dem einen hatten sie für ihre alten Musketen Pulver bekommen. In langen Zwischenzeiten erlegten sie einen Fuchs, der mager war und grau, und den aßen sie roh. Die beiden hießen Ome und Uff und jetzt seien sie matt von langem Hungern und Omes Arm sei von Mikel zerschossen worden.

Jon befragte Kaas, warum die Fremden so viele Rentiere erlegt hätten, aber Kaas schüttelte den Kopf. Es war der Brauch der Eskimos, immer viele Tiere zu töten – viele Moschusochsen oder viele Karibus, damit nur wenige Tiere am Leben blieben, sonst könnten diese die neuen Herden im nächsten Jahr warnen. Das sei immer so gewesen. Ome und Uff hätten nicht gewußt, daß die Rentiere Jon gehörten; Tiere gehörten überhaupt niemandem, sondern seien freie Beute für alle Jäger. Keiner könne ein lebendes Tier als seinen Besitz in Anspruch nehmen; erst wenn es erlegt sei, gehöre es dem Jäger. So wolle es die Sitte; die Häuptlinge der Stämme hätten das gesagt.

Auf solche Art verteidigte Kaas die beiden Fremden und Jon wurde in seinem Entschluß, Ome und Uff zu bestrafen, wankend. Es war völlig richtig, daß die beiden von den Rentieren nichts hatten wissen können. Sie glichen Kindern in ihrer Gedankenlosigkeit und zerstörten immer, wenn es ihnen Vergnügen bereitete. Jon fragte sich, was die Weißen Häuptlinge in einem solchen Fall getan hätten, aber was immer man auch tun mochte, es konnte die hingemetzelten Tiere nicht wieder lebendig machen.

Tapik hatte für die beiden Fremden ein Iglu errichtet. Keiner hatte Platz oder hätte gern seinen Platz mit diesen Unbekannten geteilt. Mit überzähligen Fellen und verschiedenen Geschenken aus den Zelten und Iglus waren Ome und Uff bald über Nacht untergebracht. Dann erinnerte sich Jon des gebrochenen Arms. Weder das Winterlager noch die Reise war der richtige Ort für Krüppel; der Arm mußte wieder eingerichtet werden. Kaas und Tapik waren in dem neuen Iglo, als Jon kam. Bei der Tranlampe konnte er Ome und Uff ein wenig besser sehen als früher, da Mikel sie eingeliefert hatte. Omes Arm baumelte noch immer herab, unverbunden und hilflos. Anfangs konnte Jon überhaupt nicht bemerken, ob dieser Mann irgendein erkennbares Gesicht habe. Eine Masse zottigen Haars verbarg jegliche Menschenähnlichkeit, aber irgendwo hinter dem schmutzigen Wirrwarr mußte sich eine mächtige Öffnung befinden, da gewaltige Klumpen des gesottenen Fleisches, vom gesunden Arm geführt, immer wieder dahinter verschwanden. Ohne Zweifel mußte also dieses Geschöpf einen Mund haben.

Jon gab Weisungen für das Schienen des Arms, die Kaas mit den hundegebellähnlichen Lauten wiederholte, mit denen er früher gesprochen hatte. Tapik begann die Behandlung nach Kaas' Befehl. Zuerst wich Ome in raschem Argwohn zurück, aber nach weiterem Geknurre des alten Häuptlings unterwarf er sich den derben Versuchen Tapiks. Es schien unmöglich, daß ein so verkommener Mensch noch immer Leben und Bewegung in sich haben konnte. Ome war schwarz – von einem furchtbaren fleckigen Schwarz, der fettig schmierigen Ansammlung jahrealten Schmutzes. Sogar der Eskimo Tapik war überrascht. Er lachte und scharrte mit seinem langen Fingernagel die lästige Schicht ab. Im Augenblick gab es gewiß keinerlei Möglichkeit, die Schußwunde zu reinigen. Es schien zweifelhaft, ob man dies überhaupt jemals werde tun können. Jon hatte bei vielen Völkern des Nordens gelebt, aber noch nie eine so verlotterte Kreatur gesehen, weder einen Menschen noch ein Tier. Ungeziefer, das bei den meisten Eskimos anzutreffen ist, hatte sich auf dem Fremden in ganz besonderer Konzentration angesammelt, und als Tapik den gebrochenen Arm hochhob, um ihn zu verbinden, und Jon bei dieser Gelegenheit einen Blick in Omes Achselhöhle tun konnte, vermochte er es nicht länger auszuhalten. Er eilte aus dem warmen Iglu in die kalte, reine Luft.

Als er sein Zelt erreichte, erwartete ihn dort Akla. Er war von der Herde zurückgekommen, wo Mikel Wache hielt. Er hatte entdeckt, daß sechs Rentiere von Ome und Uff erlegt worden waren. Morgen wollte man die Tiere ins Lager schaffen, obwohl von den Stükken, die auf dem Eispfad verlorengingen, noch immer reichlich Fleisch vorhanden war. Doch hatte Akla weder Kult noch irgendeine Spur von Kult gefunden, obwohl es ohne Licht nicht leicht war, etwas Genaues zu wissen.

Als Mikel, den Pehr abgelöst hatte, ins Lager zurückkam, befragte ihn Jon eingehend. Nein, Kult sei weder heute noch gestern noch vorgestern gesehen worden. Gewiß mochte er bei dem Schießen zu Schaden gekommen sein, hatte vielleicht, schwer verwundet, den Weg verloren und war in die Hügel gewandert. Aber Jon konnte nicht glauben, daß dem Eskimo ein solches Schicksal widerfahren sei.

Am nächsten Tag ließ Jon den alten Häuptling Kaas holen und gemeinsam wanderten sie zu Kults Iglu. Darin saß Kult und hob eben Fleisch aus dem Topf. Er ließ das Fleisch plötzlich zurückklatschen und saß sehr still, während Jon ihn lange Zeit ansah. Da wurde dem Eskimo sehr warm und jämmerlich zumute. Als Jon sprach, war seine Stimme leise und gleichmäßig.

«Heute verläßt Kult das Lager der Rentiere, um nicht mehr zurückzukehren.» Jon schickte sich an zu gehen.

Kult blieb sitzen, ohne ein Wort zu sagen, aber Soak schrie auf: «Nein, nein! Nein, nein! Nein, nein!»

Da begann Kult; er bettelte. «Es war große Kälte, und schwere Übelkeit kam zu mir.»

«Wem übel ist, der ißt kein Fleisch», sagte Jon und er wies auf den Topf.

«Die Übelkeit kam zu Soak – man durfte sie nicht allein lassen», log Kult aufs Geratewohl und kläglich.

Jon wandte sich ihm zu: «Im Lager gibt es keine Übelkeit, keine Frauen, keine Kälte – nur Rentiere.» Jon schritt fort, aber Kult folgte ihm.

«Das war nur ein einziges Mal – nur ein einziges Mal sind die Rentiere allein gelassen worden», flehte Kult.

Jon wandte sich wieder um und seine Stimme klang tief vor Groll: «Das war Neji.» Und er ging.

Kult blieb hinter ihm stocksteif stehen. Der große Jon wußte alles. Irgendwie wußte er auch von den albernen Aufmerksamkeiten, die er, Kult, der Tochter Pehrs erwies. Auf geheimnisvolle Art war ihm bekannt geworden, daß Kult seinen Posten bei den Rentieren im Stich gelassen hatte. Es nützte nichts. Kult schritt langsam zum Iglu zurück, wo Soak, das wußte er, in hellem Zorn auf ihn wartete. Das Leben war schwer.

Später kam Kaas zu Jon, um für seinen Landsmann ein Wort einzulegen, aber Jon war unbeugsam. Es konnte keine Milde geben; die Rentiere im Stich zu lassen, noch dazu nachts, war das größte aller Verbrechen.

Und ob auch Soak fort müsse? Jon dachte nach. Eine nutzlose Frau konnte nicht weiter mitgeschleppt werden. Es war jedoch möglich, daß Ome und Uff, wenn sie sich von ihrem Hunger erholt hatten, Hirten wurden. Ohne Kult gab es zu wenig Arbeitskräfte im Lager. Ja, wenn Soak bei Ome und Uff im Iglu leben wollte und bereit war, für sie zu kochen und zu nähen und die Felle, die die beiden brachten, abzuschaben – wenn sie das tat, durfte sie bleiben.

Als Kaas ihr Jons Beschluß mitteilte, gab Soak lärmende Versprechungen ab. Sie wolle alles tun – alles, nur nicht fortziehen mit Kult, dem Taugenichts, dem Lügner, dem Schelm, der all dieses Unglück über sie gebracht. Kaas ging mit ihr zum Iglu der beiden Fremden. Er trat als erster ein, um ihnen von Soaks Kommen zu erzählen, und als er herauskam, trat Soak ein. Kaas ging mit stattlichen Schritten von dannen. Er war wieder ein großer Häuptling. Er war viel begehrt. Er führte wichtige Gespräche. Er dolmetschte fremde Sprachen. Jon selber hatte sich an ihn wenden müssen. Kaas war von neuem in seine alten Ehren eingesetzt.

Als Kaas bei seinem Iglu anlangte, wandte er sich voll Stolz um und warf einen Blick über dieses Lager, in dem er jetzt wieder eine Rolle spielte. Noch immer konnten die jungen Leute, ja auch die überlegenen Lappen, ohne die Weisheit der alten Häuptlinge nicht weiterkommen. Das war gut.

Da sah er, wie aus dem neuen Iglu Soak herausgelaufen kam. Er wartete auf sie. Als Soak ihn sah, schrie sie:

«Nein! Nein! Ich kann nicht! Ich kann nicht! Nein! Nein! Nein! Ich gehe mit Kult!» Und sie lief weiter. Kaas stand ganz verblüfft da. Er verstand die Jungen nicht mehr.

Jon gestattete Kult nicht, eine Flinte mitzunehmen. Er kannte die Rachsucht der Eskimos; das war zu gefährlich. Außerdem hatten die Weißen Häuptlinge die Gewehre nur für die Zwecke der langen Reise hergegeben. Kult mußte mit Schleuder und Lanze jagen, so wie seine Väter gejagt hatten. Alles Fleisch, das Kult nur mitnehmen konnte, gehörte ihm, und dann erhielt er Messer und Felle und Töpfe. Wenn er sich nahe den Seehundlöchern an der Küste hielt, bis das Eis im Sommer auftaute, mochte er am Leben bleiben.

Als Kult und Soak bereit waren, hielten sich die Eskimos in ihren Iglus verborgen. Sie wollten nicht Zeugen der Schande sein, die über Angehörige ihres Stammes gekommen war.

Der Wind erhob sich und der trockene Schnee kroch wie ein Schleier aus Rauch über die gewaltigen Bodenwellen der Hügel. Die beiden Verstoßenen wandten sich westwärts auf der alten Spur des Zugs. Sie waren grau und schattenhaft in den Schneewirbeln und im Dämmerlicht – die ersten aus der kleinen Schar, die die anderen verließen. Sie hatten mit hochgespannten Hoffnungen den Weg angetreten, als wäre die Sonne aufgegangen, und jetzt war plötzlich der Himmel bewölkt. Das war traurig. Aber sie hatten das erste große Gesetz des langen Zugs übertreten. Jeder fragte sich, wer wohl der nächste sein konnte, wie viele jenes fremde Land an der anderen Seite des Großen Stroms erreichen mochten.

Die beiden Schatten im Westen wurden undeutlicher und schattenhafter in den aufsteigenden Schneewirbeln. Dann überschritten sie eine Bodenerhebung und waren fort. So schied Kult, der erste, der den Rentieren die Treue brach.

Sechstes Kapitel

Moschusochsen

Wieder waren sie unterwegs. Nach Wochen und Wochen quälenden Aufenthalts waren Hunde und Rentiere wieder im Geschirr. Sooft waren die klugen Pläne und die Kraft der Menschen von riesenhaften Mächten zur Seite geworfen worden. Die Menschen glichen Ameisen, die zwischen Grashalmen dahinmarschieren und sich mühen, immer weiter und weiter zwischen Zweiglein und Kieselsteinen eines weiten Feldes. Ein Windhauch, das Fallen eines Blattes, das geringste Hindernis konnte den Marsch sprengen. Jede Entfernung und jeder Wechsel in der wilden Laune des Winters schien zu so titanischer Macht und Ungeheurlichkeit vergrößert, daß von menschlichem Widerstand keine Rede sein konnte. Hier gab es nichts anderes als lange, hartnäckige Geduld, ein langsames Vorwärtsmarschieren, wenn die Launen des tückischen Nordens günstig waren. Das Grollen des Winters außer acht zu lassen, mußte Vernichtung bringen, rasch und völlig. Man mußte den Norden bei guter Laune halten, mußte es vermeiden, seine schreckliche Aufmerksamkeit auf sich zu lenken.

Als Jon den Zug wieder in Bewegung gebracht hatte, waren Ome und Uff ein Teil der Gesellschaft. Jon mochte sie nicht leiden, niemand mochte sie, aber man bedurfte ihrer Arbeit bei der Herde. Kaas, der Alte, saß lange Stunden bei ihnen, bellend und knurrend, in mühevollen Versuchen, Erklärungen zu geben. Allmählich schienen die beiden zu verstehen. Uff war viel älter, aber Ome war der Führer der beiden, angriffslustig und von rascherem Verständnis.

Ome war kleiner als irgend jemand im Lager. Als plattgedrückte unheimliche Gestalt trieb er sich umher, zottig und stämmig wie ein Bär, der auf den Hinterbeinen hockt. Mit seinem schrecklichen Mund und seinen Kinnladen und den buschigen Augenbrauen glich er einem Steinzeitmenschen, der wieder zum Leben erweckt war. Er konnte nie genug essen. Oft riß er mit einer raschen Bewegung den Hunden das Futter weg, biß eine erstaunliche Menge von einem halb gefrorenen Kopf ab, den er dann den knurrenden Hunden wieder zurückwarf. Sein Gesicht glich am ehesten dem Inneren eines Topfes, der nie sauber ist; es zeigte aufeinanderliegende Anhäufungen von Speiseresten. Uff war eine verkleinerte Nachbildung Omes. Weniger bemerkenswert und weniger lästig. Sie trugen immer eine Miene der Verschlossenheit und des Argwohns zur Schau, als ob die Hand eines jeden sich gegen sie gewendet hätte.

Jon war gar nicht zufrieden, aber in dieser ungeheuren Wildnis konnte man keine andere Hilfe finden, und mochten die Fremden auch langsam sein, schien ihre Ausdauer doch unbegrenzt. Mit Kaas als Vermittler wurden Ome und Uff allmählich zu Hirten, indem sie zuerst mit Pehr oder Akla oder Tapik auszogen und beim Dienst zusahen.

Irgendwo auf ihren langen Wanderschaften vom Tal der Steilen Wände hatten Ome und Uff sonderbare, unbekannte Spuren gekreuzt. Sie waren vor Hunger zu schwach gewesen, diesen Spuren zu folgen, aber einmal hatten sich in einem dichten Schneesturm undeutlich zottige Ungeheuer plötzlich gezeigt und waren dann verschwunden. Alte Erinnerungen regten sich in Kaas, als Ome dies erzählte: diese Schatten im Sturm waren gewiß Moschusochsen gewesen. Vor vielen Jahren hatte Kaas mit seinem Vater und seinem Bruder diese Tiere gejagt; die aber waren schon längst verschwunden, und Kaas hatte nie gedacht, daß er ihresgleichen wieder zu Gesicht bekommen werde. Nur von Zeit zu Zeit erzählte einer, der in fernen Gegenden geweilt hatte, unbestimmte Geschichten von fliehenden Geschöpfen mit großen flatternden Bärten. Als wären das Gerüchte über die Seeschlange, lebten die Jäger halb in Hoffnung, halb in Furcht, daß diese Erzählungen Wahrheit sein könnten.

Kaas berichtete Jon von Omes Erzählung. Viele Male hatte Jon schon die sagenhaften Berichte über Moschusochsen gehört, hatte aber nie gehofft, je die lebenden Tiere zu sehen. Es hieß, daß in den ungeheuren Einöden der Subarktis oder nahe dem Delta des Großen Stroms oder zwischen zwei Süßwasserseen noch eine kleine Herde lebte. Wie Irrlichter schienen sie der Entfernung zu spotten;

sie waren schattenhafte Träume, Fabelgeschöpfe; sie waren Brüder des Kentauren, des Einhorns. Manchmal mochte ein einsamer Wanderer fern von den Pfaden der Jäger seinen erstaunten Augen nicht trauen; in dem kurzen Augenblick konnte er dann die letzten Tiere einer verschwindenden Rasse sehen.

Ome und Uff hatten Eingeborenenspeere. Jon vertraute die kostbaren Flinten ihrer Fürsorge nicht an. Die Hirten trugen nur selten ein Gewehr, es sei denn, daß einer von ihnen die Wache bei den Rentieren unmittelbar nach einem Jagdausflug aufnahm. Wenn das Heulen von Wölfen zu hören war, nahmen die Hirten manchmal eine feste Keule mit. Auf den rasch dahingleitenden Skiern war es bei günstigem Schnee möglich, einen Wolf einzuholen und ihn mit einem gewaltigen Schlag niederzustrecken. Dort drüben in den Hügeln Lapplands hatten Jon und Pehr gar oft Wölfe mit der Keule erschlagen. Ging es bergab, war es nicht schwer, einen fliehenden Wolf zu überholen. Die Hirten verachteten die Wölfe und vergeudeten nicht oft eine Kugel an sie; dennoch haßten sie sie gleich allen Hirten der Gefahr wegen, die die Wölfe für die hilflose Herde bedeuteten.

Als ob sie den Verlust ihrer alten Gewehre wieder einbringen wollten, wandten Ome und Uff sehr viel Zeit ans Verfertigen von Speeren. Jeder von ihnen trug mehrere Speere auf dem Rücken; jeder verwendete einen Speer als Hilfe beim Dahingleiten über den Schnee. Jon hatte eigentlich keinen Grund, ihnen die Speere wegzunehmen; Kaas hatte ihnen gesagt, die beiden würden vielleicht fortgehen, wenn man sie aller Waffen beraubte.

Sie durchzogen jetzt ein Land mit zahllosen Bodenwellen. Nicht hoch genug, Berge genannt zu werden, hoben und senkten sich die großen runden Hügel, und sie bildeten weite Täler, manchmal so breit, daß man nicht bis zur nächsten Hügelreihe sehen konnte. Diese gewaltigen Hänge jagten die vor die Schlitten gespannten Rentiere in atemloser Hast hinauf. Oft war man mittags schon an der Stelle des Nachtlagers. Auch die Hunde jagten; aber sie konnten es an Geschwindigkeit mit den Rentieren nicht aufnehmen. Hinter der Linie der Rentierschlitten und der Hundeschlitten kam die große Herde, ein dunkler Strom, der langsam dahinfloß, quer durch die weißen Täler und über die langen Hänge.

Machten sie am Ende eines Tagesmarsches halt, ging Jon immer zum Weidegrund, um die Tiefe des Schnees mit seinem Stock zu erproben. Wenn die Schneedecke über dem Moos nicht mehr als drei Fuß tief war, freute sich Jon; wenn sein Stock tiefer als vier Fuß eindrang, mußte eine neue Weide gesucht werden, wo der Wind nicht zugelassen hatte, daß der Schnee sich so hoch aufschichte. Es war wunderbar zu beobachten, wie die große Herde sich langsam über ein ungeheures weißes Feld ausbreitete und zu äsen begann. Jon kannte Rentiere, seit er sich erinnern konnte, wurde aber niemals müde, ihnen dabei zuzusehen.

Es lag etwas so Emsiges und Zutrauliches an der Art, wie sie sich an die Arbeit machten. Sie glichen einem großen Heer von Menschen, die alle, wie unter der Leitung eines Führers, dieselbe Übung machten. Jedes der Tiere scharrte eine Weile mit dem einen Vorderfuß, dann rastete es einen Augenblick, ehe es mit dem anderen Fuß zu scharren begann. Sie stellten sich immer gegen den Wind, damit der weggescharrte Schnee ihnen nicht ins Gesicht oder vor die Füße geblasen werde. Bald verschwanden Kopf und Schulter, wenn die Löcher tiefer wurden. Dann konnte man, wenn der Schnee sehr hoch lag, nur noch Schweife und Hinterteile über dem ebenen Feld sehen. Acker um Acker und wieder Acker um Acker von Schweifen und Hinterteilen wackelten mächtig, während die Tiere unten arbeiteten wie Bergleute. Von der Ferne schien ein solcher Futterplatz von großen, im Schnee sitzenden Kaninchen bedeckt.

Jon liebte es, einer Rentiermutter bei der Arbeit zuzusehen. Wenn der Schnee tief war, versuchte das Junge gar nicht zu graben, sondern stand da und wartete, bis seine Mutter zum Moos gelangt war. Das Futterloch war dann größer als sonst und auf einen leisen knurrenden Ruf der Mutter zwängte sich das erwartungsvolle Jungtier in das Loch, und beide fraßen gemeinsam. Es bereitete Jon ein Wohlgefühl zu sehen, wie die jungen vielversprechenden Tiere betreut wurden.

Es bot ein beruhigendes Gefühl der Dauer und Fortdauer – dieses Leben einer großen Herde, das von einer Generation zur anderen immer weiter strömte. Das war wie eine Verheißung, daß auch das Leben des Menschen auf sicheren Grundlagen ruht. Die Menschen waren dereinst nicht mehr den unsicheren Wechselfällen der Jagd unterworfen. Jon hätte niemandem genau erklären können, was er fühlte: seine Überzeugung, daß der Besitz von Rentieren einen großen Schritt aufwärts in der Entwicklung des Menschentums möglich machte. Er wußte, daß die Existenz vieler, vieler Millionen Menschen auf ihrem dauernden Besitz von Reis beruhte; andere große Völker fanden ihren Unterhalt im Weizen. In einer fernen Zukunft mochte eine große nördliche Nation erstehen, die ihr Dasein auf den Reichtum an ungezählten Rentieren gründete. Und er, Jon, wurde dann vielleicht als der Mann des Schicksals betrachtet, der Mann, der die ersten schwachen Schritte eines machtvollen Volkes leitete. Seine Geschichte ging dann von Mund zu Mund gleich einer unsterblichen Saga, die immer wiederholt wurde, überall, wo an Lagerfeuern Taten besungen wurden, überall, wo man in Zelt oder Iglu Helden ehrte.

Jon rüttelte sich wach. Während er geschaut und geträumt hatte, hatten sich die Rentiere zum Moos durchgearbeitet und waren jetzt zufrieden. Er mußte nun nach der eigenen Nahrung sehen. Er hatte keine Hilfe in seinem Zelt, keine Frau, die ihm kochte. Es war besser so. Seine Überlegenheit war nicht bewußt; er verachtete niemanden, der unwissend war, aber er hatte im Land der Weißen Häuptlinge gelebt und einige ihrer Bräuche waren auch die seinen geworden. Es ziemte einem Führer, abseits zu bleiben. Er mußte zu jeder Zeit kommen oder gehen können, seine Stunden waren nicht eingeteilt; seine Gedanken gehörten ihm allein.

Die Tage wurden länger. Das graue Dämmerdunkel der Wintertage, da keine Sonne sich zeigte, war nicht mehr ganz so grau. Es herrschte immer große Freude in den Iglos, wenn die längste Dunkelheit vorbei war und das Licht sich allmählich wieder über die Erde verbreitete. Aber für Jon war eine solche Zeit keine ungemischte Freude. Die zurückgelegte Strecke blieb immer noch hinter der Erwartung zurück. Die Verzögerungen waren so lang und so zahlreich, daß er manchmal Ungeduld fühlte beim Gedanken an den Sommer, und sei es auch nur der kurze helle Sommer des Nordens. Wenn der Schnee weicher wurde und von den Hügeln schmolz und wenn das Eis der Flüsse zur See hinabzuschwimmen begann, dann mußte der Zug halt machen. Die Schlitten konnten nicht mehr weitergebracht werden, es gab tobende und tiefe Wildbäche, Sümpfe, die schwammig waren und verräterisch. Es war eine Zeit – eine kurze Zeit – der Entspannung für Menschen und

Tiere; eine Zeit der Erneuerung und des Sammelns und von Kräften für kommende Kämpfe.

Ome und Uff bereiteten keine eigentlichen Schwierigkeiten, aber sie bildeten ein störendes Element im Lager. Der Stamm, aus dem sie kamen, war in Sitten und Überlieferungen grundverschieden von den anderen. Tapik und Kipi, Quag und Sik und Lug lachten oft gutgelaunt; sie waren leichten Sinnes, verantwortungslos wie Kinder. Nicht so Ome und Uff. Sie schritten lautlos durchs Lager mit düsteren Mienen, mit scheelen Blicken und argwöhnischen Bewegungen. Ihr Nahrungsbedarf war furchtbar, doppelt soviel wie der der anderen. Ome watschelte durchs Lager wie ein mürrischer Bär, der bereit ist, mit dem ersten, der ihm in den Weg kommt, Streit zu beginnen. Seine große Schulterbreite und kurze Gestalt verliehen ihm das Aussehen einer Mißgeburt. Tagelang folgten ihm die Hunde bellend. Dann wandte er sich zu ihnen um, und sein großer Mund bewegte sich lautlos wie die groteske Maske eines Clowns. Aber die Hunde gewöhnten sich an ihn und ließen ihn nach einiger Zeit in Ruhe. Zwei der jüngeren Hunde waren ins Iglo Omes und Uffs gebracht worden und arbeiteten mit ihnen bei der Rentierherde. Die Fremden erschienen immer unerwartet aus einem Zelt oder hinter einem Felsblock, mitten aus einem Schneesturm, obwohl sie in ihrem Iglu hätten schlafen können. Diese plötzlichen Begegnungen waren unheimlich. Aber weder Eskimos noch Lappen konnten trotz ihres Mißtrauens irgendeinen Diebstahl oder einen anderen Schaden entdecken.

Wenn Ome und Uff nicht bei der Herde Wache hatten, schweiften sie durch die Hügel. Die anderen sahen sie manchmal tagelang nicht, aber dank irgendeiner unbekannten Fähigkeit kannten die beiden eine Art Zeitrechnung. Sie versäumten nie ihren Dienst bei der Herde, denn sie erinnerten sich ohne Zweifel an Kults Schicksal. Einzig mit dem alten Häuptling Kaas schien sie eine Art menschliche Beziehung zu verbinden. Bei Tageslicht oder im Dunkel, im Sturm oder bei ruhigem Wetter stahlen sie sich davon, ohne Rücksicht auf Zeit oder Witterung.

Dann kam eine letzte Pilgerfahrt für die beiden. Als Pehr nach seiner Wache im Sturm heimkehrte, sah er sie für einen Augenblick. Die Speere an den Rücken gebunden, glitten sie landeinwärts vorbei. Sie jagten nie Seehunde und legten überhaupt geringen Wert auf das Meer, von dem sie wenig zu wissen schienen. Aber die endlosen Hügel, die weiten Plateaus des Hochlands bezauberten sie. Sie zogen jetzt dahin, als wünschten sie innig, den Sturm im Gesicht zu fühlen. Im nächsten Augenblick waren sie verschwunden und Pehr konnte sich später kaum noch erinnern, ob er sie wirklich gesehen hatte oder nicht.

Ome und Uff erklommen die langen Hänge, die vom Lager hinaufführten. Der Sturm war nicht einer jener unablässigen, erbarmungslosen, viele Tage lang tosenden Stürme, sondern eine Reihe launenhafter ungewisser Windstöße, die mit Unterbrechungen erstarben und wieder anschwollen, als wüßten sie nicht, was sie tun sollten. Die Wanderer schienen untereinander das Sprechen ebensowenig nötig zu finden wie unten im Lager. Die beiden Hunde waren bei ihnen, denn vielleicht mußten sie gleich zur Herde, ehe sie ins Lager zurückkehrten. Manchmal geschah dies.

Weiter und weiter zogen sie dahin, offenbar einer ziellosen Laune folgend, ohne Absicht, ohne Zweck. Als der Wind sich legte, war der Schnee über die harte Fläche gebreitet wie ein dünner beweglicher Teppich. Wenn das Wetter stürmischer Laune war, erhob sich der Schnee in Wolken und Wirbeln und verwischte das Bild der Berge und Täler. Die Hunde hielten sich den beiden dicht an den Fersen und erschnupperten sich ihren Weg in den Spuren ihrer Herren.

Als sie jetzt auf eine gewaltige ebene Hochfläche kamen, wehte der Sturm heftiger. Aber sie zogen weiter – weiter und weiter in einer weißen, wirbelnden Welt. Dann knurrten die Hunde plötzlich und blieben stehen. Ome und Uff standen regungslos und spähten in den wehenden Schnee. Sie sahen nichts und setzten sich langsam wieder in Bewegung. Die Hunde stießen tiefe Laute aus und sie alle machten wieder halt, lauschend und spähend. Nichts. Sie standen so lange, daß sie zu einem Teil der schneebedeckten Ebene wurden. Wenn die Windstöße aufhörten und der Schnee zur Ruhe kam, konnten sie wieder sehen, vorerst eine schneebedeckte Felsleiste, eine lange Leiste, die nach rechts und links zog. Dann sahen es Ome und Uff. Die Jäger standen ganz still und wagten kaum zu atmen. Vor ihnen, unter dem Schutz des Felsrückens waren undeutliche schneebedeckte Gestalten. Die Hunde bellten plötzlich und sprangen vor. Sogleich richteten sich die Gestalten am Felsen aufmerksam auf. Der Schnee fiel von ihnen ab, als sie heftig kehrtmachten, um sich Ome und Uff entgegenzustellen. Orps, der Moschusochse!

Es waren fünf Stück. Die seltsamen länglichen Gesichter bildeten einen Halbkreis, als die Tiere so dastanden, nach außen blickend, hinter sich die Felswand. Die breiten flachen Hörner waren zur Verteidigung gesenkt. Moschusochsen! Welche Überraschung! Der Wind, der von ihnen zu Ome und Uff hinwehte, verhinderte eine Entdeckung der feindlichen Annäherung. Und auch die schützende Felswand hinter ihnen schnitt die Flucht ab.

Die Jäger waren beinahe betäubt vor Erregung. Da vor ihnen waren die großen Orps, die Moschusochsen! Fünf! Keiner sollte entrinnen; alle mußten erlegt werden. Ome und Uff wußten nicht recht, womit sie beginnen sollten, aber bald begannen die Hunde. Die Hunde waren im Nachteil. Sie konnten nicht hinterdrein gehen, während die Aufmerksamkeit des Feindes von den voranschreitenden menschlichen Jägern abgelenkt war. Das war die gewöhnliche Taktik der Hunde, aber jetzt gab es kein Hinterdrein. Sie liefen vorwärts, mit allem Lärm, den Hunde machen können. Die großen Untiere sahen sie an und ihre kleinen Augen glühten aus ungeheuren Mengen langen Haars. Die Hunde liefen nahe hinzu und zogen sich dann zurück. Manchmal sprang ein Ochse vor, um einen zu verfolgen, doch wich er gleich wieder wirbelnd an seinen Platz in dem Halbkreis. Die große Furcht dieser Tiere war, von hinten angegriffen zu werden. Wenn ihre massigen Köpfe in einer ununterbrochenen Verteidigungslinie dem Feind zugewandt waren, hielt es schwer, sie anzugehen. So hatten sie in einem bewaffneten Halbkreis durch unzählige Ochsengenerationen den Ansturm von Wölfen abgewehrt. Orps, der Moschusochse, war ein listiger Gegner.

Die Angriffe und Gegenangriff zwischen Hunden und Ochsen dauerten fort. Keine Partei schien bis jetzt einen Vorteil erzielt zu haben. Dann machte einer der Hunde vor den ihn verfolgenden Hörnern eine rasche Wendung. Im nächsten Augenblick war er niedergetrampelt und zweimal von einem breiten Horn durchbohrt. Der Ochse brüllte tief vor Wut, und auch die anderen, an der Felswand begannen zu brüllen. Der Hund lag still, unfähig, sich vor- oder rückwärts zu bewegen. Ehe der Ochse sich wenden und seinen Platz bei den anderen wieder einnehmen konnte, hatte ihm Ome seinen Speer tief in die Seite gerammt. Das Tier wandte sich zum Angriff, aber Ome sprang zur Seite und durchbohrte es, als es bei ihm vorbeikam, mit dem zweiten Speer. Uff schloß sich ihm an und beide begannen, wilde Kriegsschreie auszustoßen. Da kamen die anderen Ochsen brüllend heran, ihrem verwundeten Gefährten zu Hilfe. Die Hunde vermehrten den schrecklichen Lärm der Schlacht. Der Kampf wurde jetzt rasch und furchtbar.

Inmitten des Tosens erhob sich der Wind und verdunkelte das Schlachtfeld mit wirbelndem Schnee. Auf dem tobenden Feld griffen Schatten Schatten an. Es glich einer düsteren Schlacht zwischen Menschen und Untieren in den Urzeiten der Welt. Große zottige Geschöpfe wandten sich gegen andere zottige Wesen, die vielleicht Menschen waren. Durch das Dröhnen des Sturms, die heiseren Wutlaute der verwundeten Untiere kreischten die wilden Männer in unmenschlichen Schreien. Die Stiere wälzten sich, Speere in den Flanken, über den Schnee, so daß die Speerschäfte abbrachen und die Spitzen noch tiefer ins Fleisch drangen. So wütete die Schlacht, unwirklich und doch furchtbar, durch den blendenden Sturm.

Als der Wind sich legte, gab es keine jagenden Schatten mehr. Alle Ochsen waren erlegt. Zwei wälzten sich noch, der eine mit einem verwundeten Hund, der sich zerrend an seiner Nase verbissen hatte, während der Ochse matt den Kopf bewegte. Ome erhob sich langsam und stand schließlich ganz auf, die lange Spitze eines Horns hatte ihm den Arm aufgerissen. Er blickte über den niedergetrampelten Schnee. Die fünf Ochsen lagen da und einer der Hunde war ohne Zweifel tot. Dann sah er, nicht weit entfernt, Uff, neben einem Ochsen. Uff hielt mit der einen Hand noch den Speer umklammert, den er dem Tier zwischen die Rippen gestoßen hatte. Der langhaarige Kopf des Ochsen bedeckte ihn zum Teil, und als Ome versuchte, Uff herauszuziehen, sah er, daß das eine Horn diesen ganz durchstoßen hatte. Er konnte die Spitze des Horns an Uffs anderer Seite herausstehen sehen. Er ließ ihn liegen, wo er lag, und machte sich auf den Rückweg zum Lager. Jetzt wehte kein Wind; der Himmel hatte sich geklärt und es war sehr kalt.

Ome kehrte am frühen Morgen ins Lager zurück; er war müde und schwach. Er schleppte sich zum Iglu des alten Häuptlings

Kaas. Kaas seinerseits brachte die Neuigkeit dem Führer Jon. Jon lauschte ruhig dieser nahezu unglaublichen Geschichte, dann ließ er Tapik und Mikel holen und zog mit ihnen auf Omes Spur in die Hügel.

Als Jon und die beiden anderen den Ort des Schlachtens erreicht hatten, waren sie entsetzt. Kein lebendes Wesen regte sich irgendwo. Ihre erste Pflicht galt Uff. Unter Jons Anleitung trugen ihn Tapik und Mikel zum Fuß der Felswand, an der die Ochsen zuletzt gestanden hatten. Von einer Stelle, wo der Wind den Schnee vom Felsen weggeblasen hatte, brachen sie Stücke lockeren Gesteins ab. Traurig häuften sie diese Steine über Uff; sie hatten ihn nicht leiden mögen, hatten ihn kaum gekannt, und doch war er kurze Zeit ein Mitglied ihres kleinen Lagers gewesen. Dann trug Tapik, der sich auf solche Dinge verstand, die beiden Hunde heran und legte sie zur einen Seite von Uffs Grab. Schließlich sammelte er alle die Speere und pflanzte sie in einer sauberen Pyramide an der anderen Seite des Steinhügels auf. So ausgerüstet machte sich der Fremdling aus dem Tal der Steilen Wände auf seine einsame letzte Fahrt.

Tapik und Mikel entfernten sich sodann, denn die Zeit war nahe, da sie die Wache über die Herde übernehmen mußten. Jon aber verweilte noch. Einen so seltsamen Kampf wie diesen hatte er noch nicht erlebt. Hier vor ihm lagen die geheimnisvollen Tiere gar mancher angezweifelten Erzählung. Jetzt wußte er, daß diese Erzählungen auf Wahrheit beruhten; es gab wirklich so seltene Geschöpfe. Aber die hier waren alle tot und steif gefroren. Große Trauer überkam Jon. Warum raste so sinnlose Mordwut durch die Seelen der eingeborenen Stämme? Wenn er nicht länger bei den Rentieren sein konnte, gingen die Eingeborenen vielleicht hin und erschlugen alle die Rentiere?

Er blickte die sonderbaren Geschöpfe an – nur fünf, und jetzt waren auch die dahin. Vielleicht gab es auf der ganzen Welt nirgends mehr lebende Geschöpfe dieser Art. Jon war fest davon überzeugt, daß die Tiere harmlos gewesen waren; sie machten nicht den Eindruck, als ob sie ohne Ursache zum Angriff übergegangen wären. Freilich hatte man ein Menschenleben zu beklagen, aber die Tiere hatten sich zu einer letzten verzweifelten Gegenwehr gestellt, um die kläglichen Überreste einer großen Herde zu retten. Nie wieder sah er ihresgleichen. Jon beschloß, keinen Teil dieser letzten mutigen Kämpfer für gemeine Zwecke verwenden zu lassen. Weder Haut noch Fleisch durfte ihnen genommen werden. Unangetastet sollen sie an ihrem letzten großen Rastplatz verbleiben.

Siebentes Kapitel

Mikel

Ome war jetzt nachts allein im Iglu. Der Name dessen, der in die Geisterwelt hinübergewandert ist, wird nie ausgesprochen. Nur die Lebenden sind menschliche Wesen. Und so war Ome allein, als wäre er es von jeher gewesen. Da Omes und Uffs Hunde in der Schlacht mit den Moschusochsen beide ums Leben gekommen waren, mußte sich jetzt ein anderer Hirtenhund an Ome und dessen Iglu gewöhnen.

Die Herde schritt weiter. Jede mühsam gewonnene Meile brachte das weite, jenseits des Großen Stroms den Rentieren vorbehaltene Land ein wenig näher. Immer nach Osten, alle Gesichter dem wachsenden Lichtschein zugewandt, aus dem eines Morgens die Sonnenscheibe auftauchen mußte. Schon jetzt wuchs täglich im Südosten ein leuchtendes bogenförmiges Stück am Himmel. Die Geister des Lichts begannen jetzt in ihrem langen Kampf mit den Blinden den Sieg zu erringen. Wieder einmal kam der Sommer, hell, kurz und klar.

Doch trotz dieser Verheißung waren noch immer Stürme zu bestehen, starke, laut dröhnende Winde und schrille Stimmen bösartiger Windstöße von der See – all das mußte sich austoben noch vor der Zeit des langen Lichts. Jon bemerkte, daß die Rentiere mager waren, aber die meisten von ihnen konnten bis zum Sommer durchhalten. An zweihundert waren verlorengegangen oder zu Ernährungszwecken getötet worden. Im Frühling wurden gewiß hinreichend viel Junge geworfen, den Verlust wieder einzubringen, doch freilich konnte man bei einem so langen Zug nicht mit Sicherheit darauf rechnen. Jon hatte immer gedacht, wie herrlich es wäre, nicht weniger Tiere zu überbringen, als die Weißen Häuptlinge ihm anvertraut hatten. Aber dies war vielleicht nicht möglich. Eine noch viermal so große Strecke als die bereits zurückgelegte lag vor ihnen. Hohe Berge ragten im Osten auf, und dort kam man ins Land der Wölfe.

Wenn der Zug der Rentierschlitten und der Hundeschlitten haltmachte, um zu lagern, war der Himmel klar und die Erde bitter kalt. Die Vadmal-Zelte wurden rasch aufgestellt und die Iglus wuchsen empor wie durch Zauberei. Es war schön, ins Innere zu kriechen und die Lampen anzuzünden. In einer solchen Nacht gab es nur wenig Hin und Her; sobald man einmal wohlbehalten im Innern war, war es besser, alle Öffnungen dicht verschlossen zu halten. Nur der diensthabende Hirte war im Freien – heute nacht Pehr.

Er glitt über den trockenen Schnee ins Dunkel, um Akla abzulösen, der die Herde auf dem Zug bewacht hatte. Bald trafen sie zusammen, sprachen einen Augenblick miteinander und schieden dann, Akla heimwärts zu seinem Zelt und Pehr, um während der Nacht die Herde zu umkreisen. Die Bänder im Norden begannen zu glühen. Pehr beobachtete, wie die großen farbigen Fahnen flatterten und sich zusammenfalteten und in allen ihren unruhigen wirren Formungen schwankten. Glühend und verblassend, näherkommend und sich zurückziehend, keinen einzigen Augenblick bewegungslos. Nie zweimal einander gleich. Pehr dachte oft darüber nach, wie unheimlich sie waren, wenn sie dahinzogen, so nieder und so drohend über der Erde – und doch wie harmlos! Zumindest waren sie immer harmlos gewesen, aber in einer Nacht mochten sie ein ganz klein wenig näher kommen als früher, und wenn dann eine Berührung mit der Spitze eines dieser roten heißen Speere – und so dachte Pehr weiter die Gedanken eines einsamen Hirten, Gedanken an eine Gefahr, die gerade entfernt genug war, um angenehm zu erregen.

Aus Pehrs Zelt im Lager fehlte der kleine Jak. Niemand konnte sich erinnern, wann man den Knaben zuletzt gesehen hatte. Er hatte einen neuen Bogen gehabt und einen Pfeil, den Akla oder Mikel ihm aus einem großen, von einem der Schlitten abgebrochenen Splitter verfertigt hatte. Diesen einen Pfeil verschoß er, dann jagte er dahinter her und schoß wieder. Als Waas ihn nicht mit Ata und Neji spielen sah, dachte sie, er müsse im Zelte Aklas und Mikels sein, die zusammen wohnten. Manchmal blieb Jak bei ihnen; dort waren nur zwei, und in Pehrs Zelt lebten fünf. Aber Akla oder Mikel meldeten es der Mutter immer, wenn sie Jak bei sich behielten.

Jetzt legte Neji die große Kapta ihres Vaters an und eilte über die kurze dazwischenliegende Strecke zum anderen Zelt. Jak war nicht dort! Nejis blaue Augen wurden groß und ängstlich! Nein, Mikel hatte ihn nicht bemerkt, und Akla war eben erst vom Dienst bei der Herde zurückgekommen. Im nächsten Augenblick stand Mikel bereit, bis zu den Augen vergraben in eine neue Pelzkapuze. Gewiß war es seine Pflicht, Jak zu finden; Akla hatte lange Stunden bei der Herde verbracht und sich eben erst angeschickt, schlafen zu gehen. Mikel freute sich, zeigen zu können, wie rasch es ihm gelingen werde, den kleinen Jak zurückzubringen. Hatte er nicht ganz allein die beiden Wilden gebracht, Ome und Uff – gefährliche Männer mit Gewehren? Und wie Neji ihn angeblickt hatte, als diese große Geschichte erzählt und immer wieder erzählt wurde! Er wollte bewirken, daß ihre blauen Augen ihn mit neuer Gunst ansahen. Welche Kleinigkeit für ihn, Mikel, den Jäger, Mikel, den Bezwinger gefährlicher Männer! Er wollte Kreise ums Lager ziehen, als wäre es die Rentierherde. Wenn er den kleinen Jack nicht beim erstenmal fand, mußte er einen weiteren Kreis ziehen und dann immer weiter. Ein so junger Knabe konnte nicht weit gekommen sein. In ganz kurzer Zeit war er wieder in Sicherheit. Dies sagte Mikel dem Mädchen. Dann glitt er rasch hinaus in die sternhelle Nacht.

Mikel fand ihn nicht, als der erste Kreis vollendet war, auch nicht beim zweiten und beim nächsten. Er erinnerte sich, daß er einmal in eine ruhige Wasserfläche Steine geworfen und zugesehen hatte, wie die Kreise weiter und weiter wurden, bis sie das Ufer erreichten. Er hatte das Gefühl, als machte er jetzt die gleichen Kreise, nur gab es hier kein Ufer. Die Fläche für die Kreise hatte keine Grenzen. Die großen bebenden Ströme des Lichtes im Norden, manchmal fast über dem Kopf, warfen einen sonderbar blassen Widerschein auf die weiße Erde. Manchmal blieb Mikel stehen und rief. Einmal hatte der Hund, der Pehr beim Bewachen der Herde half, gebellt, aber jetzt war Mikel schon weit über Lager und Herde hinaus. Gleich dem Kapitän eines Schiffes hatte er das Gefühl, er könne es nicht aufgeben, solange noch für einen andern Gefahr bestand. Und dann Neji! Wie würde sie ihn ansehen, wenn er mit dem Geständnis zurückkam, daß ein so großer Jäger einen so kleinen Knaben nicht finden konnte. Und so zog er weiter und weiter über den harten trockenen Schnee.

Als Mikel mit Jak nicht zurückkam, ging Neji zu Jon. Es schien, als käme man mit allem nur zu Jon. Er hörte die Geschichte an, die Neji ihm erzählte – wie augenblicklich und tapfer Mikel sich auf den Weg gemacht hatte, wie bereit er gewesen sei, die Unglücklichen zu trösten. Welch ein großer Mann Mikel war! Jon hörte ruhig zu und versank in Gedanken, als hätte er den Schluß der Geschichte, die das Mädchen erzählte, kaum gehört. Dann sagte er ihr, sie möge ins Zelt ihres Vaters zurückgehen. Ehe Neji ihrer Mutter noch fertig erzählt hatte, was Jon gesagt, erschien Jon selbst. Er trug Jak. Jak war in Tapiks Iglu gewesen, wo er sich bisher noch nie aufgehalten hatte. Sik und Lug hatten ihn hineingelockt, denn sie bewunderten seinen neuen Bogen und seinen Pfeil, und Tapik und Kipi hatten viel Aufhebens mit ihm gemacht, weil sie sich geschmeichelt fühlten, daß ein Lappe in ihr Iglu kam; und so war der junge Jak geblieben, erfreut über seine neue Wichtigkeit und ohne an das Verstreichen der Zeit zu denken. Bald war alles wieder friedlich in Pehrs Zelt.

Ein jeder der Kreise, die Mikel zog, hatte jetzt einen ungeheuren Umfang, so groß, daß Mikel kaum noch sagen konnte, ob er wirklich Kreise zog oder bloß wanderte. Lange Zeit versuchte er, sich nach den Sternen zu richten. Doch als die Sterne versagten, zog er noch immer weiter, bestrebt, seine Richtung stets ein wenig nach links zu halten. Der Gedanke mit den Kreisen war jetzt freilich nahezu nutzlos, da Mikel schon so weit gekommen war. Wenn der kleine Jak, der erst acht Jahre zählte, jetzt noch nicht zu finden war, mußte er in der durchdringenden Kälte zugrunde gegangen sein. Mikel entschloß sich, zurückzukehren.

Noch während er diesen Entschluß faßte, erhob sich traurig das erste Stöhnen des Windes über die wüste Erde. Es lag ein Bedauern in den langen flüsternden Stimmen, als würden sie gegen ihren Willen zur Wanderschaft gezwungen. Traurig nahmen sie ihre Arbeit wieder auf, müde dieser Welt des Kampfes. Dann wurden die Seufzer zu Stößen, zu Zornesausbrüchen und der trockene Schnee trieb langsam über die große Fläche dahin.

Wenn Mikel von seinem Kreis abbog, mußte er bald dem Mittelpunkt nahe kommen. So machte er eine halbe Wendung nach links, zog quer über die eigenen Spuren und begann, auf der endlosen Ebene dahinzugleiten. Seine Skier zischten, wenn sie dem sich bewegenden, sich verschiebenden Schnee entgegenfuhren. Jetzt mußte er bald die Spuren des nächsten inneren Kreises sehen. Er war so rasch aus dem Zelt fortgegangen, daß er nicht daran gedacht hatte, seine Stiefel mit dem getrockneten Gras auszustopfen, das er schon herausgenommen hatte, damit es über Nacht trockne. Ohne das Gras war ihm kalt in den Füßen, viel kälter, als ihm bei der halb stampfenden Bewegung des Gehens gewesen wäre.

Die Windstöße verschmolzen zu einem anhaltenden Ton, der Note für Note anstieg wie eine mächtige Skala abgerissener Klänge. Der Schnee hob sich bis zu Mikels Knie, und oft fegte ihm ein Wirbel ins Gesicht. Jetzt schon mußten die leichten Skispuren fortgewischt sein und Mikel hoffte nicht mehr, den nächsten seiner Kreise wiederzusehen. Er war überzeugt davon, die Richtung zum Lager eingeschlagen zu haben; wenn er sich immer so weiter hielt, das Gesicht gegen den Wind, konnte er nicht sehr irregehen. Lange Zeit später erinnerte er sich der plötzlichen und sonderbaren Wechsel, die die Windrichtung bei einem Sturm vornehmen kann. Vielleicht hatte der Wind sich schon geändert und er, Mikel, hatte unbewußt diese Änderung mitgemacht. Er fühlte sich einsam. Sonst hatte er bei einem Sturm immer die Hunde und die undeutlichen Gestalten der Rentiere nahe zur Hand. Jetzt hatte er nichts und konnte nichts sehen.

Die Kraft des Windes war jetzt so groß, daß der Schnee in Mikels Gesicht stach und hoch über seinem Kopf wirbelte. Jetzt war es kein widerwilliges Murmeln mehr, sondern ein verdrossener grölender Zorn, der kein Ende nahm. Die Skier mußten herunter. Daß ihm die Füße nicht kälter wurden, war für Mikel wichtiger, als daß er seine Geschwindigkeit aufrechterhielt. Die von ihm eingeschlagene Richtung mochte ohnedies die falsche sein – in diesem Falle tat Geschwindigkeit nicht mehr so not. Als er die Skier losgebunden hatte, richtete er sich wieder auf. Wie rasch der Wind sich geändert hatte! Er tobte jetzt von hinten gegen Mikel; doch das war leichter; dann machte Mikel halt. Vielleicht hatte er sich beim Abnehmen der Skier umgedreht. Er versuchte jetzt, sich genau einer jeden Bewegung zu erinnern, die er gemacht hatte, doch konnte er keine Gewißheit finden; zuerst war ihm, als hätte er sich umgedreht, damit ihm der Wind nicht in die Augen wehe, aber je mehr er darüber nachdachte, desto weniger sicher war er seiner Sache.

Jetzt gab es nirgends mehr eine Richtung, bloß ein wirbelndes, stechendes Dunkel, gleichmäßig von allen Seiten. Bis jetzt hatte Mikel versucht sich einzureden, daß er eine Ahnung von dem Weg habe. Jetzt kam der furchtbare Augenblick, da er nicht einmal diese Selbsttäuschung aufrechterhalten konnte. Alle Richtungen waren falsch, alle bis auf eine. Nur eine gerade Linie konnte ihn ins Lager zurückführen. Die anderen – so viele andere – führten wieder in die wilden Berge oder er mochte hinauswandern über die endlose gefrorene See. Dort mußte er dann verderben, und wenn die großen Eisschollen einmal auseinanderbarsten – das sah er schon –, ins schwarze Wasser sinken. Entsetzen erfaßte ihn. Plötzlich begann er, mit dem Winde zu laufen und in schrecklichen Tönen zu schreien und zu kreischen.

Immer weiter jagte er, ein wilder Sturmdämon, und seine Schreie mengten sich mit dem Toben des Sturms. Da lockerte sich einer der Skier, die er auf seinem Rücken befestigt hatte, geriet ihm zwischen die Beine und warf ihn nieder. Er tat einen schweren Fall in den Schnee und lag keuchend und schluchzend, so wie er hingefallen war. Langsam kam er wieder zu Atem und seine Ruhe kehrte wieder, so daß er von neuem zu denken vermochte. Wie kindisch, der Furcht nachzugeben! War er nicht Mikel, der Jäger, aufgezogen in einem Land der Stürme? Er mußte nachdenken. Jäger und Wanderer im Norden fanden sich oft in argen Klemmen. Erfahrene Männer vermochten dann durch bloßes Denken sich aus der Gefahr zu befreien. Aber er war kein erfahrener Mann, nur ein sehr junger Hirte, der sich inbrünstig nach der tröstenden Nähe Jons oder Pehrs sehnte.

Er konnte nicht so halb begraben im Schnee verweilen. Langsam und mit ertaubten Gliedern raffte er sich wieder auf. Als er den Ski zwischen seinen Füßen hervorzog, dachte er an etwas, was er tun konnte – nicht viel, aber etwas. Mit der dünnen Kante des Skis wollte er wie mit einem Schneemesser den Versuch machen, Schneeblöcke zu schneiden, wie die Eskimos es taten, um ihre Iglus zu bauen. Er hatte schon oft beim Bauen der Iglos zugesehen, aber noch nie selbst den Versuch gemacht. Es sah leicht aus, aber vielleicht war es schwer. Auf jeden Fall konnte er eine Schutzwand errichten, um den schrecklichen Wind fernzuhalten.

Der erste Block war schwer loszumachen, es schien beinahe unmöglich, aber doch nicht ganz. Sobald der erste Block herausgehoben war, so daß sich ein Loch zeigte, in dem man arbeiten konnte, ging es mit den nächsten Blöcken leichter. Mikel begann, eine rauhe, dicke Mauer aufzutürmen – alles war gut, das ihm nur ein wenig Schutz gewährte, bis er sich seine nächsten Schritte überlegt hätte. Der Bau der niederen Mauer nahm lange Zeit in Anspruch, denn er mußte im Dunkel umherfühlen und tasten. Als er sich hinter dieser Schutzwand niederkauern konnte, war es eine wundervolle Erleichterung. Er vermochte wieder zu atmen, ohne daß ihm der Atem aus dem Mund gerissen wurde. Er konnte seine Augen wieder von dem angeklebten, angefrorenen Schnee reinigen – und er konnte denken.

Er dachte, daß der Wind noch immer seine Richtung ändere und daß er daher von allen Seiten geschützt sein müsse. Er konnte die Wände bauen, aber wußte nicht, wie die Eskimos es anstellten, die Blöcke für das Schneedach zu schneiden. Wie schnell wären Kaas oder Tapik behaglich geschützt gewesen in einer festen Schneehütte! Doch konnte er wenigstens eine Art schmalen Brunnenschacht graben, den harten Schnee in Streifen schneiden und diese Streifen um den Rand des Loches auftürmen, bis er auf festen Grund kam. Dann konnte er in die eine Seite dieses Brunnenschachts einen Tunnel graben, so weit es ihm beliebte. Ohne die dünnen festen Skier konnte er das nicht tun. Selbst mit den Skiern, die recht armselige Schneidewerkzeuge waren, brauchte es dazu lange Zeit. Endlich gelangte er hinunter zum Rentiermoos, dann grub er schneidend und scharrend und kratzend einen schmalen Gang, der zurückführte, unter die Mauer. Das Schneeloch war jetzt fast schon ausgefüllt mit dem aus dem Tunnel fortgegrabenen Schnee. Aber Mikel war darunter. Der Wind, der dort oben heulte, konnte nicht zu ihm gelangen, der Schnee, scharf wie zerriebenes Glas, konnte nicht mehr stechen und schneiden.

Mikel scharrte den Schnee vom Boden seiner Höhle und kauerte sich auf das gefrorene Moos. Was immer ihm widerfahren mußte, widerfuhr ihm jetzt wenigstens nicht plötzlich. Wie klug er gewesen war, den schrecklichen Wind zu überlisten! Es schien ihm schon lange Zeit her, daß er in wildem Entsetzen aufgeschrien hatte, und doch mußte das alles in einer Nacht geschehen sein. Gewiß war es jetzt fast schon Morgen, doch Mikel wußte, wie trügerisch der Ablauf der Zeit war. Wie oft glaubt der vom Sturm ereilte Wanderer den Morgen nahe, während die Mitternacht noch nicht gekommen ist! Der innige Wunsch läßt einem die Erfüllung des Begehrens als Tatsache erscheinen. Selbst wenn der Morgen nahe war, mochte der Sturm dennoch den ganzen Tag rasen – mochte viele, viele Tage rasen. Was dann?

Dann mußte mehr geschehen, mußte irgendein Schritt getan werden. Wenn er die Möglichkeit hatte, sorgfältig nachzudenken, konnte er sich ganz gewiß aus seiner gefährlichen Lage herausarbeiten. Wölfe, Füchse, ja sogar Kaninchen waren klug genug, sich zu retten. Warum sollte er, Mikel, der gewandte Jäger, weniger klug sein als solche Tiere? Er mußte nachdenken – nachdenken und durfte sich nicht gestatten, noch einmal in Furcht aufzuschreien.

Ach, wie töricht er war! Wie sehr es ihm an der überlegenen Weisheit der älteren Männer gebrach! Kein getrocknetes Gras für seine Stiefel, keine Öllampe, kein Schlafsack, kein Gewehr und keine Vorräte. Wie sorgfältig hätten Pehr oder Akla alle diese Dinge bedacht, ehe sie sich außer Sehweite des Lagers begeben hätten! Er hatte sogar unterlassen, einen Hund mitzunehmen, dessen unheimliche Klugheit vielleicht den Weg zum Lager zurückgefunden hätte. Nie wieder wollte er, Mikel, mit seiner Tüchtigkeit prahlen, nie wieder vor den blauen Augen Nejis den großen Jäger spielen. Ach Neji! Sie war der eigentliche Grund, warum er jetzt hier saß, verloren und begraben in einem Schneeloch, hilfloser denn irgendein Tier. Seit er Ome und Uff gefangengenommen und Neji ihm so staunende Blicke geschenkt hatte, war er nichts anderes gewesen als ein alberner junger Geselle. Er hatte nur von großen Taten geträumt, damit sie ihn noch staunender ansehe. Jetzt mochte er sie vielleicht überhaupt nie wiedersehen. Jon und Pehr und Akla lebten weiter und wurden alte Männer; sie waren klug und vorsichtig, er aber, Mikel, war wie ein dummes Kaninchen in eine offene Falle gestiegen!

So dachte er. Noch immer toste der Sturm ihm zu Häupten. Die Winde riefen und gaben einander Zeichen in mannigfachen Stimmen wie Wölfe, die sich um ein von der Herde abgeirrtes Tier scharen. Die Kälte begann jetzt auch in den Tunnel zu kriechen. Es war unmöglich sich aufzurichten und mit den Füßen zu stampfen, um die Ertaubung aus den Beinen zu verjagen; doch konnte er sitzend noch immer mit den Armen um sich schlagen. Dies half ein wenig, aber körperliche Bewegung in einem so engen Raum fiel recht schwer, und er war bald müde. Zudem bedeutete viel Bewegung Hunger und er hatte nichts zu essen. Wenn er bloß eine Lampe und ein Stück getrocknete Zunge gehabt hätte! Was für geringfügige Kleinigkeiten das waren! Und doch konnte ein Mensch, wenn es daran fehlte, zugrunde gehen.

Als der Sturm über die Zelte und Iglos heulte und Mikel noch nicht zu Akla in sein Zelt zurückgekehrt war, gab es ernste Gesichter im Lager. Dennoch konnte Jon keinem erlauben, auf die Suche zu gehen. Die Sicherheit der Rentiere hing von den Diensten aller ab. Ein zweites Wagnis durfte nicht unternommen werden. Dieser Zug war ein Rentierzug, nicht eine Reise menschlicher Wesen. Außerdem hätte die Suche in einem so heftigen Schneesturm nur wenig genützt. Ohne Zweifel hatte Mikel als erfahrener Mann mitgenommen, was er brauchte. In einem großen Schneesturm mußten zwei Männer immer bei der Herde Dienst machen; und zwei Männer mußten rasten, um die anderen abzulösen. Eine Suche hätte jetzt die Herde in Gefahr gebracht. Vielleicht wenn der Sturm sich legte, aber früher nicht. Jon war sehr fest.

Mikel in seiner Höhle wußte nicht, wie man richtig hungert. Er hatte die alten Männer darüber sprechen hören, konnte sich aber jetzt nicht mehr erinnern, ob sie gesagt hatten, man solle schlafen oder sich wach halten. Er hielt es für besser, den Schlaf so lange und so oft er nur konnte zu bezwingen. Doch die ganze Zeit vermochte er es nicht. Nachdem er die Beine ausgestreckt und die Füße aneinander geschlagen und die Arme Hunderte- und Hunderte Mal um den Leib geschlagen hatte, fiel er fast immer wieder in Schlaf. Ob er lange schlief oder nur wenige Minuten, das konnte er nicht sagen, aber er war jedesmal steif vor Kälte. Schmerzvoll begann er seine Bewegungen dann wieder von neuem. Wie lange es dauerte, die Kälte zu vertreiben! Allmählich fürchtete er, er werde einmal aufwachen und zu steif sein, die wiederbelebenden Bewegungen von neuem zu beginnen. Er kämpfte verzweifelt gegen die tückische Erleichterung des Schlafs; jetzt wußte er, daß der Schlaf sein Feind war.

Als das Dunkel schwarz war, wußte Mikel, daß es Nacht sein mußte. Wenn das Schwarz einem schwachen Grau wich, war es Tag. Vielleicht hatte er mehrere dieser Übergänge von schwarz zu grau verschlafen. Jedenfalls hatte er sie nicht gezählt. Er fühlte sich wie ein primitives Geschöpf, das immer in einer Höhle gelebt hat. Das Lager und dessen Leben schienen weit entfernt und traumhaft. Das Verlangen zu essen war so groß, daß Mikel einige Zweiglein Moos vom Boden riß und sie zu kauen begann. Die Eskimos machten eine feine Suppe aus dem halbverdauten Moos in den Rentiermagen. Warum konnte man also das Moos nicht gleich so essen? Es war gefroren und trocken, und er konnte keinerlei Geschmack verspüren, dennoch fuhr er fort zu kauen und zu kauen, bis es ihm unmöglich wurde zu schlucken.

Hätte er nur rasten können! Jedesmal, wenn er fühlte, daß er, und sei es auch nur für einen Augenblick, schlafen mußte, ergriff ihn so wilde Furcht, daß er aufsprang und sich den Kopf an das Schneedach schlug. Welch entsetzliche Furcht in seinem Gemüt, daß er nicht schlafen dürfe! Welch ein Verlangen in seinem Körper nach nur wenigen Minuten der gesegneten Ruhe! Welch ein Feind war der Schlaf, der sein Opfer in wundervolles Vergessen lullte! Ein solches Vergessen erstreckte sich dann weiter und weiter, ohne Ende, selbst wenn der Sturm schon vorbei war und der Schnee geschmolzen in der Helle des Sommers.

Er, Mikel, hegte den leidenschaftlichen, inbrünstigen Wunsch, zu leben. Er wollte einherschreiten auf festem Grund. Auf das federnde Moos treten und fühlen, wie die warme Sonne auf die Schultern brannte. Ganz plötzlich war ihm, als wäre er schon im Grab, tief verpackt unter dem kalten Schnee. Warum hatte man ihm das angetan, ihm, dem flinken Jäger und Hirten? Wußte man denn nicht, daß er noch am Leben war? Er mußte es ihnen zeigen, daß er noch, so wie jeder andere, seinen Platz halten konnte. Er mußte es ihnen zeigen, ehe es zu spät war. Mit einem plötzlichen Satz hüpfte er zur Öffnung des Tunnels, wobei er sich wieder an das harte Dach anschlug. Betäubt taumelte er zu Boden. Jemand mußte ihn geschlagen haben, vielleicht war es Ome gewesen oder Uff. Nein – nicht Uff. Er erinnerte sich, daß man Uff begraben hatte. Und jetzt versuchte man, auch ihn zu begraben.

Nach einiger Zeit begann er klar zu denken. Natürlich hatte er sich den Kopf wieder angeschlagen und war niedergestürzt. Wie schwach er sein mußte! Und wie sonderbar es war, daß eine kurze Zeit des Hungerns so viel Kraft fortnehmen konnte! Er konnte den

Wind nicht mehr heulen hören. Vielleicht konnte er überhaupt nichts mehr hören, oder vielleicht hatte sich der Wind wirklich gelegt. Mit übermenschlicher Anstrengung sprach er seinen Namen aus. Der Klang erschreckte ihn, aber er wußte wenigstens, daß er noch hören konnte. Wenn es nicht mehr stürmte, sah er vielleicht das Lager wieder; sobald er die Zelte sah, wollte er hinüberschreiten und allen von seinem großen Abenteuer erzählen.

Er begann sich durch die schmale Öffnung zu zwängen; sie hatte sich mit Schnee beinahe wieder gefüllt. Er schleppte die Skier hinter sich her und blickte wieder einmal in die Welt hinaus. Der Sturm war vorbei und es war hell. Es war auch kalt. Es war immer kalt, aber jetzt war es kälter. – Nach einem langen Sturm ist es immer kälter. Endlich wälzte er sich mit Hilfe der Skier aus dem Loch und stand dort oben matt auf dem harten Schnee. Nirgends ein Lager! Das war eine furchtbare Enttäuschung, und er begann zu zittern. Es fiel ihm schwer, das Weinen zu unterdrücken; er hatte so fest geglaubt, daß er die Zelte werde sehen können. Er wußte, daß er nicht weit genug gehen konnte, um irgendeine Suche zu beginnen.

Vielleicht suchten jetzt die anderen nach ihm. Ob sie ihn wohl fanden? Die Skier waren beinahe schwarz, er wollte sie aufrecht einpflanzen, je einen in jedes Ende der Schneemauer. Da hoben sie sich von dem weißen Schnee ab, und Suchende konnten die Skier schon aus weiter Ferne sehen. Mikel fühlte sich wieder ganz hoffnungsvoll. Langsam bohrte er das Ende des dünnen Skis in den Schnee – hob das Brett auf und ab, auf und ab, bis es endlich fest genug darin stak, um von selbst stehenzubleiben. Dann ging er rund um die Mauer, um ein wenig vom anderen entfernt, das zweite Brett zu befestigen.

Eine kaum merkbare Bewegung im Weiß, am Fuß der Mauer! Fast noch ehe Mikel es wirklich sah, schlug er mit dem Ski danach. Dieses Ding, steif vor Kälte, konnte dem plötzlichen Schlag nicht entrinnen. Es war betäubt. Mikel fiel platt darüber hin und haschte es mit den Händen. Ein Kaninchen – ein kleines weißes Kaninchen! Das war mehr als ein ganzes gesottenes Rentier! Mikel rutschte auf den Knien zu dem Tunneleingang. Er wollte das Wagnis nicht auf sich nehmen, aufrecht zu stehen, damit er nicht taumle und auf irgendeine geheimnisvolle Art das kostbare Tier entrinnen lasse. Er fiel in die Höhle und kroch durch den Tunnel.

Wie mager es war! Aber noch immer ein wenig warm. Es mußte neben der Schneemauer kärglichen Schutz gefunden haben, war aber noch immer zu kalt, als daß es aus der kleinen Schneesenkung, in die es sich gekauert hatte, rasch hätte aufspringen können. Mit einem einzigen Ruck riß Mikel die lockere Haut weg – oder wenigstens den größten Teil. Was für ein Kaninchen! Er biß hinein. Er zerriß ihm die Kehle mit den Zähnen. Er trank das Blut. Das war nicht viel, aber er trank es. Er riß einen Lauf nach dem anderen ab und nagte sie kahl. Sie waren wie Hühnerbeine – wie ein sehr gutes gebratenes Huhn. Was für ein Kaninchen! Er fuhr mit der Hand in den Brustkorb. Ah, das Herz! Was für einen Bissen gab das! Und so holte er Stück für Stück der Eingeweide hervor.

Als nichts übriggeblieben war, war er sehr schläfrig. Die Augen fielen ihm zu, doch wußte er, daß er nicht schlafen durfte; er durfte nicht still bleiben. Denn sonst kroch die Kälte so rasch in seine Füße, dann weiter die Beine hinauf, dann höher – höher. Der Schlaf war erbarmunslos. Stärker und stärker, anflutend wie eine Woge, überwältigte er Mikel. Mikel sagte sich besorgt, immer wieder und wieder, er dürfe nicht nachgeben – er dürfe nicht. Langsam bewegte er die Füße – auf und ab, auf und ab. Lange nachdem er eingeschlafen war, war er sich, gleich einem Chloroformierten, noch immer bewußt, daß er noch weiterhin die Füße bewegte – auf und ab, auf und ab.

Als Akla die aufrecht stehenden Skier sah und in die Schneehöhle hinabtauchte, glaubte er, Mikel sei von einem wilden Tier überfallen worden. So grauenvoll war das Gesicht, das bedeckt war mit gefrorenem Blut und Fleischstückchen! Als Akla das buschige Kaninchenfell sah, verstand er. Mikel hatte ein Kaninchen zerrissen und verschlungen, so wie ein Wolf ein Rentier reißt. Welch einen Anblick das bot! Aber das Lager war nahe, gleich hinter der nächsten Bodenerhebung unterhalb des Abhangs.

Am Tag nach dem langen Sturm brach die Herde wieder auf. Mikel war nicht fähig zu gehen, aber der Zug durfte durch nichts verzögert werden. Sie hüllten ihn in viele Felle, bis er weder sehen noch sich bewegen konnte, und banden ihn auf einen Schlitten. Es dauerte viele Tage, ehe er seinen Dienst bei der Herde wieder aufnehmen konnte. Jon sagte kein Wort – aber Mikel verstand dieses Schweigen.

Die Tage waren jetzt länger und das Licht kräftiger. Das gespenstische Grau verschwand um die Mitte des Tages. Wenn die Luft klarer war, breitete sich der Lichtbogen im Südosten über den halben Himmel. Er wuchs an Kraft und zog täglich ein Stück weiter nordwärts.

Noch immer marschierte die Herde. Die Tiere waren jetzt leichter zu hüten; sie waren müde und mager und das alte Feuer des Frühwinters war ihnen entschwunden. Der Schnee war tiefer und härter als sonst, und einige der schwächeren Rentiere begannen vom fortgesetzten Scharren zu hinken. Auch die Menschen waren langsamer. Sie gingen mit derselben Regelmäßigkeit wie bisher ihrer Arbeit nach, doch waren sie ruhig und erschöpft. Wenn sie frei hatten, eilten sie nicht davon, um zu jagen, sondern trieben sich im Lager umher oder saßen in den Zelten und Iglus. Nicht ganz die Hälfte der festgesetzten Strecke war zurückgelegt worden, das wußte Jon. Das war eine Enttäuschung. Aber er wußte auch, daß Licht und Sonne und Wärme – eine allgemeine Entspannung – für Menschen und Tiere kommen mußten. Das lag im Lauf der Natur. Es gab da nichts anderes als sich fügen und warten, aber er war unruhig, beinahe ungeduldig unter der Last der Verantwortung.

Dann, in einer Zeit klaren Wetters, sah Tapik sie zuerst. Auf einem Hügel mit der Herde, sah er die schmale Scheibe aus Gold für einen Augenblick auftauchen und dann wieder hinter der Erde versinken. Die Sonne! Sie war wiedergekommen. Tapik durfte die Rentiere nicht im Stich lassen, aber schon am Abend verbreitete sich die Nachricht durch das ganze Lager. Die Sonne war gekommen! Welche Erregung, und wie sie den alten Gleichmut abschüttelten! Wenn sie einander vor den Zelten und Iglus begegneten, lächelten sie und es gab Geplauder. Die Kinder fühlten das seltsame Wiederaufleben der Erwachsenen und auch sie begannen von neuem zu lachen und zu spielen. Die Sonne war gekommen!

Zu Mittag des nächsten Tages standen sie alle auf dem Kamm einer langen Bodenerhebung. Jedermann blickte fernhin nach Südosten, sogar die Hunde schienen aufzumerken. Das Glühen des Sonnenuntergangs breitete sich heller und heller über den klaren, kalten Himmel. Als die roten Strahlen sich entfalteten wie ein mächtiger Feuerfächer, sahen die Leute einander an und ihre Augen leuchteten. Sie kam; fast atemlos standen sie da. Höher und höher drangen die roten Lanzen durch die dünne Luft, drängten die Dunklen Geister, die keine Augen hatten, zu sehen, wo die Lanzenspitzen sie verwunden konnten, immer weiter und weiter zurück. Jetzt beherrschten diese nicht mehr die Geschicke der Menschen. Die Reihe dunkler Gestalten auf dem Hügelkamm blickte unverwandt nach Südosten.

Dann kam sie! Die große goldene Scheibe! Zuerst eine schmale Messerklinge aus Feuer, wurde sie dann breiter und breiter, höher und höher. Die Leute begannen die Arme zu schwenken und stießen einen sonderbaren wilden Schrei aus. Sie schwenkten die Arme; ein großer Schrei erhob sich von der Hügelhöhe.

Die gewaltigen Wellen von Berg und Tal funkelten blendend und glitzernd im neuen Licht. Die Leute auf dem Hügel kniffen die Augen zu und spähten, blinzelnd und geblendet, eine allzu helle Welt an. Der Schrei wurde zum Toben; die Hunde regten sich ängstlich, wichen zurück vor ihren toll gewordenen Herren.

Wie rasch die große Scheibe wieder sank! Wie müde sie sein mußte nach dem langen Ringen mit den Blinden. Aber sie kam wieder – morgen und dann wieder morgen, Tag für Tag stärker und höher. Als das letzte schmale Funkeln von Licht erloschen war, verstummte das Geschrei. Langsam und ernst machten sich alle auf den Weg, sich noch immer umwendend, die verblassende Farbe zu sehen.

Jetzt war sie fort! Aber der große Lichtgeist lebte noch. Von nun an wuchs er täglich an Gesundheit und Kraft, gewann Schlacht für Schlacht dank der Hitze seiner brennenden Lanzen. Bald tobten die Bäche wieder zum Meer und Lachse sprangen über die Stromschnellen. Bald kam der Frühling wieder und die Seeschwalben, und helle Blumen sproßten aus der Heide. Sogar das große Meer mußte sich unter den glühenden Strahlen knirschend erheben und lange Straßen dunklen Wassers durch die alten Winterschollen öffnen.

Viele zornige Stürme sollten noch tosen, mit bitterem Wind und beißendem Schneetreiben. Die Kälte packte noch immer zu mit eisigen Fingern und frierendem Haß. Doch den dunklen Flecken, die jetzt den fernen Hügelhang hinabtrotteten, war eine große Verheißung geworden. Die Sonne war gekommen!

Achtes Kapitel

Hochwasser

Viele Stürme folgten dem ersten Sonnenaufgang – viele Nächte grimmiger Kälte und viele herzzerreißende Verzögerungen. Aber die düstere Stimmung der Hoffnungslosigkeit, das kraftlose Sichfügen ins Schicksal war aus dem Lager gewichen. Die Leute glichen Kindern, die auf versprochene Ferien warten; es mochte noch viel harte Arbeit und viele Aufenthalte geben, aber in Zeiten der Verzagtheit kam immer wieder die Erinnerung an das Versprechen. Die unwillkürliche Raserei jener Begrüßung auf dem Hügelkamm dauerte jetzt an bis zu den warmen Tagen des plötzlich eintretenden Sommers. Irgendwelche längst dahingegangenen Ahnen im fernen Asien, Anbeter des Großen Sonnengottes, zeigten sich jetzt als unglaublich ferner Einfluß plötzlich durch den Nebel der Jahrhunderte, um im fernsten Norden wieder ans Licht zu treten. Triebhaft, ohne Nachdenken, wie die wilden Gänse in ihrem ewigen Flug, waren die Kinder der langen Nacht für einen kurzen Augenblick Kinder der Sonne geworden.

Jon bemerkte ohne Verständnis die leichte Veränderung, den neuen Eifer, die Wiederkehr des Lächelns, das Geplauder von Iglu zu Iglu. Nur Ome blieb ungerührt. Wie eine harte dunkle Schneedüne weigerte er sich, der neuen Wärme nachzugeben. Unermüdlich, mürrisch und einsam ging er seiner Arbeit nach, tat nie weniger und nie mehr als das, was man von ihm forderte. Sogar sein Hirtenhund lief immer wieder von ihm weg. Man mußte den Hund an seinen Platz ins Iglo zurückjagen und an seine Arbeit bei den Rentieren. Ome hegte dauernden, schweigenden Groll gegen Menschen und Tiere. Manchmal hörte ein Hirte, wenn er von der langen Wache heimkam, hinter den dicken Schneemauern des Iglus, in dem Ome wohnte, leise und Entsetzen erregende Geräusche: hilfloses Stöhnen, gemischt mit wilden Kehllauten des Triumphs. Da er wußte, daß er von den anderen abgesondert war, vermehrte seine Vereinsamung die unvernünftige Feindseligkeit, die ihn ihrerseits noch mehr vom Umgang sowohl mit Menschen wie mit Tieren ausschloß.

Der tückische Schimmer in Omes kleinen Augen schien heftiger zu werden, wenn Mikel in der Nähe war. Mikel, dessen Fröhlichkeit und stetige Hilfsbereitschaft ihn zum allgemeinen Liebling machten, bedeutete alles das, woran es Ome gebrach. Unklar fühlte der wilde Sinn Omes den Gegensatz grundverschiedener Naturen, ohne daß er klug genug gewesen wäre, das zu verstehen. Warum rief man Mikel zu oder lief ihm entgegen und lächelte und sprach mit ihm und zog ihn in die Zelte und Iglus? Mikel verbrachte nicht längere Stunden bei der Herde. Er hielt die Tiere nicht in größerer Sicherheit. Ome tat genau dasselbe, und doch überging man ihn mit Schweigen. Die Kinder liefen ihm aus dem Weg; sogar die Hunde schraken vor seiner Hand zurück. Vielleicht ging das alles auf jenen dunklen Sturmtag zurück, da Mikel dem großen Jon im Triumph Ome und Uff vorgeführt hatte. Vielleicht war es der Kampf, der primitive Kampf des Menschen gegen den Menschen, was den einen groß machte und den anderen verstieß wie einen knurrenden Wolf. Das war etwas zum Nachdenken, eine Gelegenheit zum Grübeln. Welch seltsame Unterschiede zwischen Menschen und Menschen!

Als Mikel eines Tages seinen Dienst bei den Rentieren antrat, die er langsam vorwärtstrieb, bemerkte er, daß der Schnee weich war. Er konnte ihn zu harten Ballen zusammenpressen und damit jedes zaudernde Rentier zu plötzlich erschreckter Lebhaftigkeit erwekken. Es machte Mikel lachen, wenn er einem nichtsahnenden Tier einen Schneeball hinaufschleuderte. Wie plötzlich es dann aufsprang, ein paar Schritte vorwärtslief und sich dann umwandte, um mit einer Art gekränkter Überraschung zurückzuschauen, daß man sich mit seiner würdigen Person solche Freiheiten erlaubte! Mikel warf Schneebälle, bis die Sonne unterging und eine neue Kruste über dem Schnee fror. Am Morgen war die Kruste wieder hart und dick. Er erinnerte sich, daß der Frühling eine schwere Zeit für die Tiere war; sie wurden oft lahm bei ihrer Bemühung, den verharschten Schnee aufzuscharren.

Weiter und weiter bewegte sich der Zug durch kurze helle Tage in die verspäteten Frühlingsstürme. Das Vorwärtskommen schien jetzt langsamer als im tiefen Winter. Die Schneefläche war weich und schwer; die Tiere wurden langsam und schlaff in der neuen Wärme. Es war beinahe unmöglich, die Kufen der Schlitten immer im Gleiten zu halten, und sie ließen sich schwer schleppen. Als der Schnee von den Hügelkämmen wegschmolz, hielt sich der Schlittenzug in den tieferen Gegenden. Wie gerne sie es gesehen hätten, wenn Jon den Befehl zum Haltmachen erteilt hätte! Wie wundervoll, ein Lager aufzuschlagen und Tag für Tag auf einem hellen, reinen Hügel zu ruhen, so frei vom ewigen Schnee.

Aber gerade der Schnee war es, was Jon suchte. Lange schmale Täler, die noch dicht verschneit waren, oder die glatte Fläche gefrorener Flüsse waren ihm ein besonderes Entzücken. Nach Meilen gierend, drängte er weiter und weiter, während die anderen sich danach sehnten, vom verhaßten Schnee loszukommen. Jetzt bauten die Eskimos keine Iglus mehr. Die Sommerzelte wurden ausgepackt und die alten Schlafsäcke zur Seite gelegt.

Tag für Tag glaubten sie, jetzt müßten sie doch endlich haltmachen. Doch mit unheimlicher Klugheit fand Jon noch immer sichere Durchzugsstrecken über gefrorene Sümpfe und Flüsse. Der kräftige warme Wind, der über die Hügel fegte, zerschnitt den Schnee. Unter dem Moos und dem Heidekraut sickerten tausend kleine Bächlein die Hänge hinab; myriadenfach fraßen sie sich durch den Schnee der im Schatten liegenden Täler.

Dann mußte sogar Jon haltmachen. Die Nachricht wurde von Zelt zu Zelt weitergegeben. Am nächsten Tag sollten sie über das Eis eines namenlosen Stroms ziehen und sich dann jenseits auf dem breiten Hochland für den Sommer niederlassen. Jon hatte das gesagt – wie herrlich! Keine Kämpfe mehr mit Schlitten und mit verborgenen Felsblöcken; kein Reißen von Geschirr, kein Zeltaufschlagen im Dunkel. Nur eine lange Muße mit leichten Herstellungsarbeiten und mit angenehmer Jagd in den hellen klaren Tagen, die kaum sich verdunkelten, ehe sie schon wieder hell wurden. Jetzt gab es gewiß wieder Schneehühner und Eiderenten, Lachse und die schmackhaften Maden der schwarzen Fliegen.

Am frühen Morgen zog Jon hinüber. Der alte Kaas ging mit ihm; zusammen wollten sie das Dauerlager für den Sommer auswählen. Noch vor Mittag hatten auch schon die Rentierschlitten, die

Hundegespanne, die Männer, Frauen und Kinder das schlüpfrige Eis überquert und waren das steile Ufer des Flusses hinaufgestiegen. Es war ihnen ein wunderbares Gefühl, zurückzuschauen und zu wissen, daß sie jetzt für lange Zeit nicht mehr mit Eis und Schnee in Berührung zu kommen brauchten. Sie schlossen sich Jon und Kaas an und begannen mit dem Eifer von Pionieren munter und unermüdlich die Zelte aufzustellen. Nur Pehr und Tapik waren noch nicht herübergekommen. Sie waren noch langsam unterwegs, leiteten, drängten, führten den Vormarsch der Herde. Die Tiere waren mager und gleichmütig; sie humpelten qualvoll, weil ihre Beine vom Aufscharren der dicken Schneekruste lahmten. Die ungewohnte Wärme des Mittags machte sie schlaff, so daß sie keuchten und regungslos dastanden, bis die Hirten und die schnappenden Hunde sie weitertrieben.

Gegen Mittag kamen die Rentiere zum Fluß. Die Herde stand verteilt am Rand des wässerigen Eises, nicht gewillt, die Überquerung zu wagen und das steile Ufer an der anderen Seite zu erklimmen. Pehr und Tapik schrien; sie fuchtelten mit den Armen und kamen nahe an die Tiere heran, als wollten sie diese aufs Eis stoßen. Die Hunde bellten und schnappten und wichen geschickt den ohnedies nur matt geführten Tritten der verstockten Tiere aus. Aber endlich ließen sie sich überreden. Langsam und widerstrebend stiegen die Leitbullen in den wässerigen Schnee, wobei sie die Vorderfüße in angeekeltem Protest hoch emporhoben. Sechs, acht, zehn nebeneinander, schritt die lange Reihe unsicher hinüber. Das schmelzende Eis, das knirschte wie Zucker, wurde flüssig unter den stampfenden Hufen. Die Tausende von Bächlein, die aus den Hügeln herabquollen, vereinten ihre geringen Wassermengen über der Oberfläche des alten Flußeises. Seichte Bäche begannen jetzt nach allen Richtungen über das Eis zu fließen und gruben deutliche Kanäle durch die weiche Masse.

Endlich erreichte die Spitze der Kolonne das gegenüberliegende Ufer. Die Tiere begannen langsam das Ostufer zu ersteigen. Die Leitbullen mühten sich den steilen Abhang hinan, kamen zum oberen Rand und schritten dann über die Hochfläche oben, dem Blick der dort unten sich mühenden Tiere entzogen. Noch eine Stunde, und sie rasteten schon auf dem trockenen Moos der Sommerweide.

Dann sah Pehr in der Marschlinie vor sich Kampf und Getümmel. Er schrie Tapik zu und sie eilten vor. Einige Tiere waren gesunken, nicht nur niedergesunken, sondern ins tiefe Wasser unter dem Eis. Tausend scharfe Hufe hatten eine von der raschen, reibenden Strömung schon dünn gescheuerte Stelle durchstoßen. Längs der bereits geschwächten Strecke, über die die Rentiere zogen, begann das Eis einzusinken. Pehr und Tapik starrten auf eine Masse um sich schlagender Tiere, einander stoßender Eisziegel und auf die schrecklichen Öffnungen voll raschem schwarzen Wasser. Von seinem Winterkerker befreit, begann der Fluß aus der Bruchstelle über das Eis zu quellen. Die Last des Wassers oben brachte immer größere und größere Flächen zum Bersten.

Die Tiere sprangen entsetzt von den krachenden Eiskanten fort und stießen an andere Tiere, die dumm dastanden und ihnen den Weg verstellten. Kleinen Rudeln gelang es, sich zurückzuziehen und sich vom offenen Wasser fernzuhalten. In Unordnung und unbemerkt zogen sie weiter dem Ufer zu. Pehr und Tapik konnten nur wenig tun. Gegen die Pfeilgeschwindigkeit des furchtbaren Wassers richtete menschliche List nichts aus. Hilflos starrten sie den berstenden Fluß an, ohne der eigenen Gefahr zu achten.

Die Tiere hatten sich nach allen Richtungen verstreut. Stromaufwärts von der Bruchstelle waren sie wohl sicher. Einzeln oder in kleinen Gruppen zogen sie weiter, sich den anderen am Ufer anzuschließen. Einmal sahen Pehr und Tapik, wie drei Tiere nach dem Ufer plötzlich aus ihrer beinahe schon gewonnenen Sicherheit fortgewirbelt wurden. Wie Jungen auf einem Floß standen sie dicht nebeneinander auf ihrer Eisscholle. Die Scholle wandte sich langsam und schaukelte in der schnellen Strömung von Seite zu Seite. Die Tiere suchten verzweifelt Halt zu gewinnen und bewegten die Füße wie Flösser auf rollenden Balken. Dann kam die Scholle auf irgendein Hindernis unter dem Wasser. Im nächsten Augenblick waren die drei Rentiere in der Strömung. Pehr und Tapik konnten einen Augenblick noch ihre Ohren sehen, ehe der Fluß sie weiterriß. Es war traurig, die drei waren dem Ufer so nahe gewesen. Es deuchte Pehr, er könne ihre Augen sehen, die den Gefährten auf dem festen Land nachblickten.

Jon und Kaas und Mikel und die anderen versammelten sich nun auf der Höhe des steilen Ufers. Sie blickten hinab auf die durchbrochenen Reihen der Rentiere und auf die breiter werdenden Streifen offenen Wassers. Ferne vom Ufer hatte der Fluß Massen geborstenen Eises angehäuft. Die Wächter konnten zwei dunkle Tierkörper sehen, festgehalten von den ineinander verkeilten großen Schollen. Eins bewegte noch immer den Kopf von einer Seite zur andern.

Mikel schrie und begann das Ufer hinabzugleiten. Jon sprang ihm nach und gemeinsam kamen sie unten an. Aber das Eis war zu unverläßlich, sie durften sich vom Ufer nicht entfernen. Pehr und Tapik kamen an einer höher gelegenen Stelle ans Land und liefen ihnen entgegen. Jetzt patrouillierten sie das Ufer ab; mehr konnten sie nicht wagen. Als Akla mit dem Lasso kam, liefen sie neben dem offenen Wasser hin und hielten Ausschau nach emportauchenden Köpfen. Die Tiere waren herrliche Schwimmer; es war erstaunlich, wie lange sie sich in dem tobenden Wasser oben halten konnten.

Am unteren Ende des offenen Wassers preßte die Strömung einen Saum von Tierköpfen an die Kante des gebrochenen Eises. Sie waren erschöpft und konnten gegen die Strömung nicht ankämpfen, um sich zu befreien. Lange Zeit hielten sie die Köpfe hoch, nie ganz imstande, das Ufer zu erreichen, aber auch nicht stark genug, das Eis dicht daneben zu erklimmen. Eins nach dem anderen verschwanden sie. Andere wurden hinuntergetrieben und nahmen ihre Stellen ein. Dann, nach langer Zeit, hörten auch sie auf zu kämpfen und entsanken dem Blick.

Die Männer am Ufer waren bei dem Rettungswerk verzweifelt tätig. Sie stürzten beinahe an tückisch glatten Stellen, während sie die Lassos auswarfen, so weit es nur ging. Wenn die Schlinge sich um das schwankende Geweih legte, wurde vom Ufer aus kraftvoll und stetig gezogen. Die ermatteten Tiere blieben dann einen Augenblick an der Stelle stehen, wo man sie hinausgezerrt hatte. Manchmal fielen sie gleich neben der Wasserfläche nieder und lagen keuchend da, andere schritten langsam das Ufer entlang und sammelten Kräfte für das Emporklettern. So verzweifelt war der Kampf, daß die Hilfe mit dem Lasso gerade nur dazu genügen konnte, einige von denen zu retten, die eben im Begriff waren, ihrer schwer gewonnenen Sicherheit wieder verlustig zu werden. Manchmal flogen die Schlingen zu schnell und das Ziel wurde verfehlt. Die Strömung, die am Ufer besonders stark war, trug das verlorene Tier schwankend weiter und weiter. Und dann blickte es noch immer landwärts in so rührendem Flehen, daß dies sogar den stoischen Eskimos ans Herz griff.

Die Männer arbeiteten keuchend und atemlos, beinahe ebenso erschöpft wie die geretteten Tiere. Dann konnten sie in dem wirbelnden Wasser keine Geweihe mehr schwanken sehen. Alle Tiere auf dem Eis hatten jetzt das Ufer erreicht oder waren durchgebrochen, waren entweder verloren oder gerettet. Auf dem ganzen Flußufer lagen die Tiere, zu erschöpft, die Böschung hinaufzusteigen. Jon befahl allen, Bündel von Moos zu sammeln und die Bündel den Hang hinabzurollen. Jon und Pehr fingen die Ballen auf, wenn die hinunterhüpften. Dann rissen sie sie auf und verstreuten das Moos vor den Tieren, die noch nicht aufgestanden waren. Die Tiere begannen im Liegen zu kauen. Bis zum Morgen waren gewiß nahezu alle wieder bei Kräften und konnten langsam zur Sommerweide weiterwandern. Pehr mußte die ganze Nacht auf dem Ufer bei ihnen bleiben.

Akla und Mikel und die anderen sammelten erschöpft die kleinen Rudel, die überall auf dem Hochland oberhalb des Flusses verstreut waren. Es fiel schwer festzustellen, wie viele verlorengegangen waren – mehr als hundert, vielleicht beinahe zweihundert. Jon war wortkarg und gebeugt unter der Last dieses großen Verlustes. Den Fehler hatte er begangen – allzu eifrig bestrebt, auch noch den letzten Fluß zu überqueren, die letzte Meile zurückzulegen. Wenn man die Tiere verteilt hätte, während man sie hinübertrieb, wenn nur eine kleine Zahl zu gleicher Zeit hinübergeführt worden wäre – wenn der Übergang am frühen Morgen stattgefunden hätte, vor dem heißen Sonnenschein! Aber das war nicht der Fall gewesen. Der Übergang war eben so geschehen, und ein Zurück gab es nicht mehr. Alle diese herrlichen Tiere wurden nun hinabgetrieben zum Meer! Und das Ganze mußte man den Großen Weißen Häuptlingen melden. Er, Jon, war ein Knabe – nichts als ein Knabe ohne Klugheit oder Erfahrung.

Am Morgen strömte das Wasser des Flusses beinahe schon dort, wo Pehr die rastenden Tiere fütterte. Gleitend und rutschend kamen Akla und Mikel herunter, um ihm zu helfen. Langsam und vorsichtig scheuchten sie die Tiere auf und gaben ihnen viel Zeit, sich den leichtesten Weg zu suchen. Sobald die Tiere die Höhe erreicht hatten, schritten sie sogleich auf die Herde zu. Die Männer wandten sich um, zurückzuschauen auf den Fluß. Über Nacht war das Eis verschwunden. Sie konnten in dem klaren grünen Wasser die ungeheuren rundgeschliffenen Felsblöcke des Flußbettes sehen. Das Wasser schien sich in langen, glatten Rundungen zu erheben und schoß dann mit furchtbarer Gewalt über die Felsen. Aus den Bergen kam es und prallte mit wilder Wucht an die festen Blöcke. Die Männer empfanden Grauen. Nur vor wenigen Stunden hatten sie diese tückischen Wirbel überschritten. Ernst und gedankenvoll wandten sie sich zu dem weiten Hochland zurück.

Lappen und Eskimos hatten sich für den Sommer niedergelassen. Ein kleiner Bach trennte die beiden Zeltdörfer. Trotz vieler Meilen gemeinsamer Reise durch den langen Winter oder durch viele Winter hielten Lappen und Eskimos die Trennung nach Rassen immer aufrecht. In wenigen Tagen war der Bach vielleicht wieder ausgetrocknet, aber die Trennungslinie bildete er noch immer. Die Eskimos machten gelegentliche Verbrüderungsversuche, wurden aber von den Lappen darin nicht ermutigt. Das Zelt Omes stand abseits von allen anderen, genau so wie auch sein Iglu immer einsam gestanden hatte.

Die Hunde wurden losgebunden und die Zugrentiere freigesetzt, damit sie bei der Herde weiden konnten. Das Geschirr mußte ausgebessert und die Schlitten wiederhergestellt werden. Unermüdlich schabten die Frauen neue Felle ab, schnitten Stiefel und Fäustlinge und Kaptas zu. Die Kinder verloren im Schnee so viele Fäustlinge! Die Schlafsäcke platzten immer an den Nähten und sogar die Zelte waren zerrissen und geflickt; ja es gab Arbeit für alle Frauen. Manchmal brachten die Hirten große, weitverzweigte Geweihe mit, die die Tiere jetzt abzuwerfen begannen. Die Männer schienen das Werkzeug der Weißen Häuptlinge zu vergessen – die eisernen Löffel und Messer und Nadeln, die sie während des Zugs benutzt hatten. Mit uralter Befriedigung begannen sie jetzt all diese Dinge aus den abgeworfenen Geweihen zu verfertigen.

Durch die dünne, kristallklare Luft flogen die Züge der Wildgänse vom Südland her. Am frühen Morgen, wenn sie bei der Suche nach ihren Nistplätzen haderten, fand ihr Geschnatter kein Ende. Auch die Schneehühner waren zurückgekommen. Sie standen auf kleinen Erdklumpen, nickten und hüpften und entschwanden plötzlich dem Blick im Heidekraut. Es war wundervoll, über die trockenen Hügel zu schlendern oder ans Ufer der klaren kalten Flüßchen zu wandern. In den breiteren Wildbächen begann der Lachs sein Treiben; hell schimmerten die Fische über dem Kiesbett, während sie vom Meer aufwärtszogen.

Welche Nahrung! Welche köstlichen Leckerbissen aus Bergen und Seen und Flüssen! Sogar am Rand von kleinen stagnierenden Wassertümpeln hingen wie Trauben Klumpen von Fliegenlarven, in der warmen feuchten Erde zwischen den Erhebungen gab es fette Maden. Es schien, als ob alles, was lebte, halb lebte oder erst leben sollte, von den Eskimos gesammelt würde. Ihre Freßgier kannte keine Scheu. Der laichende Lachs wurde weich und wie Butter in der heißen Sonne, er war aber noch immer Lachs. Nur die Raben wurden nicht berührt. Mit dem Auftauen der See kamen die klugen Raben. Sie saßen schwarz und feierlich auf der Höhe der Klippen und beobachteten die Ebbe. Niemand störte sie.

In den langen Tälern, die vom Lager landeinwärts führten, sammelten die Rentiere neue Kräfte. Eingefallene Flanken füllten sich wieder; die Rücken wurden von neuem breit und glatt. Wieder gab es Junge bei der Herde. Langbeinige stelzende Kälber taumelten aus ihren Betten im Heidekraut empor, wenn die Mütter riefen. Die Kälber gehorchten sogleich dem herrisch gegrunzten Befehl der erwachsenen Tiere. Die einsamen Täler wurden zu einem großen Farmhof. Jon hoffte, die Mehrzahl der Jungtiere durchbringen zu können; sie halfen dann, den Platz der Verlorenen auszufüllen. Die am frühesten geworfenen Kälber waren zur Zeit der Fahrt schon stämmig und kampflustig; die später gekommenen überlebten vielleicht die Strapazen der Schneestürme, der Reise und die Bedrohung durch Wölfe nicht.

Mit dem Hochsommer wurden die schwarzen Fliegen zur Plage. Die Eskimos machten offenkundig in ihrem Gleichmut gegenüber solchen Dingen keinerlei Anstrengung, sie sich vom Leib zu halten. Ihre Gesichter wurden rot und schwollen an, als hätte eine Epidemie von Mumps das Lager heimgesucht. Wenn sie in der Mittagswärme einschliefen, ließen sich die Fliegen in ganzen Wolken auf ihre Hände und Gesichter nieder. Die Eskimos aber schliefen weiter und weiter. Für die anderen aber waren die Fliegen eine ständige Pein. Man konnte ihnen nicht entrinnen; die Fliegen schienen die Fähigkeit zu besitzen, durch die kleinste Öffnung zu dringen oder auch dort durchzukommen, wo es gar keine Öffnung gab. Vor den Zelten wurden lodernde Feuer gemacht, Arme voll grünen Mooses wurden auf die Flammen geworfen, und wenn dann dicker Rauch aus dem Moos emporqualmte, verloren sich Männer und Frauen und Kinder in den Wolken. Das half ein wenig. Aber von Zeit zu Zeit mußte man auftauchen, um keuchend einen Atemzug frischer Luft zu tun, und die Fliegen waren schon wieder bereit, gleich hinter der Rauchzone. Überallhin trugen die Leute den Geruch von Rauch mit sich; die Gesichter waren mit Ruß bedeckt. Zähne und Augen schimmerten sonderbar, und die Kinder erschreckten einander beinahe durch ihre seltsamen Grimassen.

Im Innern des Landes waren die Hügel höher. Zwischen ihren stämmigen Schultern trugen sie viele Seen. Tiefblaue Wasser, ruhig, geheimnisvoll, unendlich schweigsam, strömten im Frühsommer zur See. Jetzt waren die Bäche fast ausgetrocknet; die Seen lagen regungslos und schimmernd im langen Sonnenschein. Zwei Schwäne besaßen einen kleinen tassenähnlichen Teich für sich. Sie zogen von einer Seite zur anderen lange bogenförmige Wellen. Sie pfiffen einander zu mit hohlen Flötentönen, und nichts kam, sie zu stören. Als sechs graue Kinder weitere Wellen über das Wasser zogen, beugten die beiden ihre langen Hälse mit noch mehr Würde. Sie pfiffen mit neuem Vertrauen – die Gattung der Schwäne verschwand nicht von der Erde. Wie geschulte Soldaten folgten die Kleinen in gerader Linie. Wenn eins den Versuch machte, behaglich auf dem breiten Rücken der Mutter zu reiten, wurde es von einem schwarzen Schnabel sogleich wieder ins Wasser geworfen. Die Disziplin in der Schwanenfamilie mußte aufrechterhalten werden.

Ome jagte immer. Er schien des kommenden Winters nicht bewußt zu sein. Er schnitt keine Stiefel zu, keine Fäustlinge und hüllte sich in zerlumpte, fortgeworfene Felle. Seine einzige Arbeit war das Verfertigen von Speeren und Bogen und niemand sprach mit ihm.

Er verschwand für ganze Tage und keiner wußte, wohin er ging. Sein Kommen und Gehen blieb unbemerkt; er strich wie ein Gespenst durchs Leben des Lagers. Tapik sagte: «Eines Tages habe ich Ome gesehen», oder Mikel sagte: «Ome ist fort.» Das war alles. Als Ome das sonderbare Pfeifen in den Hügeln hörte, folgte er dem

Geräusch. Er hatte solche Töne noch nie gehört. Gewiß war es etwas Neues zum Töten. Vom Kamm eines Hügels sah er die beiden großen Vögel. Das war etwas! Langsam stahl er sich durchs Heidekraut. Ah, da waren auch Junge! Er mußte sie alle haben. Sie waren so arglos, schwammen so ruhig auf ihrem kleinen Wasser, es war gewiß leicht. Der erste Pfeil saß gut, der große Vogel streckte den gebeugten Hals und ließ den Kopf platt aufs Wasser fallen. Der andere wandte sich um, um den ersten Vogel anzusehen. Es war sehr leicht. Sogar die Kleinen schwammen immer rings um die zwei großen Vögel, bis er sie alle hatte. Welch alberne Geschöpfe, einander nicht zu verlassen, wenn die Gefahr kam. Er band seinen Bogen ans Ende eines Speers und haschte damit nach den schlaffen Körpern, bis er sie heranziehen konnte. Eines der Jungen schwamm ihm davon und er ließ davon ab. Er band alle die Köpfe zusammen und warf sich das Bündel Vögel über die Schulter.

Am nächsten Tag zu Mittag kam er ins Lager. Während er es durchschritt, verwunderten sich die anderen über die langhälsigen Vögel, die über seinem Rücken hingen. Aber sie sagten nichts; sie wollten ihn ihre Überraschung nicht sehen lassen. Weiter und weiter schritt er und verriet durch kein Zeichen, daß er die anderen sah. Ohne Zweifel bemerkte er ihre Verblüffung; es war sein kurzer Augenblick des Ruhms. Er, Ome, der Mißachtete, war Gegenstand der Aufmerksamkeit. Heute abend sprach man gewiß in den Zelten von ihm. Als er am Zelte Pehrs vorbeikam, spielte die junge Neji eben mit Jak und Ata. Ihr Rücken war dem Herankommenden zugekehrt. Plötzlich fiel ihr ein absonderlicher toter Vogel vor die Füße. Aufschreiend sprang sie empor. Sie wandte sich um, das sonderbare Geschöpf zu betrachten, das an ihr vorbeimarschierte. Es war der furchtbare Ome. Neji stürzte ins Zelt zurück.

Neuntes Kapitel

Erdbeben

Während der Sommer dahinschwand, wuchsen die Kälber. Das war das einzige, was sie zu tun hatten: wachsen – wachsen und spielen. Sie begannen mit ihrem Spiel kurz vor Sonnenuntergang. Wie sie über den Moosteppich hin- und herhüpften! Dann stellten sie sich einander gegenüber, Kopf zu Kopf, und begannen lange Stoßwettkämpfe. Mit gespreizten Beinen und gesenkten Köpfen stießen und kämpften sie harmlos, bis das ungeduldige Grunzen der Mütter sie zur Nachtruhe zurückrief. Jon beobachtete mit geübtem Auge das rasche Heranwachsen der Jungtiere, schätzte ihre Ausdauer und ihre Geschwindigkeit ab, ihre Widerstandsfähigkeit gegen Kälte und alle die Gefahren eines Wintermarsches.

Es gab auch kleine, spät geworfene Kälber und solche, deren Wachstum aus unbekannten Gründen langsam war. Es gab immer und in jeder Herde Spätlinge; sie kamen nicht rechtzeitig zu genügender Kraft, um der harten Jahreszeit gewachsen zu sein. Es war traurig, ihnen so jung das Leben zu nehmen, aber vor dem Beginn des langen Marsches mußten sie getötet werden. Ihr zartes Fleisch, das man zu harten Blöcken frieren ließ, wurde dann auf Schlitten gebunden und Nacht für Nacht in den Töpfen der Zelte und Iglus aufgetaut. Das war keine heroische Rolle in dem großen Drama eines solchen Zugs, aber bei dem urewigen Schrei des Nordens nach Fleisch war es doch eine wirkliche Rolle. Jon beobachtete sie täglich und merkte sich alle die vor, die man füglich verschonen konnte. Die großen Kälber fuhren fort, Possen zu treiben, immer sicherer in ihrer wachsenden Stärke.

Der Sommer verstrich merklich. Die langen Tage des hellen Sonnenscheins wurden am späten Nachmittag manchmal trübe. Die Dünste, die sich über die Sonne stahlen, machten die hellen Farben der Berge und der Seen und des Himmels düster. Jede Nacht verschwanden die Wolken wieder, aber sowohl Lappen wie Eskimos wußten, daß jene die Vorhut einer großen heranziehenden Wolkenarmee waren. Als sich die Raben in ganzen Reihen auf den Hügelkämmen sonnten, war das ein Zeichen dafür, daß sie sich jetzt sammelten, um fortzufliegen. Die Seeschwalben waren schon fort, und die jungen Gänse begannen in schwankenden Linien Flugübungen vorzunehmen. Überall auf den Hügeln gab es ein Sichzusammenscharen, eine rastlose Tätigkeit, eine kaum merkliche Vorbereitung.

Selbst die Kinder schienen im Sommer schneller zu wachsen. Sie glichen jungen Bäumen, die im Winter ruhen, aber in gleichem Schritt mit dem kommenden Licht und der Wärme emporschießen. Rund um Tapiks Zelt setzten Sik und Lug die sonderbaren schweigsamen Spiele der Eskimokinder fort. Die winzige Uji kauerte immer nahe bei den älteren. Bei Pehrs Familie waren die Spiele reifer. Neji, beinahe schon erwachsen, tummelte sich noch immer mit Jak und Ata. Waas sah ihre Kinder nahezu den ganzen Tag nicht. So viel Zeit nahm die Winternäharbeit in Anspruch. Nach dem sonderbaren Geschenk, das Ome ihr hingeworfen hatte, hatte Neji Angst gehabt. Tagelang war ihr Spielplatz in der Nähe des Familienzelts gewesen. Pehr und Waas hatten schon viele Male über das Geschenk gesprochen. Man hätte ja Jon erzählen können, was Ome getan hatte, aber man ging nicht so leicht zu Jon. Man hielt es für das beste, abzuwarten. Je mehr die Furcht entschwand, desto weiter vom Zelt führte Neji, die Blauäugige, die beiden Kinder. Viele Tage lang war Ome nicht zu sehen.

Mit dem Kommen des Sommers und mit dem natürlichen Frohsinn der Jugend hatte Mikel die Schande überwunden, die er schwer auf sich lasten fühlte, die Schmach, sich in Sichtweite des Lagers zu verirren. Er vergaß dies gewiß sein Lebtag nicht, war aber trotzdem nicht mehr von dem Gefühl bedrückt, daß die anderen jedesmal, wenn sie ihn sahen, daran dachten. Mit der Lockerung des unbeugsamen Winterdienstes hatte er auch immer mehr Zeit, sich umzusehen, Dinge zu tun und an Dinge zu denken. Viele seiner Gedanken waren Neji geweiht. Sie kam aus demselben fernen Land, sogar aus demselben Distrikt wie er. Gewiß kehrte man, wenn der große Zug vorbei war, gemeinsam wieder heim – wenn man den Weg finden konnte.

Viele der kleinen Schätze, die Mikel in den Bergen fand, brachte er Neji. Viele Vogeleier und manchmal auch die Vögel, einen Fisch, ein Fuchsfell, ein sonderbares Geweih – das alles brachte er ihr. Die Murmeltiere waren sehr zutraulich, und man versuchte sie zu zähmen, aber die emsigen Tiere gruben sich immer wieder einen Weg in die Freiheit oder zerbissen die Lederriemen, an die man sie band. Einmal brachte Mikel ein Nest von Eiderenten, und Neji und sogar Ata und Jak versuchten, die kleinen Entlein zu füttern. Aber die kleinen Bälle schienen unglücklich zu sein und einer nach dem anderen starben sie. Ob nun solche Haustiere am Leben blieben oder starben, jedenfalls sah Mikel das Mädchen oft.

Neji hätte ihm von ihrer Angst vor Ome erzählen können, tat dies aber nicht. Sie erinnerte sich, wie Ome das erste Mal ins Lager gekommen war; Ome hegte ohne Zweifel noch immer düsteren Groll gegen Mikel. Das Mädchen wußte, daß Teilnehmer an einem langen Zug nicht gerne Händel suchen. Nach Lappenbegriffen wurde Neji ein hübsches Geschöpf. Doch freilich war ihre Anmut, kurz wie ein nordischer Sommer, bestimmt zu verblassen. Die schwere Arbeit und die Unbilden des Klimas brachten dann eine unförmige Untersetztheit, ein vom Wetter durchfurchtes Gesicht, noch lange vor den mittleren Jahren. Jetzt war die schlanke, bewegliche Neji in ihrer Blüte. Und war immer in Mikels Gedanken.

Mikel oblag es, in der Bucht nach Schwemmholz zu suchen. Die kostbaren Reiser waren in diesem Sommer selten. Mikel hielt Ausschau nach Stücken mit großen festen Knoten; nach Ästen, die man als todbringende Keule gegen die Wölfe verwenden konnte. Der kommende Winter brachte die Rentiere ins Wolfsland. Auf raschen Skiern konnte man, wenn günstiger Schnee lag, die Wölfe überholen und ihnen mit einem furchtbaren Keulenschlag den Schädel zerschmettern oder den Rücken brechen. Freilich hatte man jetzt die Gewehre der Weißen Häuptlinge, aber die Waffe mit den derben Knoten war die Waffe der alten Heimat. Und so machte Mikel auch weiterhin Jagd auf Keulen.

Als die Nächte wieder rauh wurden und die Tage einen Hauch des Nordens atmeten, wurden die Rentiere unruhig. Es war die Paarungszeit. Die alten Bullen waren reizbar, sie stampften den Boden und suchten Händel. Die Kämpfe tobten heftig und dauerten lange Zeit. Es nützte nichts, solche Gegner zu trennen. Bei der ersten Gelegenheit begannen sie den Kampf von neuem – alte Beleidigungen oder neue Anmaßung mußten immer aus der Welt geschafft werden. Was für ein Krachen von Geweihen, welches Zittern der Flanken! Es machte den Eindruck, als müßte das Feld übersät werden mit verendenden Tieren; aber jeden Morgen waren sie wieder am Leben. Noch lange, ehe der Marsch nach Osten wieder begann, herrschte von neuem Frieden in der Herde.

Mit den längeren Nächten kamen klarere Gedanken an die kommende Zeit. Im Lager herrschte keine Verzagtheit, aber ein Ernst, der in den frohen Tagen der ersten Vorbereitungen in der Buckland-Bai gefehlt hatte. Sie begannen jetzt, die Größe ihrer Aufgabe zu verstehen, die plötzlichen Gefahren, die langdauernde, niederdrükkende Last des furchtsamen Wartens. Die Strecke, die sie bisher zurückgelegt hatten, hatte sie durch ein Land mit vertrauten Umrissen geführt, über flache Hochländer oder sanfte Hügel.

Der Weg, der vor ihnen lag, führte durch wilde unbekannte Berge mit ragenden Gipfeln und entsetzlichen Schluchten. Dort wo die Gebirgspässe von der See fortführten, war das Land der Wölfe. Dort lebten hagere Untiere, schwarz oder grau, voll unendlicher Ausdauer und Wildheit. Die Eskimos vermieden es, den gefürchteten Namen auszusprechen, so wie sie es vermieden, von bösen Geistern zu reden. Die Lappen sannen ernsthaft auf Schutz vor solcher Bedrohung und erzählten absonderliche Geschichten über die List der Wölfe, die größer ist als die der Menschen.

Das Nordlicht, so sagte man, sandte Speere herab, die die Gipfel großer Berge berührten. Wenn ein solcher Speer den Gipfel traf, funkelten glänzende Blitze auf und große Platten abgerissener Felsen rollten die Hänge herab. Der Weg war ganz gewiß ein Weg voll Gefahr.

Eines Morgens sah man keine Gänse mehr; der Himmel war grau und schwer von ungefallenem Schnee. Später flatterten die Raben landeinwärts; ihre Schreie waren heiser und hatten einen warnenden Klang. Nur die Schneehühner gingen nicht. Lange Eislanzen verbreiteten sich fächerförmig vom Ufer der Seen und Bäche, und der Sand war hart und spröd. Die Sonnenscheibe sank jeden Tag ein wenig tiefer und der Wind war zur Schärfe geschliffen. Lämmerwolken flatterten jetzt nicht mehr vor der Brise, sondern ein trüber stahlgrauer Himmel verhärtete sich in melancholischem Widerstreben. Der Sommer, diese kurze helle, frohe Zeit, war vergangen. Die dicken Schneehühner standen auf den kleinen Schollen und sagten mit vielen traurigen Verbeugungen den glücklichen Tagen Fahrwohl.

Dann kam eine sonderbar milde Nacht. Die Schläfer in den Zelten warfen die Decken ab und wunderten sich schlaftrunken, ob denn der Sommer wiedergekommen sei. Warme Windstöße wehten vom Westen her und erstarben in den Hügeln wie tiefe Seufzer. Als Jon aus seinem Zelt blickte, war die Nacht lautlos. Quer über dem flachen Boden konnte er neben Pehrs Zelt eine Bewegung bemerken, und weiter hinten bewegten sich die Zelte Aklas und Mikels, ohne Zweifel. Es lag ein rastloses Schwirren in der schweren Luft, eine unbestimmte Absonderlichkeit, die die Schläfer in den Zelten aufgescheucht hatte. Jedermann verwunderte sich, warum die anderen in die Nacht hinausgetreten waren; jeder verwunderte sich über die eigenen undeutlich hörbaren Schritte im Dunkel.

Leises Hundegewinsel erhob sich bei den Rentieren. Kein trotziger Warnungsruf wie dann, wenn die Witterung eines Bären durchs Lager geweht wurde, sondern klägliche Laute der Furcht. Jon hörte das erschreckt und verblüfft. Welche neue Gefahr sammelte sich unbekannt und unsicher über ihren Häuptern? Wie konnte er gegen etwas ankämpfen, das er weder sehen noch hören, sondern nur fühlen konnte? Während er rasch nachdachte, brach einer der Hunde in ein hohes winselndes Geheul aus. Sogleich nahmen die anderen es auf, in einem Chor der Angst. Jon konnte hören, wie sie im Dunkel durcheinanderfuhren und sich dann überallhin zerstreuten, um die Gesellschaft ihrer menschlichen Herren zu suchen. Jetzt hörte man von allen Zelten schon Bewegung.

Wieder breitete sich angespanntes Schweigen über das Lager. Es schien, als schrecke jeder davor zurück, seine eigene Furcht dadurch zu vermehren, daß er dem anderen zurief. Erwartungsvolles Schweigen wie der ruhige Augenblick vor dem Losbrechen eines Gewitters. Und doch konnte es im arktischen Herbst ein solches Gewitter nicht geben. Man empfand heftige Sehnsucht nach dem Anbruch des Lichts.

Dann begann es. In der Stille hörte man ein schwaches Donnern weit draußen auf dem Meer. Dieser Lärm schien sich über das Meer zu bewegen, wie eine furchtbar nahende Woge herandrängender

Wasser. Dann hörten die angespannt Lauschenden das Toben der Brandung, die über die hohen Felswände klatschte, auf denen die Raben gesessen hatten. Und doch regte sich kein Windhauch. Das Meer prallte mit so wilder Wut an, daß hohle Antwort von den Hügeln widerhallte. Ein seltsamer Sturm der Geräusche füllte die schwere Luft.

Jon hatte heftige Angst um die Rentiere. Jede Gefahr mußte von ihnen abgewendet werden, nichts anderes war wichtig. Aber wie sollte man einer Gefahr begegnen, die man nicht kannte, die überall war und nirgends. Von der See her hörte man leise die Rufe von Bären, die in entsetztem Chor brüllten. Durchs Dunkel waren Akla und Mikel zu Jon gekommen, und die drei standen wortlos dicht nebeneinander.

Sie mußten es glauben, daß das Geräusch, das sie hörten, genau unter ihren Füßen erklang – aus der guten festen Erde, auf der sie standen. Aber die Erde war nicht mehr fest. Sie schwankte und rollte mit einem tiefen, undeutlichen Grollen der Pein. Die Männer sanken mit einem seltsamen Gefühl der Übelkeit zu Boden. Sie lagen flach auf dem Moos, sie spürten in ihren Körpern das ungeheure Beben, als wären sie ein Teil der zuckenden Erde geworden. Zwei Hunde hatten sich an sie herangedrängt; die Hunde streckten sich zur vollen Länge aus, ließen keuchende Laute hören. An der Spitze des Zeltes scharrten zwei Stangen knarrend aneinander.

Lange Zeit oder vielleicht auch nur wenige Sekunden dauerte dieser Erdsturm. Das Land schien zu wogen wie ein starres Meer; Woge folgte auf Woge in rhythmischer Reihe. Die Männer ließen keinen Schrei hören, kein Wort, sie warteten mit geschlossenen Augen, als wollten sie sich vor diesem sichtbaren Entsetzen verschließen, das jetzt durch die Nacht stelzte. Sie warteten – keiner konnte etwas anderes tun.

Das lange Grollen der Erde erstarb. Das Land schien wieder fest und starr zu werden. Manchmal erschütterte noch ein allmähliches Erschauern die Erde, als ob ungeheure Massen wieder an ihre Stelle fänden. Das Licht kam spät, ein trübes, verwischtes Licht ohne Sonne. Die Luft war schwer wie von Schnee, aber die Flocken, die jetzt fielen, waren nicht Schnee, sondern graue Asche. Die Asche ließ sich gleichmäßig über die Zelte und die Felder als geisterhafte Decke nieder. An diesem Tag war die Sonne nicht zu sehen.

In dem gespenstischen Halbdunkel ging Jon zur Herde. In größeren Zwischenräumen fuhr noch immer ein Beben durch den Boden. Das Gehen war eine schwere Sache. Jon ging mit dem steten Gefühl, er werde der Länge nach hingeschleudert werden. Als das Gefühl zu stark wurde, warf er sich zu Boden, bis die Erde wieder ruhig war. Wie wundervoll, wenn er nur eine feste verläßliche Zufluchtstätte fände, wo er sich von dieser furchtbaren Übelkeit erholen könnte! Nichts war wichtig – nichts konnte je wieder wichtig sein. Jon fragte sich verwundert, warum er so zur Herde eile. Doch aus einem unbekannten Grund schien ihm, als müßte er es tun. Jon sah die Rentiere erst, als er fast schon bei ihnen war. Sie lagen auf der Erde und hatten den Kopf dicht auf dem Boden. Sie bewegten sich nicht. Unter der Asche, die sich über sie niederließ, sahen sie aus wie Statuen von Rentieren, Statuen aus altem grauen Stein, überall im Tal, so weit Jon sehen konnte, verstreut. Er rührte das nächste Tier an; es erhob sich langsam und schüttelte die graue Aschenschicht ab. Es schien unverletzt. Jon versuchte es bei einem anderen und wieder bei einem anderen. Die Tiere zitterten, wenn sie standen, waren aber keineswegs beschädigt. Als Jon wegging, ließen sie sich wieder auf den Boden fallen. Man konnte nichts tun; nichts als sie warten lassen.

Ehe die Dunkelheit wieder einbrach, waren die Erdstöße fast ganz verschwunden. Niemand im Lager hatte gegessen, niemand hatte auch nur daran gedacht. Sie hatten sich in Gruppen gesammelt, sprachen aber kaum ein Wort. Die Luft war noch immer sonderbar warm – schwer und unangenehm zu atmen. Das Dunkel kam früh und die Asche strömte noch dichter als früher herab. Da gingen sie langsam in den Schutz der Zelte.

Nachts lauschte Jon einige Male. Irgendeine neue Bedrohung mochte auftauchen. Er trat hinaus, um zu schauen und zu horchen – fand aber nichts. Dann sah er, sehr fern im Westen, ein schwaches Licht. Das konnte weder die Sonne noch der Mond sein! Während er hinsah, wuchs das Licht zu einem leuchtenden Glühen, einem steten Widerschein tief unten am Himmel. Lange Zeit starrte Jon diese Stelle an. Endlich erinnerte er sich der Feuerberge, furchtbarer lebender Gipfel mit weißglühendem Herzen. Man hatte ihm erzählt, daß meilenweit ringsum die Münder dieser Berge lägen, daß diese Berge, wenn sie versuchten, sich zu befreien, das Nordland erzittern machten wie einen schwabbelnden Sumpf. Manchmal wurde ihr Groll so unzähmbar, daß sie die eigenen Köpfe fortschleuderten, und die Winde verstreuten die zerriebenen Reste weit über das Meer.

Gebannt beobachtete Jon das ferne Glühen. Ohne Zweifel hatte einer der furchtbaren Bergriesen einen solchen Paroxysmus des Kampfes durchlebt. Sein eingedämmter Zorn war jetzt freigelassen; es gab also gewiß kein Erdbeben mehr. Langsam versank dann der Berg in sich selbst, tief in die Geheimnisse seines grollenden Herzens. Dann schlief er wieder kalt und schweigend, zehn Jahre, hundert Jahre.

Alle die Berge, die Jon kannte, waren tote regungslose Massen aus starrem Fels. Hier aber war ein Berg, der beschlossen hatte, seine Gestalt zu ändern, sich ein neues Heim zu bauen. Das mochte ein ungeheures Getöse sein, wenn der Berg arbeitete, doch ging dies in solcher Ferne vor sich, daß kein Laut zu dem lauschenden Jon drang. Er konnte nicht schlafen. Nie hätte er gedacht, daß er jemals einen lebenden, atmenden Berg sehen werde. Um die Morgendämmerung erlosch das Glühen und Jon sah es nicht wieder.

Am Morgen begann der Regen. Den ganzen Tag fielen geradezu Wildbäche, und niemand verließ das Zelt. Die ganze Nacht hörten sie das Toben der fallenden Wasser, als ob sich die Wolken gar nicht leer regnen könnten. Am zweiten Morgen war es kalt und klar. Fetzige Wolken zogen mit dem Wind – die sonderbare schwere Wärme war verschwunden. Es tat gut, den scharfen Wind zu fühlen und wieder einmal auf fester Erde zu stehen. Mit der Kälte und dem altvertrauten Wind, die sie verstanden, zog auch neues Leben und neue Hoffnung ins Lager ein. Nur Jon, der zu dem Heim der Feuerberge blickte, sah eine undeutliche Rauchfahne sich vom Himmel abheben.

Zehntes Kapitel

Panik

Wieder waren alle Gesichter ostwärts gewandt; wieder war die große Karawane unterwegs. Alles, große und kleine Dinge, war besichtigt, ausgebessert, frisch angefertigt worden. Ungeheure Mengen von Fleisch hatte man geräuchert, gedörrt oder gefroren. Nichts wurde vergeudet. Sogar das Blut der geschlachteten Tiere war getrocknet und zerrieben worden, daß es als Mehl für Kuchen und Suppen verwendet werde. Viele Rollen von Lederriemen hatte man verfertigt und sorgfältig geprüft. Es waren Bergpässe zu überschreiten und das Reißen eines Stricks konnte Unheil herbeiführen. Fäustlinge, Kapuzen, Stiefel, Kaptas, Schlafsäcke und Felle wurden ohne Ende zu Ballen gerollt und verpackt. Man hatte alles. Alle die Reisenden, Menschen und Tiere, waren kraftvoll und bereit.

Wie vertraut – dieser allmächtige Wind, der wirbelnde Schnee, die Zauberstimmen der großen tobenden Schneestürme! Der helle Sommer schien jetzt nur noch ein Traum; die Karawane zog wieder dahin so wie im ersten Winter. Die alten Kämpfe begannen – Rentiere, Hunde, Zelte, Iglos, Schlitten, Vorräte, Ungeziefer – wieder und wieder, Tag für Tag, Woche für Woche, Monate. Man hatte viel durch Erfahrung gelernt – die Rentiere stürzten jetzt gewiß nicht mehr auf glattem Eise, gingen auch nicht in einem auftauenden Fluß verloren. Aber ohne Zweifel mußte es neue Gefahren geben, die sich ohne Warnung einstellten und ohne daß man von ihnen etwas ahnte. Die strenge Einteilung, die Jon entworfen hatte, hatte ihre Neuheit verloren, sie war jetzt Alltag. Tag für Tag kamen die Rentiere ihrem Heim an der anderen Seite des Großen Stroms näher. Die Hunde trotteten unermüdlich; die Rentiere vor den Schlitten jagten mit voller Geschwindigkeit, Skier zischten schwer durch breite Täler, man kam wirklich vorwärts – zu schnell vorwärts! Zu schnell, als daß dies andauern konnte. Ein Vorgefühl, daß dieses

Glück nicht bleiben könne, wuchs im Lager. Als die Tage verstrichen, wuchs ebenso rasch auch diese Besorgnis; wenn jetzt ein Unheil kam, war es gewiß sehr groß. Das war nur gerecht. Die Erwartung des Übels hing über allen wie eine schwarze Wolke. Es verlangte die Leute beinahe, ihren eigenen Fortschritt zu hemmen, auf daß die saumselige Strafe nicht allzu hart werde.

So wie früher machten die Hirten abwechselnd ihren Wachdienst. Ob Tag oder Nacht, ob Sturm oder Kälte, die Tiere wurden nie unbewacht gelassen. Ihre uralte Gewohnheit, sich dicht aneinanderzuhalten, erleichterte die Patrouillenkreise der Menschen und Hunde. Aber die Arbeit war nie leicht, und das Unheil kam mit dem ersten großen Sturm. Tapik hatte die Wache bezogen und desgleichen Pehr und Ome und Mikel, und noch immer tobte der Sturm. Als Akla zum Dienst kam, legte sich der Wind und der wirbelnde Schnee ließ sich zur Erde nieder. Im düsteren Licht sah Akla eine seltsame Bewegung, ein ruheloses Durcheinanderschieben in der Herde. Es waren zwei Herden! Die eine Gruppe der Tiere schien wie ein grauer Schattenfleck dem Blick zu entschweben. Rasch und geräuschlos waren sie, ehe Akla auf sie zulaufen konnte, verschwunden. Das war sonderbar! Er hatte noch nie erlebt, daß die Herde sich geteilt hätte.

Die geblieben waren, begannen nicht so wie sonst nach dem Vorbeiziehen eines Sturms nach Futter zu scharren. Sie bewegten sich ratlos, mit hocherhobenen Köpfen, als suchten sie eine Richtung zur Flucht. Akla rief ihnen zu und rief und rief und versuchte, die beabsichtigte Flucht zu hindern. Nach langer Zeit begannen sie, eins nach dem anderen, nach Moos zu suchen. Aber nicht alle. Akla sah diese genau an. Es waren keine Rentiere. So unglaublich und geheimnisvoll dies auch war, es waren keine Rentiere. Zuerst wollte Akla seinen Augen nicht trauen, aber er war weder durchfroren noch erschöpft, sondern eben erst auf Wache gekommen. Jon mußte von diesen sonderbaren großen Vettern der Rentiere erfahren. Irgendwie hatten sie sich im Sturm und Dunkel zwischen die anderen gedrängt. Einige von ihnen hatten sich entfernt und ohne Zweifel viele Rentiere mitgenommen.

Das alles mußte Jon erfahren, aber der Mann auf Wache durfte seinen Platz nicht verlassen. Weder Sturm noch Krankheit noch Kälte noch Gefahr, nichts, wie wichtig es auch sein mochte, berechtigte einen Hirten, die Herde zu verlassen, ehe er von dem nächsten abgelöst wurde. In den ersten Zeiten des Zuges war der Übertretung Kults und seiner Treulosigkeit unverzüglich die Verbannung gefolgt. Kults Schicksal war noch unvergessen. Doch als Tapik erschien, eilte Akla zu Jons Zelt. Jon hörte die sonderbare Erzählung. Das schien ein Geheimnis. Kaas, der Alte, wurde gerufen. Er kam, mit einer gewissen bewußten Wichtigkeit und seinem langsamen Schritt. Der Rat der Alten im Lager tat also noch immer not.

Kaas sprach. Ja – in manchen Jahren, aber nicht oft, wenn die Hand des Winters früh und rasch zupackte, mochte eine wandernde verspätete Herde von Karibus fern von ihren eigentlichen Gebieten entdeckt werden. Das sei dann eine Zeit großer Schmauserei für den Stamm. Doch könne sich Kaas aus seinem langen Leben nur vier solcher Fälle erinnern. Viele der Karibus seien hingeschlachtet worden, auch die Wölfe hätten viele getötet. Kaas meinte, damals sei kein einziges Stück der Herde je nach Süden entronnen. Welch ein Winter der Fülle, wenn eine solche Herde ihres Wanderzuges vergaß! Aber wie selten vergaßen sie das! Sehr viele Jahre waren verstrichen, seit Kaas die letzte Winterherde gesehen hatte. Jetzt aber finde man Karibus zu jeder Jahreszeit selten. Die listigen Füchse hätten sie gewarnt und so seien sie weit nach Osten gewandert.

Die Tiere waren wild und neigten zu plötzlichem erschreckten Ausbrechen. Sie in der Gesellschaft der Rentiere zu haben, mußte zu Schwierigkeiten führen, zu sehr großen Schwierigkeiten. Sie waren zwar den Rentieren nicht gefährlich, wohl aber konnten die Rentiere wieder wild werden. Es gab da gewiß viel Hin und Her, viele verschiedenartige Schwierigkeiten. Als Kaas zu Ende gesprochen hatte, rief man die Männer im Lager. Eine ernste Sache bedrohte das rasche Vorwärtskommen des Zuges, eine Sache, die sich vielleicht in vielen Jahren nicht wieder ereignete. So unglaublich es auch war, sie hatte sich ereignet. Die Verzögerung mochte Tage dauern, ja Wochen, das konnte niemand sagen. Noch nie vorher hatten sich die Rentiere getrennt. Jetzt half den Leuten keine Erfahrung.

Pehr und Mikel erhielten die schwere Aufgabe, die verschwundene Herde zu suchen und alle Rentiere, die geflohen waren, zurückzubringen. Die anderen hatten die leichtere Arbeit, in dem Teil der Herde, der noch im Lager war, Rentiere und Karibus voneinander zu trennen. Jedermann mußte in seinem Zelt sich für die Nachtwache bereithalten.

Pehr und Mikel waren fort – mit Vorräten und Hunden und Schlitten. Jon, Akla und Ome begannen bei den Tieren, die in der Nähe waren. Tapik schlief; er war soeben von der Wache gekommen. Ungefähr fünfhundert Rentiere fehlten. Zwischen den anderen, die geblieben waren, drängten sich hartnäckig die Karibus. Sie schienen entschlossen, nicht ohne die Rentiere fortzugehen. Geduldig trennten die Männer Gruppe nach Gruppe, und gerade wenn sie begannen, Erfolg zu haben, wirbelten die Tiere durcheinander und eilten wieder zur Hauptherde. Oder die Karibus zogen zwar ruhig ab, aber die mißratenen Rentiere eilten ihnen plötzlich nach, und die ganze Mühe mußte von neuem und wieder von neuem unternommen werden. Es war eine Arbeit, die sogar Jons Geduld auf die Probe stellte. Als das Dunkel einbrach, war nichts geleistet. Akla bezog die Wache, und die anderen trollten sich müde dem Lager zu.

Am nächsten Tag hatte man ebensowenig Erfolg und mit dem dritten Tag begann dieselbe hoffnungslose Runde. Die Rentiere wurden scheu und die unaufhörliche Störung gab ihnen nur wenig Gelegenheit zu äsen. Irgend etwas Wirksames mußte sogleich geschehen. Man beschloß, die Karibus abzuschießen. Es gab zwar schon Mengen von Vorräten und Fellen im Lager und man brauchte diese Tiere nicht. Es war traurig, daß man sie so schlachten mußte, aber sie zogen ja nicht fort. Darum begannen Jon und Akla mit dem Werk.

Welche Vorsicht und Geduld wandten sie an, die Rentiere nicht zu verwunden! Die Rentiere waren von jeher an das Knallen von Flinten gewöhnt. Im Sommer schoß man auf Vögel und Füchse und Kaninchen zu allen Seiten der Herde; darum hatten die Tiere kaum Angst. Anders aber die Karibus. Als sie die schrecklichen Explosionen hörten, wurden sie sogleich wieder zu Tieren der Wildnis. Hastig rissen sie sich von den Rentieren los und jagten in wilder Flucht den Bergen zu. Jon und Akla eilten hinter ihnen her und schrien und feuerten, um die Panik vollkommen zu machen. Die fliehenden Karibus verschwanden, und nie wieder sah man sie. Nur siebzehn waren getötet worden, das lieferte dem Lager frische Zungen und frischen Talg.

Es gab an diesem Abend viel Freude und großes Schmausen rings um die Töpfe. Fleisch hatte man unbegrenzt, und die Karibugefahr war vom Lager vertrieben worden. Es hatte schwere Mühe gekostet, aber für den Augenblick fand man das Leben leicht.

Nur Jon in seinem einsamen Zelt grübelte über die lange Verzögerung nach. Er hörte den großen Sturm sich sammeln und dachte an Pehr und Mikel und fünfhundert Rentiere, die irgendwo im Dunkel waren. Mikel war flink und tapfer und Pehr hatte die Weisheit der Jahre. Ach ja! Aber die Launen des dunklen Nordens waren jäh und ohne Erbarmen und kein Mensch konnte ihrer Macht widerstehen. Wenn das anschwellende Sausen zu tiefen Fanfaren der Wut wurde, zog Jon hinaus in die Nacht. Er konnte nicht ruhen und er schritt weiter bis zu der Stelle, wo Tapik die Herde bewachte. Jon schickte ihn ins Lager zurück. Mochte er schlafen! Mochten sie alle schlafen! Nur er, Jon, konnte nicht ruhen. Er mußte nachdenken – nachdenken! Unter seiner Führung schwand die Herde der kostbaren schönen Rentiere zusehends dahin. Er mußte nachdenken.

Als der Wind durch die Berge zu heulen begann, schlugen Pehr und Mikel ihr Zelt auf. Weit nach Süden waren sie gelangt und hatten ab und zu von ferne die Herde zu Gesicht bekommen, die schattengleich vor ihnen hinzog. Der Instinkt der Karibus führte sie nach Süden, und die Rentiere zogen mit. Man mußte die Herde einkreisen und zum Stehen bringen, dann aber eine Möglichkeit finden, sie zur Umkehr zu bewegen. Eine Stimmung des Zagens und der Vereinsamung senkte sich über Pehr und Mikel, wenn sie an die anderen dachten, die sicher und wohlbehalten in den Zelten und Iglos saßen. Sogar das immer wieder abgebrochene Lager des Zugs wurde mit seiner menschlichen Gemeinschaft plötzlich zu etwas unendlich Wünschenswertem. Man hörte Stimmen im Wind – das tiefe Dröhnen nahe dem Boden und die dünnen Stimmen der oberen Luft. Langgezogen und erbarmungslos winselten sie und drohten und jagten hin über das einsame Zelt.

Am Morgen gab es keinerlei Möglichkeit; man konnte nichts beginnen in dem wilden Tumult, der dort oben noch immer tobte. Pehr und Mikel kauerten düster in dem kleinen Zelt. Sie hatten nicht das Herz, die Hunde, die sich hineingedrängt hatten, zu verjagen. Außerdem hielt man sich so wärmer. Die Rentiere bewegten sich in einem Schneesturm nur sehr wenig fort; sie verstanden sich auf geduldiges Warten und boten dem Wind immer die Stirn. Pehr warf gefrorenes Fleisch in den Topf, und dann aßen sie. Einige Stunden später warf Mikel gefrorenes Fleisch in den Topf, und sie aßen wieder. Die Stunden schleppten sich hin.

Als sie eines Morgens erwachten, wehte kein Wind. Ihre Stimmen klangen laut und dröhnend in der neuen Ruhe. Nach so langer Zeit im Zelt erzitterten die Hunde in der plötzlichen Kälte; als das Zelt niedergerissen wurde, wußten sie, daß es kein Obdach mehr gab. Dann erst konnte man sie dazu bewegen, sich ihrer Arbeit zu erinnern; widerstrebend nahmen sie die Witterung der Rentiere wieder auf und machten sich auf den Weg. Der Schnee war hart und kalt und ließ scharfe, krachende Geräusche hören, während die Menschen den Hunden folgten. Über die weite weiße Erde bewegten sie sich wie Flecke, quer durch ungeheure Täler und über lange Hänge.

Dann sahen sie in der schützenden Einbuchtung eines Hügels eine schattendunkle Masse. Als Pehr und Mikel zu den Tieren kamen, fraß jedes in seinem ausgescharrten Loch. Auf diesem Hang war der Schnee nicht tief, und nach dem langen Sturm mußte man die Tiere eine Weile weiden lassen. Während Pehr und Mikel warteten, machten sie einen Kreis um die Herde und nahmen im Süden Aufstellung, um eine weitere Entfernung vom Lager zu verhindern. Die Rentiere waren noch immer halb vergraben in ihren Schneelöchern; sie hatten keine Lust, sich zu entfernen. Die Männer ließen sich nieder, um zu warten, sie kochten sich dampfenden Kaffee. Daheim im fernen Lappland hatten sie sich immer, wenn sie lange warten mußten, Kaffee bereitet. Und auch wenn die Wartezeit nur kurz gewesen war, hatten sie Kaffee gekocht. Sie warteten jetzt weiter, geduldig wie der unermüdliche Norden.

Als die Tiere nach hinten aus ihren Höhlen zu steigen begannen, traten Pehr und Mikel und die Hunde in Tätigkeit. Sie trieben eine kleine Zahl von Rentieren zusammen, und fort von den Karibus. Dann trennten sie andere Gruppen und führten sie fort, um sie der ersten anzuschließen. Doch es verlangte die Tiere nach der Gesellschaft ihrer Verwandten, und ehe die Männer wieder zu ihnen zurück konnten, waren sie schon wieder bei der Herde. Viele Male versuchten sie es, und viele Male mißlang es. Manchmal ließen sie Hunde zurück zur Bewachung der neugebildeten Herde; aber die

Tiere waren verschreckt und scheuten zurück und traten mit den scharfen Hufen nach den Hunden. Als das frühe Dunkel einbrach, war nichts getan.

Tag für Tag mißlang es. Oft versuchten Pehr und Mikel, alle Rentiere gleichzeitig fortzutreiben. Wie nahe sie daran waren, ein Mal ums andere! Doch immer, gerade wenn der Erfolg nahe schien, drängten sich die tückischen Karibus, als ob sie diesen Plan der Trennung verstünden, wieder mitten unter die Rentiere. Manchmal schienen nur einige wenige, manchmal aber die ganze Herde von einem bösen Geist besessen zu sein, der sie trieb, jedes Beginnen der Menschen zu vereiteln. Schon ganz erschöpft von ihrer furchtbaren Mühe und verzagend am Gelingen ihres Werks hätten sie gern die Karibus getötet, eins nach dem anderen. Doch da Geschwindigkeit not getan hatte, waren sie nur mit leichtem Gepäck fortgefahren und die Gewehre waren im Lager zurückgeblieben. Und sosehr sie sich auch mühten, kamen sie doch immer weiter und weiter von Jon und den anderen fort.

Sie versuchten es nachts, aber da war die Arbeit noch hoffnungsloser; im Dunkel konnten sie die Rentiere von den Karibus nicht unterscheiden. Aufgescheucht und erschreckt jagten die Tiere nachts oft lange Strecken nach Süden. Pehr und Mikel hatten allmählich das Gefühl, als wäre alles, was sie taten, falsch. Jeder neue Plan entfernte sie immer mehr und mehr vom Erfolg. Doch beide wußten, daß man zu Jon ohne die Tiere nicht zurückgehen konnte. Einen solchen Ausweg besprachen sie nicht einmal; selbst in den verzweifeltsten Augenblicken erwähnten sie die Rückkehr nicht. Die Rentiere wurden allmählich wild wie die Karibus. Täglich waren sie schwerer zu behandeln. Einmal mochte nachts die ganze Herde ins Dunkel davonjagen und für immer verlorengehen.

Als die Nahrungsmittel knapp wurden, mußte ein Rentier gefangen werden. Es war vielleicht noch immer möglich, sich einem der Zugtiere mit einem Lasso zu nähern. Mikel wollte es versuchen. Die Zugtiere waren zahmer und außerdem alle mit einem breiten V-förmigen Schlitz im rechten Ohr gekennzeichnet. Es gab einige bei der Herde; die Männer hatten sie mehrere Male bemerkt. Es war ein Unrecht, ein Zugtier zu töten, aber sie mußten Fleisch im Lager haben, immer Fleisch, oder alles war verloren. Mikel hatte jetzt sein Tier. Es wehrte sich und wich zurück. Sie brauchten kein so großes

Stück, aber die Zugtiere waren alle groß und kräftig. Mikel stahl sich näher heran und näher, der Lassoschnur entlang; das Tier mußte plötzlich, nach der alten Art, die er in Lappland erlernt hatte, zu Boden geworfen werden. Dann stach das rasche Messer zu. Aber der Stich ging fehl; das Rentier zuckte gerade im entscheidenden Augenblick und kam mit erstaunlicher Kraft auf die Beine. Mikel warf sich darauf, konnte es aber nicht zu Fall bringen. Er klammerte sich an das Tier, denn es widerstrebte ihm, es verwundet fliehen zu lassen. Plötzlich saß er auf dem Rücken des taumelnden Geschöpfs, und Blut bezeichnete die Strecke, die sie gingen. Für einen kurzen Augenblick jagten Mensch und Tier wild durch die erschreckte Herde. Dann fiel Mikel herab, noch immer das Lasso umklammert haltend. Die Geschwindigkeit des verwundeten Tieres ließ nach, es taumelte, fiel krachend nach vorn, schlug aber noch immer um sich. Dann konnte Mikel sein Werk tun, und alle Bewegung war zu Ende.

Als sie das frische Fleisch schnitten, war Pehr nachdenklich. Und auch später, als das Zelt schon für die Nacht aufgeschlagen war, sprach er noch immer wenig. Mikel störte ihn nicht; er kannte Pehrs Art – eine Art, die in ihrem Schweigen manchmal dem weisen Schweigen Jons glich.

Am Morgen sprach er. Er sagte Mikel, wie er beim Lassofang und bei Mikels kurzem Ritt auf dem verwundeten Rentier zugesehen hatte. Da war ihm der plötzliche Schreck der Karibus über die sonderbare Vereinigung von Mensch und Tier aufgefallen. Einige Karibus waren entsetzt von der Herde davongeeilt. Aber der Ritt sei zu kurz gewesen, nur wenige der Tiere hätten Mikel vor seinem Sturz gesehen. Ob dies wohl etwas bedeutete? Ob es die Möglichkeit eines Auswegs zeigte?

Pehr und Mikel sprachen lange miteinander. Wie, wenn es gelang, ein zweites Zugtier zu besteigen – und wenn der Reiter lange genug sich oben halten konnte und wenn sie beide gleichzeitig auf je einem Rentier reiten konnten? Die Karibus waren wilder als die Rentiere; gelang es, die Karibus zu plötzlicher Flucht zu bewegen, war es vielleicht möglich, Rentiere und Karibus voneinander zu trennen. Das war ein Einfall. Lange Tage der Mühe hatten zu nichts geführt. Eine plötzliche List war vielleicht erfolgreich. Mikel wollte es sogleich versuchen, aber Pehr überlegte und machte Pläne und sann noch den ganzen Tag nach. Sie mußten schon beim ersten Versuch ihr Bestes leisten.

Abends sprachen sie weiter darüber, während sie im Zelt arbeiteten. Sie schnitten die frische Rentierhaut in Streifen und gossen aus ihrem Kochvorrat Öl darauf. Sie zündeten die Zündhölzer der Weißen Häuptlinge an und das Fell flammte auf. Dann warfen sie das Fell in den Schnee. Dann vermengten sie Talg und Öl zu einer zähen Flüssigkeit, die sie über die Haut strichen. Diesmal gab die angezündete Haut dicken schwarzen Rauch von sich. Es war so, wie sie gehofft hatten. Am Morgen wollten sie mit dem großen Versuch beginnen.

Als das graue Licht wieder aufdämmerte, machte sich Mikel auf den Weg zum ferneren Ende der Herde. Sie wollten von entgegengesetzten Seiten in die Herde hineinreiten, damit alle Karibus sie sogleich sähen. Pehr mußte lange mit dem Lasso arbeiten, ehe er sein Rentier fing. Aus der Ferne gab Mikel ein Zeichen. Sie waren bereit. Die ölgetränkten Felle hatten sie um ihre Kapuzen gehüllt und diese begannen jetzt herrliche Rauchwolken emporsteigen zu lassen. Jetzt fing es an! Welches Geschrei der beiden, welches Bellen der Hunde! Die entsetzten Reittiere mit den kreischenden Männern auf dem Rücken jagten mitten in die Herde und suchten Schutz vor dem Lärm und vor dem schrecklichen Geruch des schwarzen Qualms. Die beiden Rauchwolken jagten aufeinander zu und ließen lange Windfahnen hinter sich, gleich den Bannern vorwärtsstürmender Angreifer. Welch seltsamer Anblick hier in dem düsteren Nordland!

Wie bald stürzte Pehr von seinem wilden Reittier! Doch sprang er auf die Beine und lief schreiend weiter, während der schwarze Rauch noch immer von seinem Kopf emporwirbelte. Die Arbeit war getan. Noch ehe auch Mikel auf seinem Tier den Halt verlor, hatten sich die Karibus davongemacht. In wilder Flucht verließen sie die Rentiere; völlig vergessen waren die Tage der Verbrüderung. Nur Flucht! Unverzügliche Flucht nach einem fernen Ort!

Als Pehr und Mikel die Karibus fliehen sahen, traten sie ihre verdorbenen Kapuzen in den Schnee. Männer und Hunde begannen jetzt, die Rentiere unverzüglich in Bewegung zu bringen, ehe es diesen noch einfiel, den Karibus nachzulaufen. Sie arbeiteten rasch und ruhig. Die erschreckten Tiere drängten sich dicht zusammen, in dem Trieb, sich zu schützen. Dann setzten sie sich langsam unter dem hartnäckigen Drängen Pehrs und Mikels in Bewegung. Lange Zeit wagten die Männer nicht, sie rasten zu lassen, damit sie sich nicht von neuem umwandten. Nachts ging Mikel die Spur zurück, um das Zelt nachzubringen. Pehr blieb auf Wache; keinen Augenblick durften die kostbaren Tiere unbewacht bleiben. Die plötzliche Lust, zurückzukehren, mochte ihnen in die launenhaften Köpfe kommen. Es konnte nur eine Richtung geben: Norden.

Endlich waren sie unterwegs. Doch der Weg mußte lang sein – wie lang, das wußten sie nicht. Sie konnten auch die Strecke nicht abschätzen, die sie fortgelockt worden waren, während sie bei der vermengten Herde gearbeitet hatten. Ihre größte Unannehmlichkeit war jetzt der Mangel an Rast. Beide waren bei Tag nötig, die Rentiere zu treiben, und einer mußte bei Nacht wachen; und so wieder am nächsten Tag – viele Stunden ohne Schlaf. Bei nächtlichem Sturm bezogen beide die Wache. Das war Jons Sicherheitsmaßnahme gewesen. Aber Jon konnte die Wache jede Nacht auswechseln. Pehr und Mikel begannen zu taumeln. Wenn sie regungslos standen, befiel sie Schlaf. Erst der Fall erweckte sie, und sie bewegten sich weiter, aber sie fürchteten, sie könnten einmal, wenn sie fielen, nicht mehr imstande sein, sich zu erheben.

Sie waren abgemagert von der langen Mühe; sie erkannten, daß sie keinen ganzen Tag mehr marschieren konnten. Sogar der kurze trübe Wintertag wurde ihnen zu lang. Und wieder waren die Vorräte beinahe schon aufgebraucht, wieder mußte ein Rentier getötet werden, solange die beiden noch die Kraft zu dieser Arbeit hatten. Sie konnten nicht weiterkommen. Zuerst schlief Mikel einen Tag und eine Nacht, während Pehr wachte. Dann kam die Reihe an Pehr, und er schlief. Sie fühlten sich ein wenig kräftiger. Vor Tagen war schon der letzte Kaffee verbraucht worden und der harte Zwieback. Jetzt hatten sie nur noch Fleisch – rohes Fleisch, denn auch der letzte Rest des Öls für das Feuer war verschwunden. Sie hatten viel Öl für die Rauchwolken verbraucht, mit denen sie die Karibus verscheuchten.

Es war an der Zeit, das Rentier zu töten. Es mußte geschehen, und sie mußten die Kraft finden, es zu tun. Mikel näherte sich behutsam mit dem Lasso der Herde und Pehr hielt sich dicht bei ihm. Diesmal bedurften sie ihrer vereinten Kräfte. Die Tiere schienen argwöhnisch und wichen unablässig vor den Männern zurück. Diese folgten den Rentieren immer weiter, aber keines hielt sich in erreichbarer Nähe. Ruhe tat not. In den beiden stieg matter Zorn gegen die Tücke der Rentiere auf, die sich nicht ohne so viel Plage töten ließen.

Während Pehr und Mikel auf dem Schnee rasteten, begannen die Tiere zu scharren. Menschen und Tiere waren gleichermaßen hungrig. Bald waren die Köpfe der Tiere außer Sicht und schließlich konnten Pehr und Mikel nur noch eine Schar von Hinterteilen sehen, die über die weite Schneefläche ragten. Jetzt war die Zeit gekommen! Dieser Gedanke kam beiden zugleich. Vorsichtig stahlen sie sich zu dem nächsten Hinterteil, das unter der Anstrengung des im Schnee verborgenen Tieres zitterte. Die Männer hatten keinen Plan gemacht. In ihrem Eifer warfen sie sich auf das teilweise vergrabene Tier. Das wehrte sich mächtig und wollte entrinnen, aber sie stießen es und stachen mit den langen Eisenmessern zu. Es war ein verzweifelter Kampf von beiden Seiten. Mikel versuchte, die Kehle des Tieres zu erreichen. In seiner Schwäche fiel er kopfüber in das Schneeloch; an das um sich schlagende Tier gepreßt, stach er matt mit dem Messer, wohin er nur gelangen konnte. Blut spritzte, blendete ihn und nahm ihm den Atem. Pehr warf sich von oben auf das Tier, um ihm den Rückzug aus der Höhle abzuschneiden. Auch er verwendete sein Messer blindlings und brachte dem Opfer tiefe Wunden im Hinterteil bei. Die widerwärtige Schlacht tobte weiter.

Dann stürzte Pehr plötzlich zwischen die Hinterbeine des verendenden Tiers. In einem letzten Versuch, sich zu befreien, schlug dieses aus; die aufsetzenden Hufe trafen Pehrs Gesicht. Das Blut des Menschen und das Blut des Tieres mengten sich in dem roten Schneeloch. Das Rentier zuckte noch ein wenig und wurde dann still. Die in dem Loch aufgetürmte Masse bewegte sich nicht.

Akla und Tapik, die den Spürhunden gefolgt waren, fanden sie hier. Welche Augen sie machten bei diesem schrecklichen Bild! Sie standen da, blickten angstvoll darauf, sahen einander an. Jon hatte sie ausgesendet, die anderen zu suchen. Was sollten sie jetzt tun? Am besten, zurückzubringen, was sie hier gefunden hatten. Und so begannen sie, den Inhalt des Schneelochs auseinanderzuzerren.

Elftes Kapitel

Wölfe

Wieder waren die Rentiere alle beisammen; wieder hatten die Menschen genügend Kräfte gesammelt, den Mühen der Reise standzuhalten. Im Verlauf von acht Wochen hatte man keinen Schritt nach Osten getan. Jon war schon erschöpft von der langen Verzögerung, nur seine Sorge für die Herde hielt ihn davor zurück, den Befehl zum Aufbruch zu erteilen. Da Pehr und Mikel nicht fähig waren, ihre Wache bei den Rentieren aufzunehmen, war es gefahrvoll, sich den Wechselfällen der Reise aussetzen zu wollen. Es mußte Gefahren geben, rasche, unbekannte Gefahren, daran konnte man nicht zweifeln. Endlich waren Pehr und Mikel wieder soweit, die Skier anlegen zu können. Doch wie lange man auch noch gewartet hätte, Pehr konnte nie wieder aussehen wie früher. Die großen Wunden, die ihm die scharfen Rentierhufe im Gesicht beigebracht hatten, hatten Narben hinterlassen, so viele Narben, daß das Gesicht eine einzige Narbe zu sein schien. Niemand hätte den früheren Pehr erkennen können. Vielleicht waren die klugen weißen Ärzte imstande, ihm eine neue linke Gesichtshälfte einzusetzen, vielleicht konnten sie ihm ein besseres Kinn geben. Doch davon abgesehen, war er der alte, ruhige, verläßliche Hirte so wie früher, und immer noch Jons Stellvertreter. Man mußte staunen, daß er überhaupt noch lebte.

Auch Mikel war bewußtlos gewesen, als man ihn zurückbrachte. Nur der Umstand, daß er und Pehr bloß eine Tagesreise vom Lager entfernt gewesen waren, hatte die beiden gerettet. Mikel, der in der Höhle kopfgestanden hatte, war von dem trampelnden Tier an der Schulter verletzt worden. Er hatte viel Blut verloren und seine Füße hatten unter dem Frost gelitten. Jetzt schmerzten sie ihn noch immer und bedurften sorgfältiger Verbände und dicker Hüllen aus trockenem Gras. Er konnte langsame Schritte tun, aber das Gleiten auf den Skiern war noch einfacher; es drückte die empfindlichen Stellen seiner Füße nicht.

Und jetzt waren alle wieder auf der Reise. Noch eine kurze Zeit und der Winter war halb vergangen; sie aber hatten nur eine so kurze Strecke zurückgelegt, eine so jammervoll kurze Strecke! Es war, als hätten sie seit dem letzten Winter überhaupt nichts geleistet. Nur die Entfernung zählte, sonst spielte nichts eine Rolle. Die Rentiere konnten satt erhalten werden, die Hunde arbeitsfähig, die Vorbereitungen konnten zahlreich und vollkommen sein – aber all das galt nichts ohne langes und gleichmäßiges Marschieren. Niemand wußte, wie weit sie noch vom Großen Strom entfernt waren, aber der war noch fern, sehr fern.

Sie kamen langsam vorwärts, wie Ameisen, die über ein weites rauhes Feld marschieren, aber sie kamen vorwärts. Jon sah, daß ihm Männer not taten, noch mehr Hirten, die Geschwindigkeit zu beschleunigen. Er hatte nur fünf. In starken Stürmen mußten immer zwei die Wache beziehen, untertags trieben zwei Männer die Herde. Oft gab es Arbeit bei den Schlitten, Arbeit, die nicht immer von den Frauen verrichtet werden konnte, und die, die nicht bei der Herde waren, mußten schlafen und rasten können. Drei weitere Männer, ja vielleicht nur zwei, und die Reise mochte rascher vor sich gehen.

Jon ließ Kaas holen. Der kam langsam, aber wie in solchen Fällen immer, mit der Würde eines Häuptlings. Wieder bedurfte man seines Rats; er wollte seine langen Erfahrungen hervorholen, um der kläglichen Unwissenheit aller anderen zu Hilfe zu kommen. Er setzte sich jetzt und glich einer Hülle, aus der alles Leben entschwunden war. Jon verwunderte sich, daß in einer so seltsamen Form noch immer Leben weilen konnte. Jon erinnerte sich einer gespenstischen Gottheit, verfertigt von irgendeinem nordischen Stamm und mit Kleidern behängt. Als Jon zu Kaas sprach, verriet dieser durch kein Zeichen, daß er zugehört habe. Nach einer Weile redete er, als ob er seine Kräfte aus lang vergangenen Jahren zurückriefe. Man erwartete von ihm, daß er spreche, und doch war es überraschend; Jon hatte das Gefühl, als ob ein uraltes Schnitzbild plötzlich die Sprache gewonnen hätte. Es war etwas gespenstisch Unglaubwürdiges daran. Und doch geschah es: der uralte Kaas sprach.

Er sprach von dem Land, durch das sie jetzt zogen. Es war ihm fast unbekannt. Aber sein Vater hatte die fernen Berge gesehen, zu denen die Herde jetzt hinwanderte. Im Hügelland dieser Berge hatte ein Stamm seine Winterquartiere. Vielleicht gelangte man zufällig zu ihren Iglos; und dann konnte man durch verschiedene Versprechungen Leute dieses Stammes dazu bewegen, daß sie sich dem Zug anschlossen. Vielleicht waren es verräterische Eskimos, nicht tapfer und vertrauenswert wie die Leute des Westens, die Leute seines eigenen Stammes. Überhaupt gebe es ja nirgends solche Leute wie die seinen, aber wenn man diese anderen zufällig finden sollte, so könne ja Jon selber sich ein Urteil bilden.

Die Stimme erstarb. Jon wußte, daß Kaas an diesem Tage nicht mehr sprechen werde. Kaas trollte sich davon und Jon sah ihm traurig nach; schwerlich mochte der alte Häuptling das Ende der Reise erleben. Aber die Reise mußte weitergehen, immer weiter. Und wenn man Glück hatte, fand man vielleicht die Leute in den Hügeln, wenngleich der Bericht des Häuptlings auf alte Zeiten zurückgehen mußte. Trotzdem unterlagen die hergebrachten Stammesgebiete nur selten Änderungen. Was Kaas von seinem Vater gehört hatte, mochte noch immer richtig sein. Es gab keinen anderen Ausweg als weiterzuziehen, den Marsch mit ziemlich viel Vorsicht, aber doch beschleunigt fortzusetzen. Freilich bedeutete Überarbeitung der Menschen Unheil für die Herde.

Die Mitte des Winters lastete jetzt auf ihnen, die lange Periode, in der es kein Licht gibt, sondern nur schwaches graues Düster, weniger denn ein Dämmerlicht. In Zeiten eines Sturms wurde selbst dieser geringfügige Unterschied zwischen Nacht und Tag verwischt, dann war alles Dunkelheit. Wenn der Himmel klarer war und Kälte herrschte, schoß das Nordlicht große lange Lanzen in das Heer der Sterne; das rote Glühen der Schlacht bebte über eine weite Strecke. Die gleiche durchdringende Kälte stahl sich in die Zelte und Iglos; die Leute in den Schlafsäcken kauerten sich dichter zusammen, während sie die Eisfinger fühlten, die über sie strichen. Vom gefrorenen Meer heulte der Wind seinen alten Schlachtruf. Lange Schleier von Schnee wogten über Hügel und Täler oder schleuderten sich mit einem solchen Paroxysmus der Wut in den Sturm, daß keine Luft zum Atmen blieb. Weiter und weiter kroch inmitten dieser Titanenkämpfe der Insektenzug der menschlichen Wesen. Ein zorniges Blasen der Polarriesen, ein plötzliches wütendes Aufstampfen, und sie waren für immer verlöscht.

Wenn man weiterhin in dieser Geschwindigkeit reiste, langten die Vorräte aus der Buckland-Bai nicht bis zu den Ufern des Großen Stroms. Zwieback, Kaffee und Tee schwanden rasch. Nadeln und Scheren brachen; manchmal ging ein Messer verloren und manchmal ein Hammer. Und was am ernstesten war: die Munition wurde weniger. Wieviel hatten sie anfangs beim Aufbruch gehabt! Damals wäre es unmöglich erschienen, daß sie je solche Vorräte aufbrauchen könnten, aber jetzt war nur noch wenig geblieben. Man hatte erwartet, daß beim Schwinden der Vorräte das Ziel der Reise schon erreicht sein werde – aber jetzt war weniger als die Hälfte des Weges zurückgelegt, um wieviel weniger, das konnte niemand abschätzen.

Mikel hatte sich erholt. Zweimal war Mikels Laufbahn durch die Launen des grimmigen Landes beinahe zu einem Ende gelangt. Aber die unglaubliche Ausdauer eines jungen Lappen hatte wieder den Triumph davongetragen. Er war sehr glücklich. Am Ende der Reise sollte Neji zu ihm kommen. Jon hatte das gesagt, als Pehr mit ihm gesprochen hatte. Jetzt auf dem gefahrvollen Zug konnte kein neues Zelt verfertigt, kein neuer Haushalt gegründet werden. Wenn die Gefahren hinter ihnen lagen und die Rentiere wohlbehalten in der großen Reservation untergebracht waren, dann – erst dann kam die Zeit der Romantik. Jon hatte gesprochen. Er selber wollte Mikel als Lohn für dessen Tüchtigkeit Neji zuführen.

Wie langsam sie weiterkamen! Und mit welcher Überlegung die Rentiere die Hufe zu heben schienen! Welch kurze Schritte sie machten! Wenn an Mikel die Reihe kam, die Tiere zu treiben, rang er ihnen jeden Fuß Wegs ab, den sie marschieren konnten. Mikel hatte sich jetzt Jons ständiger Ungeduld angeschlossen. Sogar nach dem Einbruch der Dunkelheit trieb er die Herde noch ein Tal weiter. Nur noch einen Abhang hinauf – weiter, immer weiter. Trotz allem Verlangen nach Vorwärtskommen mußte Jon ihn zurückhalten. Man mußte den Tieren Zeit lassen, sich zu nähren. Sich nähren! dachte Mikel. Sich nähren! Ein so langsamer und gemeiner Vorgang: sich nähren! Wußten denn die Rentiere nicht, daß jenseits des Großen Stroms Neji in sein Zelt kam? Und doch waren sie imstande zu scharren und zu äsen und mit so erbitternder Langsamkeit von neuem zu scharren.

Ome, der dunkle, einsame Schatten des Lagers, wurde jetzt noch unheimlicher. Durch Kaas, den Alten, hatte er um ein Weib für sein Iglu bitten lassen. Andere Hirten hatten Frauen oder Gefährten, die ihnen halfen und sie aufheiterten. Er hatte niemanden. Jon hatte durch Kaas Bescheid gegeben. Niemand könne oder wolle mit Ome leben. Doch da war Neji. Ja – aber Neji war verlobt, und die Lappen tauschten nicht so leicht die Frauen, wie die Eskimos es taten. Ome mußte warten, und wenn man mit dem nächsten wandernden Stamm zusammentraf, wollte man sich bemühen, jemanden für ihn zu finden. Mehr konnte nicht geschehen, aber Ome war verdrossen. Er hatte schon lange Zeit gewartet. Ah, Neji war für Mikel? Warum nahm er sie dann nicht? Warum? Doch nur, um sie von ihm, Ome, fernzuhalten? Es war nur Groll – Mikel wollte sie gar nicht, dennoch durfte niemand sie ihm wegnehmen. Eine Verheißung zukünftiger Ereignisse überstieg Omes Verständnis. Denn Ome nahm, was er haben wollte, immer sogleich.

Jon verstand jetzt Omes Wünsche. Die Lage war schwierig. Hatten sie einen Hirten weniger, konnten sie die Reise kaum noch fortsetzen. Ome mußte hiergehalten werden, doch bestand unablässig die Gefahr, daß er von ungestümer Berserkerwut ergriffen werden könnte. Niemand, nicht einmal Kaas, wußte, wohin Omes Zorn treffen mochte. Kühn schritt er an Pehrs Zelt vorbei, oder er stellte sich sogar, noch kühner, hin und beobachtete den Eingang. Aber Neji achtete darauf, nicht allein ins Freie zu gehen.

Man kam vorwärts, kam durch das ungeheure Land langsam nach Osten vorwärts, wie ein Wurm einen breiten Acker überquert. Das gewellte Hügelland hatte sich zu ungeheuren Ebenen verflacht. Gewiß lagen unter dem tiefen Schnee viele Moraste und Sümpfe und viele Kieslager großer Sandwüsten. Die Reisestrecke war flach und offen, aber ohne Hügel gab es keinen Schutz. Die Wucht des Winds war unbeschreiblich. Zu Zeiten des Sturms hob sich die ganze Schneedecke wie toll in die Windwirbel; es war unmöglich, genau wahrzunehmen, wo Erde und Himmel zusammentrafen. Die Kälte war ebenso erbarmungslos wie der Wind, betäubend, einschläfernd, tödlich. Es durfte kein Nachlassen geben in dem Kampf gegen ihr hartnäckiges Vordringen.

Als dann in einer Nacht heftiger, ruhiger Kälte Akla die Herde bewachte, hörte er es. Von fern her kam über die unendlichen Strecken flacher Schneefelder das leise Winseln eines Wolfs. Nirgends in der ganzen weiten Welt des Nordens ist dieser gefürchtete Schrei zu mißdeuten. Akla stand regungslos und lauschte. Jetzt kam es wieder, ein langes bebendes Seufzen im Dunkel. Er hatte den gleichen einsamen Schrei in seiner lappländischen Heimat gehört. Welch ein Ruf hoffnungsloser Verzweiflung! Dennoch lagen in diesen lang gedehnten Rufen Herausforderung, unablässige Ausdauer und eine grausige Warnung.

In der Herde zeigte sich fast unmerkliche Bewegung. Ein ruheloses Sichregen glitt über die Herde hin – eine Woge der Unruhe. Irgendwo in der fernen Nacht sammelte sich der uralte Feind. Sogar die Tiere, die diesen Schrei noch nie gehört hatten, erkannten das Drohende seines Tons. Fern her aus dem Süden kamen leise Rufe und Antworten, so wie Hähne einander aus verschiedenen Bauernhöfen zukrähen. Jetzt strich Wind durch die Nacht und alle Geräusche verstummten.

Akla wußte, daß die Wölfe zu fern waren, um noch in dieser Nacht die Rentiere einzuholen. Ihre Vorhut erkundete den Weg, rief Weisungen und drang vor. Nach der unglaublichen Art der Wölfe hatten sie von dem Zug der Rentiere erfahren und jetzt zogen sie unermüdlich aus dem Südland heran. Sobald sie einmal in Berührung mit der Herde gekommen waren, war es nicht mehr möglich, sie gänzlich abzuschütteln. Wie Schatten würden sie davonhuschen, um inmitten dunkler Stürme doch nur wieder zu erscheinen.

Als Akla von der Wache abgelöst wurde, ging er zu Jons Zelt. Man mußte einen Weg finden, diese älteste aller eine Herde bedrohenden Gefahren abzuwenden. Wortlos hörte Jon Aklas Warnung. Wölfe! Wölfe! Zu allen anderen Schwierigkeiten gab es also auch noch Wölfe. Während des ganzen Restes des langen Winters mochten diese jetzt die Herde belagern, eine Geißel, immer bereit auf die Herde zu stürzen. Die schönen Tiere, mit denen er sich soviel Mühe gegeben hatte, wurden nun in Entsetzen gejagt, getrennt, versprengt, gerissen.

Tiefer Groll packte Jon. Er ließ die Hirten zu seinem Zelt rufen. Es mußte ein sehr heftiger Angriff gegen die Wölfe unternommen werden, noch ehe sie der Herde in die Nähe kamen. Man konnte es gewiß nie dazu bringen, daß sie die Herde gänzlich aufgaben, aber ihr Angriff wurde vielleicht verzögert – wurde feiger, vorsichtiger und weniger verheerend. Die Keulen, die so lange Zeit auf den

Schlitten verpackt lagen, mußten jetzt hervorgeholt werden. Die Wölfe waren an menschliche Feinde, die mit der Geschwindigkeit des Windes dahinglitten, nicht gewöhnt und mochten daher einem plötzlichen Angriff leichter unterliegen. Einmal hatte man damit vielleicht Glück, ein zweites Mal ließen sich die Wölfe gewiß nicht mehr ertappen. So erklärte Jon, und die Männer gingen auseinander, um sich bereitzumachen. An ein Weitermarschieren konnte nicht gedacht werden, ehe man mit den Wölfen fertig geworden war.

Am ersten Tag war nichts zu hören, und man sah keine Spur. Nachts drangen die gespenstischen Rufe, die Akla vernommen hatte, zu der Wache bei der Herde. Die Richtung dieser Schreie hatte sich geändert, sie erklangen jetzt nicht im Süden, sondern im Westen. Die Wölfe führten in weiter Ferne noch immer Manöver durch. Am zweiten Tag warteten die Männer hinter Schneewällen. Wenn die Wölfe dieses fremden Landes denselben Bräuchen folgten wie die Wölfe Lapplands, mußten sie in kurzer Zeit erscheinen.

Als Mikel in der Ferne einen schwarzen Punkt sah, schien ihm dieser Punkt unbeweglich. Mikel schaute lange Zeit und konnte ihn dann nicht mehr sehen. Er fragte sich schon, ob er es sich vielleicht eingebildet habe. Doch da kam der Punkt näher, und wieder wartete Mikel. Dann gab er Akla ein Zeichen; jetzt konnte man keinen Zweifel mehr hegen – was er dort sah, bewegte sich. Akla gab das an Tapik weiter, der es ebenfalls weitergab, bis alle hinter der Schneemauer wußten, daß die Wölfe kamen.

Mit welcher Geduld sie herankamen! Mit welcher instinktiven Vorsicht! Über den ebenen Schnee bewegte sich der dunkle Fleck, machte halt und bewegte sich von neuem. Manchmal entschwand das Rudel in einer leichten Bodensenkung dem Blick der Männer, doch stieg es bald ins Gesichtsfeld und setzte seinen Weg mit unermüdlicher Ausdauer fort. Jon und Pehr und Akla wußten aus ihrer langen Erfahrung fast ganz genau, wie die Wölfe jetzt vorgehen würden. Sie wußten, daß die Wölfe haltmachten und sich zu einer hastigen Beratung zu versammeln schienen und daß sie dann einen Plan machten, sich auf einen Plan einigten. Die Menschen beobachteten diese sonderbaren Beratungen während des Vormarsches der Wölfe.

Nach der letzten «Besprechung» verstreute sich das Rudel. Ein

Teil zog weiter. Die andere Abteilung wartete, um einen neuen Führer zu wählen. Unter seiner Anleitung zogen sie nach Süden ab, als ob ihnen das Tun der anderen ganz gleichgültig wäre. Aber die Männer wußten, daß dieses zweite Rudel die Aufgabe erhalten hatte, einen großen Umweg zu machen. Nach einiger Zeit mußte es an der gegenüberliegenden Seite der Rentierherde auftauchen. Mit entsetzlichem Geheul würde es dann die Tiere anfallen und sie wild den im Hinterhalt lauernden Mördern zutreiben. Wie oft hatten die alten Männer aus Lappland diesen uralten Feldzugsplan gesehen! Die Rentiere machten nie den Versuch, ihrem Erbfeind Widerstand zu leisten. Immer waren sie gleichermaßen entsetzt, immer liefen sie gleich blindlings dem wartenden Rudel in die Zähne. Ihrem unbeständigen Denken schien Erfahrung nur wenig zu bedeuten.

Jetzt kamen die Wölfe des ersten Rudels langsam heran und machten dabei oft gänzlich halt. Sie hatten noch viel Zeit, bis die anderen ihren großen Halbkreis hinter sich gebracht hatten. Die Männer griffen nach den Keulen und warteten auf das Zeichen, das Jon geben sollte. Wie sehr verlangte es sie, gegen die grausamen Meuchelmörder loszuschlagen!

Die Wölfe blieben wieder stehen! Diese merkwürdig niederen Schneemauern flößten ihnen unbestimmten Argwohn ein, hier vorne schien nicht alles in Ordnung. Da gab Jon das Zeichen. Die Skier zischten den Abhang hinab, als die Männer jetzt hinjagten. Die Wölfe standen, unschlüssig, ob sie dem Angriff standhalten oder zurückweichen sollten, einen Augenblick verblüfft still. Aber die Geschöpfe, die auf sie zueilten, waren weder Rentiere noch Karibus, ja nicht einmal die so seltenen Moschusochsen. In dieser seltsam gleitenden Eile lag unheimliche Absicht. Die Wölfe ergriffen die Flucht.

Als wollte das Schicksal die Männer für manches Mißgeschick entschädigen, war die Lage jetzt endlich günstig für sie. Die Schneefläche taugte trefflich für Skier und sehr schlecht für Wölfe. Welch wilde Freude, die großen grauen Mordbestien zu überholen und über ihren Köpfen die knotigen Keulen zu schwingen! Eine Urzeitwut ergriff Besitz von den Jägern, Rachedurst für alles Übel, das dem Menschen und seinen Herden seit dem Beginn der Zeiten zugefügt worden war. Wölfe! Die Pest des Nordens! Sie mußten zugrunde gehen, unnütz und grausam, so wie sie selber töteten!

Ohne zu wissen, was sie taten, stießen die Männer furchtbare Schreie aus; unbewußt entrangen sich heiseren Kehlen uralte Schlachtrufe. Und während jeder so grölte und seinen Feind überholte, führte er einen mächtigen Schlag – einen den Schädel zerschmetternden, den Rücken brechenden Schlag. Die getroffenen Wölfe blieben zurück, matt um sich schlagend, dann lagen sie still oder schleppten sich – ein gräßliches Bild, auf zwei Pfoten weiter.

Mikel, der jüngste und rascheste, glitt weit voran. Er kämpfte, auf daß kein einziger Wolf entrinne. Aber einige der grauen Untiere wandten sich scharf um und flohen im rechten Winkel zur allgemeinen Richtung der Flucht. Es war unmöglich, überallhin nachzueilen; nach rechts und links begannen jetzt Wölfe davonzustieben; die Menschen aber verfolgten nur die, die in gerade Linie weiterliefen.

Ome, der plump war und noch nicht lange an Skier gewöhnt, kam hinterdrein. Wütend schlug er auf die Tiere los, die noch immer hilflos im Schnee zuckten. Die Wölfe, die von einem einzelnen Streich nur betäubt waren und sich jetzt allmählich erholten, erschlug er mit vielen Hieben. Mit tiefen Kehllauten der Wut sprang er auf sie zu, der eingedämmte Zorn vieler Monate strömte dahin mit dem Schlachten eines jeden neuen Opfers.

Als der letzte Wolf, den man hatte erreichen können, zerschmettert war, wandten sich die Männer um und zogen langsam über das Schlachtfeld zurück. Sie waren schlaff und erschöpft nach der furchtbaren Mühe. Doch sie fühlten, daß diese Mühe nicht fruchtlos gewesen war. Während sie an den grauen Körpern im Schnee vorbeizogen und die langen Zähne betrachteten, die im Todeskampf bloßgelegt waren, wußten sie, daß diese Plage nicht wieder kostbare Rentiere niederreißen werde. Die Männer blickten einander verstohlen an. Jeder fragte sich, ob er selbst ein ebenso kreischender Teufel gewesen sei wie die anderen. Sie konnten das nicht verstehen; sie hatten das Gefühl kleiner Jungen, die bei einer unmännlichen Gefühlserregung ertappt worden sind. Aber welch eine Freude das gewesen war! Welch wilde Befriedigung!

Kaum hatten sie die Stätte ihres Triumphs verlassen, als auch die Herde schon auf sie zugeeilt kam. Das zweite Rudel! Es hatte den weiten Umweg viel rascher gemacht, als man für möglich gehalten hätte. Die entsetzten Rentiere verstreuten sich und stürmten wild dahin vor ihrem gefürchteten Feind. Wären die Leute nicht dazwischengekommen, die Rentiere wären jetzt in den Hinterhalt der wartenden Wölfe geraten. Wie listig dieser Plan ausgedacht war! Wie viele Male war er den Wölfen wohl schon gelungen!

Die Leute konnten die verstreuten Scharen der Rentiere nicht aufhalten. Sie konnten sie nur weiterlaufen lassen, bis die Tiere das Entsetzen verloren hatten. Hinter den letzten der fliehenden Rentiere kamen die Wölfe, die sie trieben. Sie hatten soeben die Nachzügler der Herde eingeholt, die kleinsten der Frühlingskälber. Die Kälber waren verwirrt; dies war ihr erstes Erlebnis mit einem wilden Feind – mit einem Feind überhaupt. Ziellos schossen sie hin und her und versuchten, ihre Sommermütter zu finden.

Viele der Verfolger hatten noch keinen Kontakt mit den Rentieren aufgenommmen. Als sie die Männer durch die fliehende Herde jagen sahen, blieben sie stehen, sie waren erstaunt; ihr alter Plan war mißlungen. Sie begannen sich zurückzuziehen. Aber einzelne der Wölfe hatten sich ihre Opfer schon vorgemerkt; eifrig waren sie hinter ihrem wilden Geschäfte her und im Wirbel der Jagd bemerkten sie die Männer nicht, die sich unter die Rentiere mengten.

Mikel war der erste, der sich umwandte. Er sah, wie ein schönes Kalb von der Herde abgeschnitten wurde. Es suchte verzweifelt, wieder zu den anderen zu gelangen. Dann stand es zitternd da mit gesenktem Kopf, um über sich ergehen zu lassen, was geschehen mußte. Wirbelnd wandte es sich nach einem schnappend angreifenden zweiten Feind um. Sogleich hatte sich der erste Wolf in das Kalb verbissen. Es versuchte tapfer, festen Fuß zu behalten. Mikel konnte nicht rechtzeitig in den Kampf eingreifen; er sah das plötzliche Erschlaffen des Kalbs, das Einknicken der Vorderbeine, den Kopf, der den Schnee berührte.

Der Wolf sah dann Mikel, vermochte sich aber nicht mehr auf den Weg zu machen, ehe der Schlag fiel. Welch mächtiger Schlag! Welch Krachen der langen Wirbelsäule! Das Untier knurrte furchtbar und versuchte, Mikel anzugreifen; aber die Hinterbeine schleppten hilflos nach. Wie rasch da die schwere Keule ein zweites Mal traf!

Das Kalb blickte Mikel traurig an, aber er konnte ihm nicht helfen. Es verlangte ihm danach, es aufzuheben, es wieder wohlbehalten auf alle vier zu stellen, es den anderen nacheilen zu sehen. Er hatte sein Bestes versucht, doch war es zu spät gewesen.

Noch zwei andere Kälber hatte man nicht rasch genug retten können. Das Rudel, das den Umweg um die Herde machte, war viel schneller ans Ziel gelangt, als Jon berechnet hatte. Wie ungeheuer groß die Tiere waren! Wieviel größer ihre Geschwindigkeit als die der Wölfe in Lappland! Grau und langgestreckt und hager vor Hunger, waren sie beinahe bereit gewesen, die Menschen selbst anzufallen.

Vier weitere Wölfe waren in der zweiten Schlacht mit den Keulen erschlagen worden. Die drei verlorenen Kälber konnte man zur Nahrung verwenden – für den immer unersättlichen Bedarf an Fleisch.

Man machte sich müde auf den Weg, die verstreute Herde zu umkreisen. Die Tiere waren noch nicht weit, als sie auf die in der ersten Schlacht getöteten Wölfe stießen. Sie machten in neuem Schreck halt, aber die sinnlose Flucht war zum Stehen gebracht. Einzelne Tiere verstreuten sich unsicher nach Osten und Westen, in langen schütteren Linien. Die Leute plagten sich bis lange in die Dunkelheit.

Die Kälte war heftig, die Nacht aber klar und windstill. Das war eine der Nächte, in denen die großen Lichter von Norden herabwandern und zwischen den Sternen tanzen. Ein leichter Widerschein von Farbe schien von der Schneewüste emporzuglitzern. Die Rentiere bildeten dunkle Flecke, während sie langsam und geschlossen weiterzogen. Wenn die Männer durch die stille Nacht einander zuriefen, waren ihre Stimmen dünn und klar. Weisungen wurden von Mann zu Mann gerufen, auch bis zu Mikel, der am weitesten im Westen war, und bis zu Akla, der im Osten arbeitete.

Langsam und geduldig strebten sie zueinander, bewegten sich auf einen gemeinsamen Mittelpunkt zu. Sie hatten keine Hunde; die waren im Lager zurückgelassen worden, damit ihr Gebell die Wölfe nicht vor dem Angriff warne. Die ganze lange, weiße Nacht mühten sich die Männer, drängten, sprachen zu. Endlich waren die Rentiere wieder in einer einzigen Herde beisammen, und diese wurde näher ans Lager geführt.

Die Leute hatten sich jetzt schon so lange über Schnee bewegt, daß sie fast keine Anstrengung dabei spürten. Sie glitten mit einem endlosen mechanischen Schreiten auf den Skiern dahin wie Männer aus Holz, die in ihrer Bewegung nicht innehalten können. Sobald sie einmal haltmachten, waren sie gewiß nicht mehr imstande, von neuem zu beginnen. Jon wies sie in die Richtung des Lagers. Sie gingen unsicher wie Schlafende.

Nur Jon blieb zurück, um unablässig Wache bei der Herde zu halten. Er wußte, daß der pflichtgetreue Pehr der erste sein werde, der zurückkehrte; eine kleine Rast, nur ganz kurz, und Pehr nahm die endlose Wache wieder auf. Von einer Fortsetzung der Reise konnte erst die Rede sein, wenn sich die Männer erholt hatten. Es schien Jon, als wäre ihr Schlafbedürfnis ohne jede Grenze.

Immer weiter wachte er und dachte an viele Dinge – an die Rentiere, die Wölfe, die Männer. Wie sich die jetzt wohl über ihre Schlacht mit den Wölfen freuten! Welche Berichte sie dem aufwachenden Lager gaben! Oh, man hatte die Wölfe geschlagen, mit Knüppeln verjagt. Sie sollten nur wiederkommen, wenn es sie nach einer zweiten Niederlage gelüstete!

Aber Jon kannte die Wölfe. An diesem Tag kamen sie gewiß nicht wieder, auch nicht am nächsten. Aber nach Tagen – nach Wochen würden sie sich aus dem Herzen des Sturms und des Dunkels heranstehlen, verschlagen, geduldig, mordgierig. Da gab es keinen dauernden Waffenstillstand, keinen Frieden. Immer waren von nun an irgendwo – gerade fern genug, die hageren grauen Untiere und heulten und warteten. Sie schliefen nicht, sie rasteten nicht, sie vergaßen nie. Wieder einmal hatten sie ihren urewigen Kampf mit dem Menschen erneuert.

Zwölftes Kapitel

Kaas scheidet

Gewiß war es an der Zeit zu lagern. Jon blies in seine Pfeife, und die lange Linie der Rentiere, der Hundegespanne und der Menschenwesen begann ihre Geschwindigkeit zu verringern. Die Rentierführer warfen ihren Riemen nach links hinüber – das Zeichen zum Halten. Die Tiere bedurften dazu nur eines geringen Antriebs; sechs Stunden zogen sie nun schon die schweren Schlitten. Sie standen ruhig und hielten das Geweih leicht gesenkt vor Ermüdung. Ihre Bärte waren weiß vor Frost, wo ihr Atem hinabgeblasen hatte.

Die Reihe entlang erklangen die Schreie der Eskimos. Die Hundegespanne verwirrten sich wie üblich in einem verfilzten Durcheinander von Tieren, Schlitten, verwickelten Leinen. Die Tiere mußten ja ohnedies ausgeschirrt werden. Die Hunde saßen auf dem Hinterteil und warteten, daß man sie freimache, und waren zu müde, um bissig zu sein. Geduldig beobachteten sie die vertrauten Bewegungen beim Aufschlagen eines Lagers. Gewiß warf man ihnen bald gefrorene Klumpen Seehundfleisch in den Schnee.

Tapik schritt über den Schnee, in den er seinen Prüfstock stieß. Die Entscheidung über die richtige Stelle zum Bau der Iglus war immer dem Häuptling Kaas überlassen geblieben. Solche Entschlüsse zu fassen war sein Altersrecht. Über den von keiner Spur zerfurchten Schnee ging er dann langsam, stach hinein, hielt inne, bewegte sich weiter und stach wieder hinein. Es lag etwas fast Okkultes in dieser Zeremonie, ähnlich dem Treiben eines Rutengängers, der auf der Suche nach Wasser die Geheimnisse der Erde erprobt. Dann ließ er immer plötzlich, als hätte er eine Eingebung erhalten, aufrecht den Stock im Schnee stecken. An dieser Stelle mußten die Iglus gebaut werden. An dieser Stelle war der Schnee geeignet, hatte die richtige Festigkeit, daß man ihn mit den hölzernen Schneemessern in große Ziegel schneiden konnte.

Aber jetzt war Kaas irgendwo hinten. Schon mehrere Tage hatte er nicht vermocht, mit den anderen Schritt zu halten, hatte sich jedoch voll Verachtung geweigert, auf einem Schlitten zu fahren. Das Fahren war für Frauen oder Kinder, nicht für Männer, nicht für die Häuptlinge der Männer. Niemand durfte sein Gewicht der ohnedies sehr hohen Belastung hinzufügen. Vorräte mußten geführt werden und Felle und Schlafsäcke, diese Dinge waren lebenswichtig, wichtig für das Leben selbst, mit dem die Bewohner des Nordens von jeher nur so locker verbunden waren. Fiel man da zur Last, mochte dies das Leben aller gefährden. So hatte Kaas, der Älteste des Stammes erwogen; es war Brauch bei allen den Seinen, so zu denken.

Kutlak, ein älterer Sohn des Häuptlings Kaas, war vor Jahren in einem tiefen Eisspalt zugrunde gegangen. Töchter waren ihm von den jungen Männern anderer Stämme fortgenommen worden; nur Kob, ein Sohn seines Alters, war ihm geblieben. Doch Kob war jung, allzu jung, um die uralten Riten von Vater und Sohn zu erfüllen. In einer Nacht, im tiefsten Dunkel, kurz vor dem Aufdämmern des Morgenzwielichts, hatte Kaas zu Quag gesagt, die neben ihm lag:

«Das einsame Iglu muß für mich gebaut werden.»

Und Quag hatte angstvoll aufgeschrien: «Nein! Nein! Kaas! Noch nicht!» Sie zitterte in der Vorahnung der Einsamkeit und in abergläubischer Furcht.

«Die Berggeister sind gekommen.» Kaas sprach diesen Satz fest und schlicht. «Kob ist nur ein Kind, es obliegt Tapik, mein Iglu zu errichten.»

Da hatte Quag von neuem aufgeschrien und ihren Mann gebeten, noch einen Winter zu warten, noch einmal die helle Sommersonne zu sehen, die Wärme des trockenen Heidekrautes auf dem Hügelhang zu fühlen.

In den darauffolgenden Tagen war Kaas immer mehr und mehr zurückgeblieben und kam eine halbe, eine ganze, manchmal zwei Stunden später ins Lager als die anderen. Der alles überblickende Jon hatte es bemerkt und er sprach mit Tapik. Dann verstand er es: allüberall war das der Weg der Natur – da gab es keine Hilfe.

Kaas war noch nicht im Lager, und Tapik leitete das Erbauen der Iglus und der niederen Igluzubauten für die Hunde. An der anderen

Seite stellten auch die Lappen schon ihre Zelte auf. Zuerst die einfache und doch vollendet durchdachte Kombination der Zeltstangen, die jedem Wind standhielt. Dann kam das Überdecken mit «Vadmal», einem besonderen Gewebe von großer Derbheit, das den Wind bricht, ihn aber doch leicht durch das Zelt streichen läßt. Dem Winde ganz Widerstand zu leisten, konnte dahin führen, daß das Zelt überhaupt weggeblasen wurde. An den Querstangen baumelten Töpfe. Schnee wurde in die Töpfe gehäuft und das Gefrierfleisch zum Sieden bereit gemacht.

Kaas war noch nicht gekommen. Der Wind erhob sich und lange Schneeschleier bewegten sich gleich Gespenstern über die harte Schneefläche. Es gab keine deutliche Trennung zwischen Nacht und Tag, nur ein düstergraues Zwielicht, das zu einem Dunkel verblaßte, nur ein Dunkel, das von Tag zu Tag etwas weniger dunkel wurde.

Tapik war eine Strecke zurückgegangen. Als er wieder ins Lager kam, ging Kaas mit ihm. Nachdem Kaas in seinem Iglu untergebracht war, wo Quag und Kob auf ihn gewartet hatten, versuchten sie, sich gelassen zu benehmen und zu sprechen. Aber Quag bemerkte, daß das Stück, das Kaas von dem gesottenen Fleisch abschnitte, ganz ungewöhnlich klein war. Kob saß da und starrte seinen Vater feierlich an, während Quag so tat, als wäre sie mit allerlei unnützen Aufgaben sehr beschäftigt.

Jedermann war sich deutlich dessen bewußt, daß Kaas nicht imstande gewesen war, allein das Lager zu erreichen. Jedermann wußte, daß so etwas kein zweites Mal geschehen durfte. Nur Kaas selbst schien unberührt. Ernst wie immer, besonnen und in festem Ton sprach er von dem kommenden Sturm, sprach von einem Messer, das einer der Lappen verloren und das er gefunden hatte. Aber Quag konnte ihm nicht antworten, sie nickte immer nur langsam, sah ihn jedoch dabei nicht an.

Sie brachten es zuwege, sich für die Nacht niederzulassen wie immer. Kaas sprach nur einmal, nach sehr langer Zeit:

«Am Morgen baut Tapik das einsame Iglu.»

Quag erwiderte nichts; diesmal wußte sie, daß ein Widerspruch nutzlos war. Sie lag neben Kaas, so wie sie seit fast vierzig Jahren gelegen hatte. Nur war dies das letzte Mal; morgen abend war sie allein unter dem Rentierfell. Und fürderhin immer allein.

Sie erinnerte sich ihres Gatten, wie sie ihn kennengelernt hatte. Damals nannten ihn die Leute «den flinken Jäger». Er kam mit Seehunden zurück, wenn sonst niemand welche finden konnte. Am Ende des Winters besaß er mehr Fuchsfelle und mehr Markknochen der großen weißen Bären, als die ältesten Jäger je besessen hatten. Seine Stimme im Rat war klug gewesen. Man wußte allgemein, daß er einmal Häuptling werden mußte. Quag einnerte sich, wie er sie zum erstenmal bemerkte und wie er dann zum Zelt ihres Vaters Geschenke brachte: getrocknete Rentierzungen und viele fette Schneehühner. Er schien sie kaum anzusehen, doch als sie einmal allein im Zelt war, trat er kühn ein und trug sie fort. Sie hatte sich nicht allzusehr gewehrt, gerade soviel, wie die gute Sitte vorschrieb und um nicht offen zu zeigen, wie sehr es sie erfreute. Damals war ihr erschienen, als werde es immer und immer so weitergehen, jetzt aber – morgen mußte das einsame Iglu gebaut werden.

Jahrein, jahraus war sie ihm gefolgt, hatte ihm Fleisch gesotten, unzählige Felle abgeschabt, Stiefel und Fäustlinge und Kapuzen genäht. Jahreszeiten der Fülle, in denen man nur die Zungen und die Herzen und die fettesten Stücke verzehrte, und Perioden sonderbarer, stummer Hungersnot, da man des dünnen Saftes wegen alte Felle aussott. Sommer mit ungeheuren Bergketten und den Ufern schweigender Seen; Winter am Meer, mit dem Grollen und Knirschen des Packeises – alles dessen entsann sie sich. Söhne waren verlorengegangen in Stürmen und bei der Jagd und Töchter von Jägern in ferne Länder entführt worden. Die alten Zeiten – das Zelt voll mit Kindern – das Kommen und Gehen der Besucher – die fortgesetzten Triumphe ihres Mannes. Und jetzt war die Zeit gekommen für das einsame Iglu.

Im Dämmerdüster des nächsten Tages fauchte der Sturm. Wilde Stöße fegten vom Eismeer heran, schrillten auf und erstarben und grölten von neuem in abgehackten Zornesausbrüchen. Tapik arbeitete, eine Strecke vom Lager entfernt. Langsam erhob sich der Hügel des einsamen Iglus. Es schien weißer und kälter zu sein als irgendein anderes Iglu. Quag oder Kob hätten es bauen sollen, denn sie waren Familienmitglieder; aber Quag verstand sich nicht darauf und Kob war zu klein. Während Tapik Schneeblock um Schneeblock aufhob, vermörtelte Quag die Bindestellen mit lockerem

Schnee. Niemand sonst war anwesend. Sie wußten zwar alle genau, was da geschah, stellten sich aber doch unwissend und blieben in ihren Iglus. Man durfte den Todesgeist nicht durch unnötige Geräusche oder Bewegungen anlocken.

Tapik hatte Jon einige Erklärungen gegeben und hatte gebeten, daß die Lappen sie nicht stören sollten. Als Tapik das Dach zu Ende baute, schnitt er die Öffnung in die dem Meer zugewandte Seite. Diese Seite lag gleichzeitig am weitesten entfernt von den Bergen, so daß es den Berggeistern schwerer fallen mußte, den Eingang zu finden. Tapiks Arbeit war beendet; er kehrte in sein Iglu zurück, dessen Öffnung er sorgfältig verschloß.

Kaas war bereit. Sein Lieblingsjagdspeer war bereit. Er hatte seinen Schlafsack bei sich und neue Stiefel, die letzten Stiefel, die Quag ihm verfertigt hatte. Langsam sammelte sie seine Lieblingsspeisen und hielt indes das Gesicht sorgfältig von ihm abgewandt. Endlich war alles bereit und sie machten sich auf den Weg. Kaas ging voran und Quag folgte ihm, so wie sie ihm durch Jahre gefolgt war. Der Wind zerrte an ihnen beim Gehen und sandte den Schnee wie Rauchwolken über die Hügelkämme.

So langsam sie auch die Schritte setzten, konnten sie doch das Ziel ihres Wegs nicht ins Unbestimmte hinausschieben. Kein Wort wurde gesprochen. Kein letzter Händedruck. Kein Blick des verrunzelten Gesichts haftete auf dem andern verrunzelten Gesicht. Kaas ließ sich vor dem Iglueingang niederfallen. Quag wandte ihm den Rücken und bot das Gesicht dem Sturm. Sie stand lange bewegungslos, und als sie sich umwandte, war Kaas verschwunden. Die Vorräte, die Quag gebracht hatte, stellte sie fürsorglich in den Eingang und wieder schaute sie dem Sturm entgegen. Als sie sich ein zweites Mal umwandte, waren auch die Vorräte verschwunden. Schnee begann schon in die Öffnung zu wehen.

Quag stellte den Topf nieder, den sie trug, und schob dann den Schneeblock in den Eingang, den Tapik dort ausgeschnitten hatte. Langsam, langsam zwängte sie den Block an seinen Platz. Es war, als würde sie nie damit fertig, diese dunkle Höhle zu versiegeln. Als nur noch ein schmaler Spalt oben offenstand, schob sie die Hände durch, als wollte sie ihn weitermachen. Dann zog sie sie mit einer raschen Bewegung zurück und stemmte ihr Gewicht gegen den Block, den sie auf solche Art fest an Ort und Stelle schob.

Sie nahm den Deckel von dem Topf mit Wasser, den sie im Schnee stehengelassen hatte. Schon hatte sich darauf eine dünne Eisschicht gebildet. Quag zerbrach diese und begann das Wasser über die Kanten des Blocks zu sprengen, der den Eingang verschloß. Sobald das Wasser mit dem Schnee in Berührung kam, fror es und versiegelte fest alle Ritzen um den Eingang, den es mit der Mauer zu einer einzigen harten Masse verband.

Als das ganze Wasser verbraucht war, war Quag fertig. Sie machte sich jetzt auf den Rückweg, aber sie mußte rückwärts schreiten. Jede Spur in dem tiefen Schnee mußte beim Gehen sorgfältig verwischt werden. Es durften von dem versiegelten Iglu zu den Iglus der Lebenden keine Zeichen führen, denen der Todesgeist hätte folgen können.

Langsam arbeitete sich Quag gegen den Wind weiter. Es war eine aufreibende Plage im tiefen Schnee, und sehr oft mußte sie rasten. Kein einziges Mal blickte sie das weiße Iglu an, das jetzt schon undeutlich dastand im wirbelnden Schnee. Sie durfte es nie wiedersehen. Der Schnee war ihr in die Fäustlinge geraten und es fror sie heftig an den Händen. Dennoch schritt das Werk des Zudeckens weiter, immer weiter, ohne Ende, stumpf und hoffnungslos. Sogar bis zum Eingang ihres eigenen Iglus wurden die Spuren verwischt.

Als das Dunkel sich über dem grauen Zwielicht des Tags zusammenschloß, gewann der Sturm seine volle Stärke. Quag in ihrem Iglu konnte ihn hören; das Beben dieses wilden Grolls schien zu ihr zu dringen, sogar durch die Dichte der Felle und des Schlafsacks dort, wo sie eingehüllt lag – einsam. Auch die Hunde waren ins Iglu gelassen worden, so jammervoll hatten sie gewinselt – Quag konnte sich an nichts Ähnliches erinnern. Die Tiere stießen im Dunkel gespenstische Laute aus, als ob sie Traumgesichte hätten.

Ehe der Morgen kam, lauschte Quag angespannt. Das war die Zeit des dichten Dunkels knapp vor dem Aufdämmern des grauen Lichts. Es war die Zeit, da Kaas die letzten Worte gesprochen hatte. Jetzt aber sprach nur der Sturm; bitter und drohend jagte er landeinwärts aus seinem furchtbaren Heim inmitten des vereisten Meers.

Irgendwo an der felsigen Küste dieses Meers war Kaas vor ungezählten Jahren unter dem Tosen eines wilden Sturms geboren worden. Im Wirbelsturm war er gekommen; unter demselben großen Tosen schied er dahin. Aber der Geist des alten Häuptlings, landwärts geweht vom taumelnden Sturm, mußte weiterleben in jenen geheimnisvollen Bergen, fern, fern an der anderen Seite der Welt.

Dreizehntes Kapitel

Ome

Weiter zogen sie, immer in die Richtung des großen Weidelands, das für die Rentiere vorbehalten war. Der alte Häuptling war dahingeschieden; in einer Gegend, die sie vielleicht nie wieder sahen, hatten sie ihn weit hinten zurückgelassen. Nicht einmal sein Name durfte ausgesprochen werden; die Geister der Toten verstanden es, dem leisesten Flüstern zu folgen. In der grimmigen Polarnacht hat man nur wenig Zeit für Trauer; die Gefahren für die Lebenden zeigen sich mit einer Dringlichkeit, die den Luxus eines Gefühls nicht gestattet. Sich grämen, laut jammern, sich aufhalten war vielleicht gleichbedeutend damit, daß man sich selbst jener gefürchteten Schattengesellschaft im Düster der Schwarzen Berge gesellte.

Tapik hatte jetzt die Führung über die zusammenschmelzende Schar Eskimos übernommen, die noch immer den Zug begleiteten. Er war ein Durchschnittsmann seiner Rasse, ohne die ererbte Befehlsgewalt des Häuptlings. Ihm fiel nun die Aufgabe zu, neue Leute anzuwerben, falls man neue Leute fand. Er besaß den Vorteil, daß er beinahe zwei Winter lang Erfahrungen bei der Herde gesammelt hatte, daß er mit den Lappenhirten Umgang pflog und daß er wußte, wie man das Werkzeug der Weißen Häuptlinge anwendet.

Ome fühlte nicht mehr den Einfluß des alten Häuptlings über sich, der ihn immer im Zaun gehalten hatte; die sonderbare Gewalt, die ihn ohne Worte und ohne Drohungen beherrscht hatte, war jetzt verstreut, war davongeschwebt auf den großen Stürmen der Reise. Dreister nahm jetzt Ome seinen wortlosen Weg durchs Lager; viel länger zögerte er bei Nejis Zelt und keiner wagte, zu ihm zu sprechen. Seine Anwesenheit brachte Befürchtungen, glich der stummen Erwartung vor dem Ausbruch eines Sturms. Seine

Abwesenheit mochte dem Zuge gleichermaßen unheilvoll sein. Ome war das Zünglein der Waage, war ein Diktator, solange man keine neuen Leute finden konnte.

In den weißen Nächten des kalten bitteren Mondlichts sah oft ein Hirte, wenn er die Wache bezog oder von der Wache ging, den untersetzten Ome dahinschreiten, gleich einem schwarzen Fleck, der quer über den Schnee zog. In seinem Tun schien kein Ziel, in seinen Wanderungen keine Richtung. Dennoch verbreitete er eine unheimliche Vorahnung im Lager; schon daß er so ungreifbar war, machte ihn unheimlich.

Irgendwo im ungeheuren Nordland mußte es Stämme geben, Überreste, Winterlager, irgendeinen Ort, wo Männer von Mut gefunden werden konnten. Vier weitere Hirten, allenfalls drei, ja sogar zwei, wenn sie verläßlich waren, konnten die Marschfähigkeit des Zugs heben. Vielleicht mochte man, wenn man dem Meer zusteuerte, Leute finden, die bereit waren, die Wächter von Rentieren zu werden. Einzelne Eskimosiedlungen zogen manchmal zur Winterjagd an den Strand.

Jon lenkte den Zug zur See. Sogleich bemerkte Ome die geringfügige Veränderung der Richtung. Durch einen geheimnisvollen geistigen Prozeß erriet er den Zweck. Waren neue Leute zur Hand, verschwand seine Wichtigkeit und seine Notwendigkeit. Seine Immunität gegen Disziplin oder Strafe kam da zu einem raschen Ende. Sie waren immer gegen ihn – jedermann, allenthalben. Er war allein, zum Teil geachtet und zum Teil gefürchtet wie ein mürrisches altes Mitglied einer Herde, das von den anderen gemieden und von allen Freuden des Lebens ausgeschlossen wird.

Die düstersten Blicke warf Ome dem jungen Mikel zu – Mikel, der ihn als Gefangenen eingebracht hatte, Mikel, dem es erlaubt war, einen laut krachenden «Feuerstock» zu tragen, Mikel, der zwischen Ome und Neji stand. Und Mikel war der allgemeine Liebling, während er, Ome, der Verachtete war und allein leben mußte. Es bestand eine Verschwörung gegen ihn. Zerstörten nicht die Männer der Inlandsstämme alles das, was sich ihnen entgegenstellte? War es denn nicht Sitte, Frauen zu entführen, Gattinnen auszutauschen, herzuleihen, ja sogar zu stehlen? Er, Ome, mußte seine Männlichkeit beweisen, er mußte Taten vollbringen; er mußte Furcht einflößen.

Die Herde zog in einiger Entfernung von der Küste dahin, aber die Schlitten wurden dicht am Ufer gezogen. Manchmal, wenn das Eis glatt war, verließen sie die Küstenfelsen und überquerten breite vereiste Buchten und Flußmündungen. Aber oft gab es hier rauhe Schollen und die Eisberge häuften und türmten sich zu hohen Rükken. Es gab erschreckende Meeresgeräusche und Wasserlöcher und schmale Streifen offenen Wassers, so daß das Gefühl der Sicherheit immerhin auf dem Lande größer war.

Die Eskimos freuten sich, dem Meer nahe zu sein. Seehundfleisch war der Hauptbestandteil der Winternahrung; so hatte man es von jeher gehalten. Manchmal fiel ein gewaltiger, ungelenker Bär unter den Speeren der Männer; das Fleisch von Füchsen und Karibus war dort vielleicht zwischen den Felsen zu finden, aber frisches Seehundfleisch in den Kochtöpfen bereitete ihnen die größte Freude. Jetzt, da sie wieder neben dem Meer hinzogen, fiel es schwer, mit der Herde Schritt zu halten. Die Versuchung, bei den Wasserlöchern zu verweilen, war stark. Die plumpen Seehunde mit den runden, funkelnden Augen schienen fast darum zu bitten, daß man sie töte. Es war traurig, weitereilen und sie so friedlich neben ihren Höhlen schlafen lassen zu müssen. Manchmal hörten sie ein Geräusch von den vorbeifahrenden Schlitten; dann entglitten sie gewandt dem Blick. Auf irgendeine unheimliche Art schienen sie erfahren zu haben, daß ihre Feinde keine Zeit hatten, ihnen Schaden zuzufügen; ihr Zögern war aufreizend. Die Sehnsucht nach Seehundfleisch wurde so groß, daß Jon erkannte, er müsse einen Jagdtag freigeben.

Es wurde beschlossen, daß man am ersten klaren Tag Seehunde jagen werde. Vor der Mitte des Winters konnte man immer noch Streifen offenen Wassers finden, ziemlich weit von der Küste entfernt. Mit Ausnahme der Männer, die bei der Herde Wache hielten, sollten alle auf die Jagd gehen – das mußte ein herrlicher Tag werden. Vielleicht schlossen sich auch die Lappen an. Vielleicht gingen auch die Frauen weit genug mit, um die Gewandtheit ihrer Männer zu sehen. Man kam überein, nach altem Brauch zu jagen. Das Gewehrfeuer verschreckte die Seehunde, so daß sie dann lange Zeit nicht auftauchten. Die alten Speere wurden geprüft, Harpunenschnüre entwirrt; überall herrschte wachsende Erregung. Sie glichen Kindern vor einem Ferientag.

Ome hatte Dienst bei der Herde, aber an diesem Tag war Jon ein nachsichtiger Vater gegen alle. Er, Jon, wollte die Rentiere selbst hüten, damit sich keiner zurückgesetzt fühle – es war ein freier Tag, eine kurze Zeit der Entspannung für alle.

Aber Ome freute sich nicht; er zeigte sich verdrießlich und schweigsam und interessierte sich nicht für seine Waffen. Als Jon zu den Tieren ging, folgte ihm Ome. Jon sah ihn die ganze Zeit an der gegenüberliegenden Seite der Herde wandern, aber nach dem Mittag war er nicht mehr zu sehen.

Welch ein Tag auf dem Eis! Es glich den alten Zeiten, als es noch viele Mitglieder des Stammes gegeben hatte und als sie mit Waffen fortgezogen waren, zu denen die alten Häuptlinge beifällig genickt hatten. Damals wanderten, bevor die Gewehre der Weißen Häuptlinge eingeführt wurden, die Karibus jedes Jahr und die Seehunde waren kühn und es gab keine Hungersnot im Land. Während die Leute sich über das Eis verteilten, kamen ihnen die Erinnerungen an heldenhafte Jagden – Geschichten, die die alten Männer winters in den Iglus erzählten.

Drei Tage hatte heftiger Wind vom Lande zum Meer geweht, aber endlich hatte sich der Wind gelegt. Die Eisschollen waren durch den Wind gelockert worden, und beim Steigen der Flut fühlten die Männer eine unruhige Bewegung unter ihren Füßen. Welch herrliches Gefühl, wieder zu jagen! Die verstohlene Vorwärtsbewegung, schließlich das Vorstürmen, der überwältigende Triumph des Erlegens!

Es war leicht, paarweise zu jagen; wenn der schwarze Fleck, der schlafende Seehund, in der Ferne entdeckt wurde, machte der eine der Jäger einen weiten Umweg. Der andere schritt langsam weiter; nach einer Weile hob er die Arme mit langsamer Bewegung. Wenn der Seehund erwachte und seine Augen auf das seltsame Treiben der fuchtelnden Arme lenkte, war seine ganze Aufmerksamkeit auf diesen einen Jäger gerichtet, der immer in einiger Entfernung verblieb. Indes schlich sich der andere behutsam von hinten an das nichtsahnende Tier heran. Dann folgte ein rascher Angriff und der Wurf des Speers. Welche Freude, den regungslosen Seehund aufzuschrecken. Wie komisch er immer dreinsah, wenn er plötzlich den Speer fühlte. Dieser überraschte Ausdruck war zum Lachen.

Wenn die Seehunde argwöhnisch wurden, war es manchmal notwendig, lange Zeit neben einem Wasserloch zu warten. Da gab es ein ermüdendes, kältegepeinigtes Kauern hinter einer Eisdeckung. Eine solche lange Wache mochte auch zu nichts führen. Wenn der Seehund den Schnurrbart über das Eis steckte, blickte er sich oft mit endloser Vorsicht um, ehe er ganz herauskroch. Selbst dann konnte sein Vorwärtskommen auf dem Eise ermüdend langsam sein. Manchmal wartete der Jäger vor seinem raschen Angriff nicht lange genug, doch der Sprung des Seehunds konnte noch rascher sein – da gab es ein Wettrennen, wer zuerst beim Eisloch anlangte, und dieses Rennen wurde oft von dem Tier gewonnen. Für dieses war es auch ein wichtiges Rennen.

Die Jäger hatten sich in einer langen Linie verteilt. Jeder hoffte, größere und fettere Beute heimzubringen als irgendeiner der anderen. Am Ende einer Jagd gab es erregte Vergleiche und viel Erklärungen und Auseinandersetzungen über die bei der Jagd angewandten Listen. Dem lag das kindische Streben zugrunde, die Frauen durch heldische Erzählungen über die Taten des Tags in Erstaunen zu setzen. Jede Gattin schämte sich insgeheim, wenn ihr Mann bei den Leuten gering im Ansehen stand; das konnte einen dazu verleiten, die erlebten Abenteuer übertrieben zu berichten.

Für die vorgerückte Jahreszeit gab es überraschend viel offenes Wasser; der heftige Wind hatte zwischen den Eismassen Wasserstreifen geöffnet. Es war ein vorzüglicher Tag für die Seehundjagd – genug Wasser und genug Eis. Nur eins fehlte – Sonnenschein, der die Seehunde dazu bewogen hätte, sich in geschützten Eismulden längere Zeit zu wärmen. Dennoch war es ein guter Tag, und gewiß gab es nachher eine Nacht der Freude, wenn das frische Seehundfleisch in den Töpfen brodelte.

In dem aufregenden Geschäft der Jagd hatte niemand Ome vermißt. Er nahm nie teil an irgendeinem Tun des Stamms; seine einsame und düstere Anwesenheit hätte Verlegenheit hervorgerufen wie die eines unbekannten Gastes bei einem Familienessen. Man freute sich nicht etwa bewußt dessen, daß er nicht da war; man dachte überhaupt nicht an ihn.

Aber wenn der Tag sich vorzüglich für die Jagd eignete, eignete er sich auch vorzüglich für die Pläne in Omes schwarzem Sinn. Er wanderte von der Herde zurück und ging ziellos zwischen dem Lager und der Küste umher. Weit draußen auf den Eisfeldern mühten sich die schwarzen Flecke bei der Jagd. Näher der Küste waren die Frauen versammelt, um, so gut es ging, die fernen Taten ihrer Gatten zu beobachten. Nur Neji, die noch keinen Mann hatte, bewachte im Lager Jak und Ata und die Kinder Tapiks und Kipis. Die Kinder liefen zwischen den Zelten und Iglus umher und waren selig über diesen Tag ungewohnter Freiheit. Aber sie durften nicht in der Nähe des Meers spielen; für unvorsichtige Kinder bedeuteten die Eisspalten Gefahr.

Alles das beobachtete Ome. Dann schritt er aufs Eis hinaus, bis er zu einem Seehund kam, der bis zur Rückkehr seines Besitzers zurückgelassen worden war. Mit wilden abgerissenen Bewegungen zog ihm Ome das Fell ab und verbarg es unter seiner Kapta. In seiner scheinbar ziellosen Art schritt er langsam zum Lager zurück und verschwand in seinem Iglu. Als er herauskam, trug er noch immer das frische Seehundfell. Er stand da und sah den Kindern beim Spielen zu. Er bewegte sich und blieb stehen und setzte sich wieder in Bewegung, aber er kam immer näher an Pehrs Zelt.

Neji hütete die Kinder, aber ihr Blick war auf das Meer gerichtet. Im nächsten Jahr sollte sie mit Mikel vermählt werden, und wenn sie den Rang einer Ehefrau hatte, konnte sie sich bei den anderen Frauen aufhalten. Dann war die Zeit ihrer Knechtschaft bei den Kindern zu Ende. Sie ersehnte die Freiheit der Verheirateten; wären die Anforderungen des großen Zugs nicht gewesen, hätte sie, die jetzt siebzehn Jahre zählte, schon die wichtige Stellung einer Gattin erreicht.

Dann senkte sich plötzliches Dunkel über sie, und während sie sich noch zur Wehr setzte, drang ihr der starke Geruch frischen Seehunds in die Nase. Sie konnte nicht aufschreien; die entsetzlich schleimige Haut war ihr gegen das Gesicht gepreßt. Sie wurde von einem kräftigen Arm getragen, sie schlug um sich, so gut sie konnte, doch das half nichts. Es war unmöglich zu schreien; das weiche Seehundfett schien ihr Mund und Augen zu füllen und sie rang keuchend nach Atem.

Sie wurde niedergelassen und geschleppt und dann wieder hochgehoben und wieder zu Boden geworfen. Dann wurde ihr die erstickende Seehundhaut weggenommen, doch war es noch immer dunkel. Mit dem Geruch nach Seehund vermengte sich der nicht zu mißdeutende Eskimoduft. Dieses Dunkel war also das Innere eines

Iglus, gewiß nicht des Iglus Tapiks, dessen Kinder sie gehütet hatte, sondern – es mußte das sein, es konnte nichts anderes sein – es war das Iglu des tückischen, furchtbaren Ome! In der Freude der Jagd hatte man seiner vergessen. Furchtbare Übelkeit überkam Neji hier im Dunkeln.

Einen Augenblick lang hörte sie, wie er sich regte, sie erinnerte sich, daß sogar die Eskimos seine grauenvolle Gegenwart mieden, daß sogar die Hunde kaum bereit waren, in seinem Iglu zu verweilen. Wie unbeschreiblich war sein tierisches Gesicht! Sie fühlte ihn in ihrer Nähe; seine Hände strichen über sie; sie kreischte ins Dunkel. Sogleich antwortete die Stimme des Kleinen aus der Igluöffnung. Neji schrie: «Lauf, Jak, lauf!» Da preßte ihr Ome das Seehundfell fest aufs Gesicht und sie konnte nicht mehr sprechen.

Sie fühlte, wie er einen kurzen Augenblick unentschlossen zögerte. Dann schien er durch die Öffnung zu kriechen, kam aber bald wieder und machte sich neben ihr zu schaffen. Er rollte sie auf die Seite, er hob sie hoch, er ließ sie wieder fallen, sie fühlte, wie sie gebunden wurde. Ihre Füße wurden zusammengezogen, die Arme fest an die Seiten gefesselt. Sie war verschnürt wie ein Bündel Felle. Bei der Arbeit stieß er wilde knurrende Laute aus, doch kein Mensch hätte sagen können, was diese Laute bedeuteten. Dann konnte sie nichts mehr von ihm fühlen oder hören. Gewiß war sie allein im Iglu und Ome verfolgte Jak, versuchte seiner habhaft zu werden, ehe das Kind die anderen erreichen konnte.

Aber Ome hatte sich zu lange in dem Iglu aufgehalten. Jak war nur ein halbwüchsiger Knabe, doch seine kurzen Beine hatten ihn schon weit zu den Frauen hingeführt, die am Rande des Eisfelds der Jagd zusahen. Als Jak Ome hinter sich einhertrotten sah, begann er zu schreien. Er schrie im Laufen, so laut er nur konnte, und bald darauf wandte sich eine Frau um und blickte zu ihm hin. Jetzt gingen alle auf ihn zu.

Als die Frauen Ome sahen, hielten sie inne. Zwei wandten sich und flohen zu den Jägern, die über das Eisfeld zerstreut waren. Bald mußte das ganze Lager aufgescheucht sein. Omes vortrefflicher Plan war mißglückt.

Aber Ome lief mit verbissener Halsstarrigkeit immer weiter. Er kam an Jak vorbei, ohne ihn zu berühren; ohne einen Blick überholte er die Gruppen der Frauen. Weiter und weiter eilte er, der See zu und über das Eis. Heute wollte er die Rolle eines Mannes spielen heute wollte er sich allen anderen bemerkbar machen. Er, Ome, der Verachtete, wollte zu seinem Recht kommen.

Ohne Zweifel war Mikel sein großer Rivale. Mikel hatte ihn gefangen ins Lager geliefert, Mikel war der Liebling aller, Mikel stand zwischen ihm und dem Besitz Nejis. Die großen Männer des Nordens bezwingen ihre Feinde; sie vernichten sie; sie rauben ihnen die Frauen. Das war der einzige Weg. Er, Ome, mußte den anderen gleich werden.

Er eilte über weite Felder, er machte Umwege um aufgehäufte Barrieren, er übersprang schmale Kanäle offenen Wassers. Jeden Jäger musterte er sorgsam, dann eilte er zum nächsten und weiter zum nächsten. Die Jäger sahen ihn verwundert an, noch nie war er mit solcher Zielsicherheit gegangen. Die Jagd hatte beinahe schon ihr Ende gefunden; vielleicht suchte Ome einen fetten Seehund, ohne die Mühe, einen zu erlegen. Jeder blickte besorgt zu seiner Beute hin.

Die kommende Nacht lag in der Luft und der Wind stieg an. In den langen Kanälen klatschten die Wellen lebhaft an die Eisränder. Endlich sah Ome ihn – am weitesten draußen von allen Jägern. So war es recht, allein auf dem Eis – Mann gegen Mann – und keiner, der dem allgemeinen Liebling Mikel geholfen hätte. Mikel sah ihn nicht; Ome wollte sich an ihn anschleichen, genau so, wie Mikel die Seehunde beschlich. Was vernichtet werden mußte, das vernichtete man eben, ob es nun Mensch war oder Tier. Eine Wahl gab es da nicht. Man warnte einen Seehund nicht, ehe man den Speer warf.

Mikel, der neben einem schmalen Kanal kniete, sah Ome nicht. Erst als Ome über den Wasserstreifen sprang, hob Mikel den Blick. Er richtete sich halb auf, dem Angriff zu begegnen, aber die Wucht, mit der Ome angriff, warf beide nieder und schleuderte sie vom Wasserrand zurück. Ome hatte in der Hast, mit der er dem fliehenden Jak nachgelaufen war, vergessen, Waffen mitzunehmen, und Mikels Speer stand aufrecht ins Eis gepflanzt außer Reichweite. Keiner der beiden konnte sogleich einen Sieg erringen. Die schweren Schichten des Wintergewands waren sowohl Hindernis wie Schutz.

Sie erhoben sich und fielen nieder in dem wachsenden Dämmerdunkel wie schweigende Puppen in einem grimmigen Winterspiel.

Mikel war jung und gewandt, aber Ome hatte ungeheure Kraft in den großen Affenarmen. Sein Bestreben ging dahin, Mikel zu fassen, und Mikels Bestreben war, ihm zu entwischen. Sobald Mikel von der schrecklichen Umklammerung dieser Arme frei war, mochte er sich übers Eis schnell in Sicherheit bringen. Jedesmal, wenn er sich beinahe freigemacht hatte, faßten ihn Omes lange Arme bei einem Fuß oder Ärmel und zogen ihn wieder nieder.

Sie kämpften weiter. Es wurde ein Ringen bis zur Erschöpfung, bei dem Ome allmählich die Oberhand gewann. Dann kamen sie in eine neue Phase der Schlacht – verzweifelte Versuche, einander über den Eisrand zu werfen, denn das Wasser war die einzige ihnen zur Verfügung stehende Waffe. Das hielt schwer. Einen Feind ins Wasser zu zerren oder zu rollen, ohne ebenfalls hineingezogen zu werden, schien fast unmöglich. Ome zerrte Mikel an den Füßen fast bis zum Rand, aber Mikel krümmte sich zu einem Ball zusammen und packte Ome an den Knien. Ome fiel krachend aufs Eis; mitsammen rollten sie bis zur Kante und rangen sich dann wieder zurück, so wie früher. Von neuem begann jeder von ihnen den anderen zum schwarzen Wasser hinzudrängen.

Der Wind wurde stärker. Der schmale Kanal, über den Ome vorhin gesprungen war, war jetzt eine breite Wasserfläche geworden. Frostige Windstöße peitschten über das Eis. In weiter Ferne ertönte das Tosen des großen offenen Meers. Auf der Landseite des Kanals, an dem Ome und Mikel kämpften, hatten sich die Jäger versammelt; aus der Ferne sahen sie das seltsame Zusammentreffen und kamen heran, zuzusehen. Sie standen da und spähten schweigend durch die dunkler werdenden Schatten. Keiner wagte, ein so breites Stück rauhen Wassers zu überqueren.

Sie sahen, daß Mikel schwächer wurde. Jedesmal, da Ome ihn bis zum Rand des Wassers brachte, klammerte sich Mikel mit geringerer Kraft an seinen erbarmungslosen Gegner. Bald mochte sich Ome befreien – ein Hieb, ein Tritt und dann mußte Mikel über die schlüpfrige Kante hinabgleiten, wo die eiskalten Wogen sich brachen. Es geschah, noch ehe die Zuseher es erwartet hatten. Mikel war verschwunden und Ome stand allein. Ome kauerte sich wartend zusammen, er wollte seinen Feind untertauchen, wenn dieser versuchen sollte, sich am Eis festzuklammern. Dann sah man Mikels Kopf im halben Dämmerlicht. Mikel schlug in der bewegten

See um sich. Sie riefen ihm zu, sie schrien, sie trieben ihn an. Aber niemand wagte, ihm zu Hilfe zu eilen.

Die rauhe See war mit abgebrochenen Eisstücken bedeckt, und unter dem linken Arm hielt Mikel eine flache Eisplatte umklammert. Diese trug beinahe sein Gewicht, sonst wäre er sogleich von den nassen Fellen seiner Kleidung hinabgezogen worden. Die Leute sahen ihn, verloren ihn aus dem Blick, fanden ihn wieder. Die jungen Männer vermögen immer nur schwer sich vom Leben loszureißen, es gibt soviel, wofür man leben kann.

Da es schien, als ob Mikel die Möglichkeit hätte, zurückzugelangen, banden die Zuseher ihre Speere aneinander, so konnten sie ihm eine lange Griffstange hinreichen, die beinahe die Länge von vier Speeren hatte und an deren Ende eine Speerspitze war. Mehr hatten sie nicht, vielleicht half das.

Der Wind kräuselte die Wogenkämme und trieb Mikel die stechenden Eisnadeln ins Gesicht. Die abgebrochenen Eisstückchen stachen ihn wie Messer. Er kämpfte und schwankte und kämpfte weiter. Die Jäger streckten ihm die zusammengebundenen Speere entgegen. Sie hatten einander um die Mitte gefaßt, einer hinter dem anderen.

Mikel schien sich jetzt nicht mehr zu bewegen; man sah seinen rechten Arm nicht mehr sich senken und heben.

Die Zuseher beobachteten gespannt. Wie nahe er jetzt war! Er gab sich aber gar keine Mühe, den Speerschaft zu erhaschen. Ah, jetzt hatte sich die Lanzenspitze verfangen und stak irgendwo in Mikels Kleidern fest. Ein behutsames Ziehen – langsam, die Spitze durfte sich nicht freimachen. Der Eisblock war noch immer von Mikels Arm umklammert. Er konnte nicht mehr seinen Griff lokkern. So zog man beide an Land, den Menschen und das Eis – behutsam, langsam, hinauf über den scharfen Eisrand.

Mikels obere Kleider wurden weggeschnitten und die Mengen durchnäßter Felle fortgezogen. Ein jeder der Jäger gab ein Stück her, das er am Leib trug, – Kapuze und Pulswärmer, Stiefel und Kapta. Sie rollten Mikel über das Eis, sie schlugen auf ihn los mit flachen Händen und so riefen sie ihn langsam ins Bewußtsein zurück.

Als Mikel sich ein wenig erholt hatte, schauten sie über den Kanal, durch den er gekommen war. Vom Eis hob sich unklar eine eckige Gestalt ab. Noch während sie sich mühten hinzusehen, ging sie im Dunkel des ansteigenden Sturms verloren. Der tobende Wind trieb die Eisschollen zur offenen See, verbreiterte die Kanäle und sandte zischend frostige Wassermassen über das Eis. Solange das Feld, auf dem sie standen, noch unversehrt war, eilten die Jäger zum Land zurück.

Im Dunkel vermochten sie einige der erlegten Seehunde nicht mehr zu finden, aber sie hatten genug Beute. Noch ehe die volle Wut des Sturms über sie hereinbrach, sott das frische Fleisch in den Töpfen der Zelte und Iglus. Mikel saß mit mattem Lächeln in Pehrs Zelt. Und Neji war dort, die noch immer zitterte, aber zu Mikel hinsah, der so sonderbar war in seinen geborgten Kleidern. In Pehrs Zelt gab es zur Feier Kaffee und dazu die doppelte Zuckerration. In Tapiks Iglu war die Luft dick vom Geruch des Seehundfetts. Nach der Feier mochte es viel Klatsch über alle die Dinge geben, die sich an diesem Tag ereignet hatten.

Aber in einem der Iglus gab es keinen brodelnden Topf und auch kein Licht. Weit draußen in einem wilden Toben des Sturms und des Meers trieb einer dahin, der versucht hatte, sich durch die alten Bräuche seines Stammes emporzuheben.

Vierzehntes Kapitel

Das Gespenst

Ome war dahin. Man konnte nicht daran zweifeln, daß keiner ihn je wiedersehen würde. Kein Menschenwesen konnte die Nacht auf einer Eisscholle überleben, und die Scholle war schnell zur hochgehenden See entschwunden. Mikel, dieser dritten Annäherung der Todesgeister nur mit knapper Not entronnen, war in drei Tagen wieder völlig erholt.

Jon hatte jetzt nur seine drei Landsleute unter sich und Tapik, den Eskimo. Sie konnten nur noch langsam weiterziehen, bis sie neue Hirten gefunden hatten. Noch nie hatte man sich so nach Menschen, nach beliebigen Männern gesehnt, wenn sie nur imstande waren zu gehen und die einfachsten Anfangsgründe der Hirtenarbeit zu erfassen. Aber das ganze Land schien entvölkert, kein einziges Iglu erhob sich über die Schneefläche, kein Eskimodorf hatte sich zwischen den Küstenfelsen eingenistet.

Mehr als die Lappen leisteten, konnten sie nicht leisten. Anders als im Anfang drängte Jon sie jetzt nicht über Gebühr. Durch Übereilung konnte man keinen dauernden Fortschritt erzielen. Sie zogen langsam weiter und sparten ihre Kräfte für die Zeit, da sie mit Verstärkungen wieder große Tagesmärsche nach Osten zurücklegen konnten. Es war eine Zeit für schweigende Geduld, für endlose Ausdauer in täglicher Plage und für Wachsamkeit in langen Nächten – und all das wegen einer Vorwärtsbewegung von so geringem Wert, daß es fast überflüssig erschien, am Morgen das Lager abzubrechen.

Unzweifelhaft machte es den Dämonen des Sturms und der Kälte Vergnügen, mit ungewohnter Wucht auf die lendenlahmen Wanderer herabzusteigen. Noch nie hatten so lang andauernde Stürme schier unzählige Tage und Nächte getost; noch nie war die Kälte mit so tückischer Heftigkeit durch Mark und Bein gedrungen. Die

Macht des tiefen Winters kannte keine Gnade. Sieben Tage und sieben Nächte ohne Unterbrechung wüteten Schneestürme; nur die bittere schwarze Arktis konnte einen solchen Grad unnachsichtiger Kälte hervorbringen. Später vermochten sich die ältesten Stammesmitglieder eines so furchtbaren Jahrs nicht zu erinnern. Man konnte nur wenig tun; schon die bloße Aufgabe, sich am Leben zu erhalten, nahm alle Kräfte in Anspruch.

Akla, der als Späher vorangezogen war, um das beste Moos zu finden, fand das Dorf – das tote und sterbende Dorf. Absonderliche Verlassenheit lag unheimlich über den Iglus. Diese waren ohne Zweifel bewohnt, dennoch wurde Akla durch einen seltsamen Mangel an Bewegung, durch ein unerklärliches Gefühl, daß hier ein Unglück geschehen sei, von weiterem Vordringen abgehalten. Er verweilte ein wenig, dann hastete er wie jemand, der sich vor einem Gespensterhaus zurückzieht, wieder ins Lager. Ja, er habe eine Siedlung entdeckt; die Schlitten stünden noch neben den Iglus, man könne aber weder Hundegespanne sehen noch ein sonstiges Lebenszeichen, nicht einmal zu Mittag.

Am Morgen erreichten die Wanderer die sonderbaren Iglus. Über den niederen, beinahe zugedeckten Dächern wirbelten Wolken von Schnee vor dem Wind.

Akla führte die anderen voran; es war behaglicher, wenn man in größerer Zahl kam. Die Iglus sahen genau so aus wie am Vortag, lagen nur noch ein wenig tiefer in der sich bewegenden Schneewüste. Sie hatten ein sonderbar verschlossenes Aussehen; instinktiv drängten sich die Leute hinter Jon. Er war der Führer, er war der, der Geheimnisse löste, der, der als erster einer unbekannten Gefahr zu nahen hatte.

Tapik rief in verschiedenen Eingeborenendialekten. Er erhielt keine Antwort, nichts kam aus den Igluöffnungen, nicht einmal das Bellen eines Hundes. Tapik rief noch einmal. Er wußte, daß Geräusche nur sehr schwer durch ein altes und festgebautes Iglu drangen. Doch manchmal kann ein Hund hören, was sein Herr nicht vernimmt. Sie standen unschlüssig umher; es ist nach dem Brauch der Stämme eine ernste Sache, das Iglu eines anderen Menschen zu öffnen – das ist ein verbotenes Tun, ein Akt, der lange Feindschaft erzeugen kann. Sie blickten einander an; dann nickte Jon – im Interesse der Weißen Häuptlinge konnte es geschehen. Akla und Mikel suchten das Schneestück, das die Öffnung des nächsten Iglus verschloß und zogen es sorgfältig hervor. Sie riefen, sie schrien in das Loch. Keine Stimme antwortete ihnen. Sie warteten auf Jons Befehle. Jon sprach wieder mit Tapik. Stammesbräuche durften nicht verletzt werden.

Tapik war verwirrt. Unter dem plötzlichen Wissen, das ihm geworden war, schien er zusammenzuschrumpfen und sich zu winden. Man hatte rasch fortzuziehen und weit – weit von dieser Stelle mußte das nächste Lager aufgeschlagen werden. Aber warum – warum so? Tapik begann rasch an den neun schweigenden Iglus vorbeizugehen. Durch Zeichen bedeutete er Jon, dieser möge ihm folgen. Als er ein gutes Stück hinter dem Dorf war, wartete er darauf, daß Jon ihn einhole. Dann flüsterte er mit Jon, den Rücken den Iglus zugewandt. Ach, Tapik wußte, was das war! Wie gut kannte er die Bedeutung dieses offenen schweigenden Iglus! Man durfte es nur flüstern, nur einmal – das Gespenst Hungersnot.

Jon ging zu den anderen zurück. Er sagte es ihnen, langsam und ernst; sie lauschten regungslos. Ach ja – doch was war da zu tun? Weit fortzuziehen, war Tapiks Rat gewesen. Aber gewiß fürchtete Tapik die sich zusammenscharenden Todesgeister. Doch Lappen, die einen Auftrag von den Weißen Häuptlingen hatten, stand es nicht an, die Geister zu fürchten. Dieses große Gespenst aus dem Norden zu verjagen, das war ja eben der Zweck dieser Rentierherde. Ob dies nun an der anderen Seite des Großen Stroms geschah oder an dieser, was machte dies aus? So dachte Jon.

Er ließ sich zu Boden fallen und drang halb in das Iglu ein, das geöffnet worden war. Wie kalt! Innen ebenso kalt wie außen, ja kälter noch – eine unnatürliche Kälte. Jon verließ es rückwärtsgewandt. Dann begann er mit Akla eine Öffnung in die Wölbung zu machen. Sorgfältig zogen sie die Schneeblöcke heraus und legten sie einen neben den anderen zur Seite. Jon blickte hinein. Dort war etwas, doch konnte man bei dem trüben Licht nichts sehen. Jon trat ein; unter dem Schutz der Mauern zündete er den Öldocht an, den Mikel ihm hinabreichte. Ach, die Eigentümer des Iglus!

Es waren nur zwei. Zwei alte knochige Geschöpfe lagen nebeneinander auf einem Haufen Felle. Jon blickte sie an, ihre Arme waren in fester Umschlingung aneinander gefroren. Wahrscheinlich das älteste Paar dieses Stamms. So waren sie miteinander vereint in ihrer letzten Nacht, wie sie ohne Zweifel viele Jahre Nacht für Nacht miteinander geruht hatten. Die Hungersnot hatte sie beide gleichzeitig niedergestreckt. Ein Stück Hundekopf lag noch in Reichweite; es war nur ein armseliger Überrest, und verfallende Kräfte konnten daraus nur wenig Nutzen ziehen. Welch ein hartes Ende der harten Jahre! Das erfrorene Gesicht der Frau blickte in das erfrorene Gesicht des Mannes. Am besten, sie so zu lassen.

Akla und Mikel bauten die Mauer von neuem auf. Bei derartigen Dingen tat einem der richtige Kunstgriff not, und die Arbeit fiel dementsprechend kläglich aus. Die acht anderen Iglus waren noch nicht geöffnet. Waren auch hier nur Gräber? Wenn ja, dann war es am besten, sie hinter sich zu lassen und weiterzumarschieren. Da sie in ihre letzten Iglus eingemauert waren, war das ein Hinscheiden, wie es sich ihre Geister nicht besser hätten wünschen können. Kein peinliches Eindringen in ihren letzten Bau, ein ehrfürchtiger Abschied, und der Schnee, der große Gleichmacher, der allenthalben im Norden jede Spur von der Erde verwischt. Jon sah, daß die anderen bereit waren zu gehen; es lag ihnen daran, dieses Totendorf rasch zu verlassen. Er gab den Befehl, und die Schlitten setzten sich wieder in Bewegung, Pehr war bei der Herde, Jon jedoch blieb allein.

Wie leicht, den anderen zu folgen, die jammervollen Opfer so zurückzulassen, wie sie waren – und doch? Wieder kam ihm der Gedanke – der Plan der Weißen Häuptlinge –, daß die Herde dazu da sei, die Hungersnot zu bekämpfen. Er durfte hier nicht versagen, wenn es auch nur eine letzte Aussicht noch gab; das wäre gewiß der Wunsch jener, die ihm die Herde anvertraut hatten.

Er riß die Blöcke aus dem nächsten Iglu und sprang hinein. Ah, das war anders – das unerklärliche Gefühl, in einem bewohnten Raum zu sein! Es war eine gespenstische Sache, dieses Umhertappen im Düster, dieses Tasten der Hände zwischen fremden Körpern. Aber hier fand sich noch Leben. Eine leichte Wärme, ein schwaches Regen. Ja, hier war noch Leben!

Jon eilte hinaus und jagte den Schlitten nach. Er schrie, er schwenkte die Arme, und als der Zug haltmachte, holte er ihn ein. Hier sollten sie lagern, nicht weiter entfernt! Leben! Leben in den Iglus! Man mußte sofort die Zelte aufstellen, mußte sofort Nahrungsmittel bereithalten, mußte zu den Iglus zurückeilen, und zwar sogleich. Alles hatte sogleich zu geschehen.

Nur Tapik, der Eskimo, konnte nicht zurückgehen zu dem Platz der Todesgeister, und sie ließen ihn bei den Frauen und den Kindern zurück, damit er dort sein Iglu baue und sich dem Blick der Suchenden verberge, die über allen Iglus lauerten.

Jon und Pehr, Akla und Mikel eilten durchs Dunkel zu dem Schneehüttendorf zurück. Und sie brachten Fleisch mit; ja, das einzige, das das Gespenst Hungersnot fürchtete, war Fleisch. Sie gingen zu dem Iglu, das Jon geöffnet hatte. Sowohl Pehr wie auch Akla und Mikel waren wackere Männer; dennoch wollten sie, daß Jon zuerst eintrete. Der Wind wehte noch immer; sie konnten fühlen, wie der sich bewegende Schneeteppich an ihnen vorbeiglitt, die Iglus hinan, wie er über diese hinwegwogte und im Dunkel verzischte. Der Schnee oder der Wind oder was es sonst noch sein mochte, ließ ein unheimlich zischendes Geräusch hören, gleich dem raschen Vorbeifliegen toter, vertrockneter Schwingen.

Pehr und Akla begannen bei der Öffnung des nächsten Iglus zu arbeiten, während Jon und Mikel das schon geöffnete betraten. Im Inneren konnten sie den Öldocht anzünden. Es war schwer, in den Morgenschatten deutlich zu sehen. Aber ganz gewiß, hier lagen Geschöpfe auf den Fellen. Mikel hielt Jon das Licht hin. Was für eine Art von Menschen mochten sie sein? Oh, wie erschöpft sie waren. Wie tief die Augen eingefallen!

Es waren ihrer vier, zwei kleine Kinder und ein Mann und seine Frau – ohne Zweifel eine Familie. Der Mann regte sich, als ihm das Licht in die Augen schien. Bei den anderen war keine Bewegung zu sehen, kein Lebenszeichen. Als Jon ihre Lage veränderte, sah er eine Starre des Frosts, die keine Hoffnung übrig ließ. Aber der eine lebte noch, der eine, der am kräftigsten gewesen war. Lange bitte Nächte des Durchhaltens – langsames, verwüstendes, beißendes Vorwärtsdringen des Todes, bis nur die Kräftigsten, immer nur die Kräftigsten zuletzt an die Reihe kamen.

Dann ging man an die Arbeit mit dem Eisentopf, dem Fleisch, der Suppe. Ja, die heiße Suppe! Der Mann wurde jetzt hochgehoben. Wie leicht er war! Er begriff das Ganze nicht; er sprach kein Wort, er kannte die Gesichter der sonderbaren Fremdlinge in seinem Iglu nicht. Aber Nahrung war Nahrung, und das galt für alle Völker. Der Mann sah die Leute mit hündischer Stummheit an; als man ihm keine Suppe mehr gab, sank er in Schlaf. Alle Decken, die in dem Iglu waren, häufte Jon auf ihn. Dann gingen Jon und Mikel und schlossen die Öffnung hinter sich. Sie suchten Pehr und Akla, die im Dunkel auf sie warteten.

So arbeiteten sie die Nacht hindurch, von Iglu zu Iglu, von Familie zu Familie. In zwei Iglus fanden sie niemanden; in anderen Iglus waren viele; es schien, als ob manche mit den letzten schwindenden Kräften den Trost der Gemeinschaft gesucht hätten; als das gefürchtete Gespenst schon ganz nahe gewesen war, hatten sie wenigstens vor dem Grauen der Einsamkeit die Flucht ergriffen. Jon und Mikel schieden die, die schon in Totenstarre lagen, von den Lebenden. Am Morgen taumelten die beiden schon vor Ermattung, waren krank vor tiefer Trauer. Von den sechsunddreißig Einwohnern des Schneehüttendorfs waren nur noch fünfzehn am Leben.

In den folgenden Tagen wurden neben den Lappenzelten, eine halbe Tagesreise von dem Todesdorf entfernt, neue Iglus gebaut. Die fünfzehn wurden dorthin gebracht, die Erfrorenen jedoch ließ man zurück und man verschloß die Iglus. Das unablässige Dröhnen der Sturmwinde hüllte sie noch tiefer ein – immer tiefer in das breite weiße Grabtuch eines Polarbegräbnisses. Von den fünfzehn Menschen, die die flatternden Schwingen der Geister gehört hatten, aber dennoch entronnen waren, waren sechs Männer und die anderen: vier Frauen und fünf Kinder.

Überbleibsel von Familien wurden wieder zusammengebracht und nach langen Nächten des Essens und Schlafens hatten sie wieder Anteil an den Dingen dieser Erde. Man nahm frische Rentiere von der Herde, um diesen verwüsteten Körpern neue Kraft zu schenken. Die Männer sollten Hirten werden, und sie alle marschierten dann weiter mit den marschierenden Rentieren. Welch langsame und mühevolle Art, neue Männer zu gewinnen! Und doch schien es die einzig mögliche Art.

Es war kein Anführer unter ihnen zu finden; nahezu gewiß war der Häuptling einer jener Hochbetagten gewesen, die in den verschlossenen Iglus zurückgelassen worden waren. Aber ein gewisser Ulak wurde allmählich als Sprecher für die Seinen angesehen; er verstand auch zum großen Teil den Dialekt Tapiks. Er war im Westen einigermaßen umhergekommen, seine Jahre waren schon mehr als zur Hälfte verlebt. Fast ganz gewiß fühlten die Leute dieses Stamms Dankbarkeit für die Rettung, aber sie waren eine stumpfe, schweigsame Gesellschaft und in den ersten Tagen ihres Umgangs mit einem fremden Volk nur äußerst schwer kennenzulernen und nicht leicht zu durchschauen.

Die Mutter der drei Söhne Ulaks, die Mutter Alki, war die erste, die die Geschichte erzählte. Sie erzählte es Kipi, der Gattin Tapiks. Sie waren aus demselben Tal, dem Landstreifen an der Westgrenze der Zentralstämme, dem Bezirk zunächst der See. In Tapiks Iglu erzählte sie Kipi die Geschichte, als die Männer bei der Herde weilten.

Als sie eines Sommers von Ulak aus ihres Vaters Zelt entführt worden war, hatte er sie weit landeinwärts gebracht, bis zu den großen Gebirgsketten. Aber mit den Jahren zogen sie wieder nach Norden und kamen dabei manchmal bis zu dem gewaltigen Meer. Es war unmöglich, den köstlich öligen Geschmack des Seehundfleisches ganz zu vergessen, und wenn die Begierde danach allzu stark wurde, zog man zur Winterjagd an die vereiste See. Nicht jedes Jahr, sondern nur, wenn das Verlangen nach Seehundfleisch sehr groß wurde. Sie gehörten den Stämmen an, die die Karibus jagen, die gewaltigen umherziehenden Herden, die alle Bedürfnisse dieser Leute befriedigen.

Es war etwas Seltsames an diesen Tieren, die man nicht ganz verstehen konnte. Manchmal zogen sie knapp vor Anbruch des Winters über die alten Strecken, in so großen Zahlen, daß man es nicht einmal ausdenken konnte. In anderen Jahren zogen kleinere einzelne Gruppen vorbei, um irgendwo im unbekannten Süden das Hauptheer zu erreichen. Aber am traurigsten waren die Jahre, in denen sich überhaupt kein Karibu zeigte; entweder änderten die wankelmütigen Tiere die von ihnen benutzten Strecken oder sie waren aus dem Südland gar nicht zurückgekommen. Unmöglich, sich vorzustellen, daß die ungeheuren Herden gänzlich ausgestorben sein sollten, obwohl es hieß, daß die Berggeister mit jedem Atemzug, den sie taten, ein Tier einsogen.

Ach! Die Jahreszeiten, da keine Herde zu finden war! Welch schreckliche Wintermonate! Stiefel wurden abgewetzt, Kapuzen gingen verloren, alle Kleidungsstücke gerieten in Fetzen und es gab keine Karibufelle, neue zuzuschneiden! Und das Fleisch! Das kam ihnen nie aus dem Sinn, verfolgte sie wie ein Spuk. Freilich, manchmal gab es Füchse – armselige hagere Geschöpfe – und unter den

Felsen verborgene Vorräte von Sommerfleisch, die aber oft schon gestohlen waren. Während des ganzen dunklen Winters lebte alle Zeit die Angst vor dem Hungergespenst mit ihnen, von dem man nie offen sprach, das aber unablässig wie eine Last auf ihren Gedanken lag.

Und in diesem Jahr hatte es keine Karibus gegeben! Wie genau beobachteten die Jäger die vertrauten Täler, durch die die Tiere ganz gewiß kommen mußten. Tag für Tag verblaßte das Licht, die Stürme begannen ihren Zug durch die Hügel, die bittere Kälte brachte alle Bäche zum Schweigen, aber noch immer kam keine Herde. Sie hatten gewartet und gehofft, bis sie schließlich keinerlei Hoffnung mehr hatten. Als sie sich dann nicht länger täuschen konnten, machten sie sich auf den Weg nach dem fernen Meer. Die Wohnstätte der Seehunde zu erreichen war ihre letzte Hoffnung.

Was für ein Winter! Wie die Stürme sie angepackt hatten. Die Stürme schienen immer von Norden herabzukommen, mit tückischer List jeden zurückjagen zu wollen, der dem Meer zustrebte. Noch nie hatte es einen solchen Winter gegeben! Gewöhnlich kam die tiefste, durchdringende Kälte in der ruhigen, klaren Zeit zwischen zwei Schneestürmen, jetzt aber kamen Kälte und Stürme gleichzeitig. Und die Wölfe – was für Ungeheuer! Auch sie waren ausgehungert und dreist, weil die Herden fehlten. In einer stürmischen Dämmerstunde hatten die Wölfe, gerade als die Iglus für die Nacht aufgerichtet worden waren, die Hunde angegriffen, ehe diese unter Dach gebracht werden konnten. Die Hälfte der Hunde war fast vor den Augen der Wanderer fortgeschleppt worden – und die Leute hatte solche Verblüffung befallen, daß sie nichts tun konnten. Noch nie war so etwas geschehen.

Da sie nur noch über die halbe Zahl der Hunde verfügten, ging die Reise langsam vonstatten, eigentlich überhaupt nicht. Sie verloren den Mut; ihren Bemühungen fehlte jetzt die Durchschlagskraft. Die gefürchtete Zeit kam, da sie zugeben mußten, was sie insgeheim gefürchtet hatten – daß kein Fleisch da war für die Töpfe! Wie lang waren sie bestrebt gewesen, ihre Lage sogar vor sich selbst zu verbergen! Jeden Abend brodelten die Töpfe, irgend etwas wurde ins siedende Wasser geworfen, Streifen von diesem oder jenem Fleischklumpen, die man verborgen gehabt hatte, Knochen, die für solche Zeiten beiseite gelegt worden waren. Die Frauen hatten geklatscht und so getan, als wären sie nicht hungrig. Sie erzählten den Kindern von dem guten Fleisch, das sie am nächsten Tag erhalten sollten, schon am nächsten Tag. Und dieser nächste Tag kam und ging, und wieder ein nächster Tag und wieder einer.

Die Männer hatten sich überallhin verstreut, und nur Ujark war imstande gewesen, etwas heimzubringen. Nur einen Fuchs – wie der am Leben geblieben war, hätte niemand sagen können, so mager war er, nur Haut und Knochen. Aber das Tier gab Suppe; ach ja, in gewissem Sinne lieferte es allen Angehörigen des Stamms Suppe. Die Hunde bekamen nichts; es blieb nicht einmal ein Knochen übrig, über den sie hätten streiten können, keine hartgefrorenen Eingeweide, sie zu benagen. Der arme Fuchs schien dergleichen Dinge gar nicht zu haben. Es war, als hätte er alles, bis auf sein Fell, aufgebraucht.

Oft sotten sie Moos, doch das war von geringem Wert; es bereitete den Kindern ein Gefühl eigentümlicher Übelkeit, und nach kurzer Zeit weigerten sie sich, davon zu kosten. Sogar das Wasser, in dem die Streifen alter Felle gesotten worden waren, war besser. Oh, schon wieder die Karibus! Für ein einzelnes Tier hätten sie alles hergegeben. Dann kam ein höchst furchtbarer Tag, an dem sie zum letztenmal Lager aufschlugen. Sie gestanden sich das nicht ein, sprachen nicht davon, aber ein gemeinsames Verstehen schien sich über sie zu breiten. Sie hatten keine Kraft mehr, sich weiterzubewegen, gegen die Stürme anzukämpfen, am Ende des Tags neue Iglus zu bauen. Aber sie sprachen dies nicht aus. Umlo hatte Pikrup gesagt, er wolle einen Tag lang auf die Jagd gehen, und Pikrup sagte zu Tusark, sie müßten haltmachen, während er das Meer suche. O nein, sie hatten es nicht in Worten ausgesprochen! Man darf dem Hungergespenst nie eingestehen, daß man beginnt, schwach zu werden. Sonst wird der Feind ermutigt und greift mit noch stärkerer Macht an. Aber wie genau sie alle es gewußt hatten! Mit dem Ende des Kampfes kam dann noch das einzige letzte und endgültige Mahl – die Hunde.

Je mehr die Kälte biß und die Kraft entschwand, wuchs auch das Verlangen, über die Hunde herzufallen! Wenn nur die Wölfe nicht so viele gerissen hätten! Ohne Hunde gab es überhaupt keine Aussicht mehr, die See zu erreichen. Wo aber war die See? Vielleicht eine Tagesreise fern, oder viele – das wußte niemand. In dem langen

Ringen mit den Stürmen waren Zeit und Entfernung verwirrt worden. Selbst wenn das Meer sehr nahe war, gab es die Möglichkeit, daß durch viele Tage sich kein Seehund zeigte; solche Fälle hatten sich schon ereignet. Und dann hatte man die Arbeit des Wachens bei den Seehundlöchern, das konnte stundenlang dauern – ein Geschäft, das viel Kraft und Körperwärme brauchte. Es war kaum möglich, daß ein einziger der Männer das aushalten konnte. Ach ja, dahin waren sie jetzt gelangt.

Die Männer zogen noch immer umher und taten so, als ordneten sie etwas an den Schlitten, wagten es aber nicht, sich weit von den Iglus zu entfernen. Während sie die Schlitten nachsahen, winselten die Hunde und baten um etwas, und sei es auch nur ein abgenagter Knochen. Aber man hatte nichts für sie – für niemanden hatte man etwas. Es war ein Wunder, daß die Hunde noch lebten. Sie schienen nur noch halb so groß zu sein wie früher und bellten auch nicht mehr; sie stießen bloß tief aus der Kehle klägliche Laute aus.

Dann hatte Rajik, der alte Häuptling, gesprochen; ohne seine Genehmigung konnten die Hunde nicht getötet werden. Die drei Iglus, die die größte Zahl von Personen beherbergten, erhielten je zwei Hunde, auf die anderen entfiel nur je einer. Welch ein Auswählen unter den Hunden! Ein jeder der Männer blickte mit gierigen Augen nach den größten Tieren, aber da alle so eingefallen waren, war die Wahl klein. Der Unterschied konnte jedenfalls nur gering sein. Dennoch klammerte man sich verzweifelt an das Leben, das jetzt so kostbar geworden war!

Die alten Männer und die alten Frauen hatten das Hungergespenst schon gehört. Während sie wach lagen in den langen Nächten, hörten sie ein langsames rauhes Scharren an den Schneeblöcken der Iglus. Wie furchtbar das war! Dieses stetige Scharren und Scharren, bis die Wand des Iglus so dünn wurde! Ja, das war genau so, wie es ihnen die Weisen vor Jahren erzählt hatten! Jetzt konnte es nicht mehr lange dauern, nur noch eine Nacht oder zwei – vielleicht war es schon diese Nacht.

Die Hunde wurden zum letztenmal in die Iglus gezerrt. Wie behutsam man vorging! Jeder kostbare Blutstropfen wurde aufgefangen und an alle verteilt. Wie wenig! Wo war das Blut hin? Die Hunde taugten kaum besser zur Speise als der armselige Fuchs, den Ujark erlegt hatte. In manchen Iglus konnte man nicht einmal den

Topf zum Kochen bringen, es war nichts mehr dazu da. Und so konnte es keine Suppe geben, und das war ein großer Jammer. Die Suppe wurde aus so vielen Dingen bereitet – aus dem frischen Fell, aus dem Magen, den harten Ballen der Pfoten und immer wieder und noch einmal aus dem Kopf. Oh, es gibt mancherlei Suppen!

Nach dem Verschwinden der Hunde wurde keines der Iglus wieder geöffnet. Das Hungergespenst konnte keine Hunde mehr sehen und wußte daher gewiß, daß der Sieg schon sehr nahe war. Niemand wagte es, ins Freie zu gehen, da das furchtbare Wesen in so großer Nähe weilte. Es war unmöglich, einander von Iglu zu Iglu zu besuchen, man durfte nichts wissen von dem Schicksal des Nächsten, bis auf das unumstößliche Wissen, daß es für jedermann gleich war. Das war alles, was sie, Alki, von den anderen wußte, ehe ihr Mann, Ulak, ihr Iglu verschloß.

Welch Grauen, das eigene Iglu zu verschließen. Alki entsann sich, wie Ulak im Vorjahr das Iglu seiner betagten Mutter verschlossen hatte. Da sie zu schwach gewesen war, weiter mit dem Stamm zu ziehen, hatte man sie auf dem Winterzug zurücklassen müssen. Das war das Los der Alten; sie fühlten eben, wann ihre Zeit gekommen war. Aber die in mittleren Jahren und die Jungen! Daran durfte man kaum denken. Und drei prächtige Söhne, die einmal große Jäger hätten werden können. Oh, es war furchtbar! Konnte denn keiner dem Hungergespenst entrinnen?

Ulak war sehr kräftig, desgleichen sie; sie wollten kämpfen um ihrer Söhne willen. Jeden Tropfen des Hundeblutes mußten die Söhne bekommen, solange es noch warm war, wenn das Blut in so jämmerlichen Geschöpfen überhaupt warm sein konnte. Nur dreimal konnte man Suppe bereiten und dann – das übrige mußte kalt gegessen werden, kalt oder roh. Der kleine Aang, der jüngste, nahm fast gar nichts; es war ihm schon lange Zeit übel von dem gesottenen Moos, und er wollte nicht einmal die besten Bissen essen.

Sonderbar, wie sie sich immer wieder und noch ein wenig ans Leben klammerten. Es gab keinerlei Hoffnung mehr, und doch, wie ängstlich bewahrten sie jeden Knochen auf, jedes Stück Haut, jeden Fetzen Eingeweide – wie behüteten sie jedes Krümchen, und sie schliefen darauf, damit es vom Frost nicht verdorben werde. Ulak kaute fast ständig an Stückchen von Geschirriemen. Alki konnte hören, wie er mühsam schluckte und sich selbst vorzutäuschen suchte, er esse.

Man wußte nicht mehr, ob es Tag war oder Nacht, wußte nicht, wie lange man bei Bewußtsein bleiben konnte. Man wußte nur, daß die Zeit auch weiterhin verstrich und daß furchtbarer Hunger immer kräftiger und kräftiger die Oberhand gewann. Vielleicht waren irgendwo im Dunkel kleine Teilchen von Speise verlorengegangen, doch an den größeren Knochen nagte man immer wieder. Mit Ausnahme des kleinen Aang. Alki konnte ihn nicht sehen, aber sie fühlte, ah, sie wußte, wie es um ihn stand! Wie kalt er war und wie still!

Sie begannen jetzt, sich aneinander zu schmiegen; sie zogen die Füße hoch und versuchten, die Hände unter den anderen zu schieben, um die Kälte zu verjagen. Irgendwie gerieten ihnen die alten Knochen in Verlust, und niemand machte mehr den Versuch, danach Ausschau zu halten. Diese abgenagten Knochen waren ohnedies von keinem Wert. Es war ein viel angenehmeres Gefühl, ganz still zu liegen und die Kälte daran zu hindern, daß sie sich zwischen sie stahl. Niemand sprach ein Wort, niemand bewegte sich, sie alle schienen miteinander auf einer Flut dahinzutreiben, mühelos immer an derselben Stelle.

Später erzählte Alki, daß sie sich der sonderbaren Männer erinnerte, die in das Iglu eindrangen, und wie sie über das sonderbare Licht gestaunt hatte, das diese mitbrachten und das so anders war als das Eskimolicht. Gewiß brachten sie auch Vorräte mit, aber es hielt schwer, sich an alles zu erinnern. Später hatte man sie in ein neues Iglu gebracht, und von da an war das Gedächtnis viel frischer und leichter. In dem Iglu fand sie Ulak und die beiden älteren Söhne wieder. Nach dem dritten fragte sie nie mehr. Das war der Brauch der Eskimos.

So erzählte Alki, das Weib Ulaks, dem Weib Tapiks, Kipi, ihre Geschichte. Sie kamen aus demselben Land in der Mitte, aus jenem Winkel am Meer.

Die Eskimos wurden wieder kräftig, die sechs Männer mit ihren Frauen und Kindern – alle, die aus den verschlossenen Iglus gerettet worden waren. Jedesmal, wenn sie miteinander sprachen, wandten sie jenem verlassenen Dorf, das noch immer nur eine halbe Tagesreise im Westen lag, den Rücken. Die Tage der Einsamkeit waren für die Geister der Abgeschiedenen jetzt schon längst vorbei. Nun hatten sie sich gewiß schon an die seltsame Geisterwelt gewöhnt; die Anwesenheit der Lebenden war nicht mehr nötig, sie zu trösten. Die Zeit war gekommen, da die, die aus den Klauen des Hungergespenstes gerissen worden waren, wieder weiterschreiten durften zu neuen Mühen und in ferne Gegenden. Die sechs Männer begannen, die sonderbaren Sitten der Rentiere zu erlernen. Sie sprachen nur wenig. Aber die Frauen wußten, wie sehr sich alle über die unglaubliche Zahmheit der Rentiere verwunderten. Welch ruhige Tiere, beinahe wie Hunde! Und was für Fleisch! Wie das der Karibus, nur viel besser. Außerdem hatte der große Lappenführer, Jon der Schweigsame, sie alle aufgefordert, mit den Rentieren mitzuziehen, in irgendeinen gewaltigen Jagdgrund in weiter Ferne. Wie aufregend das war!

Die neuen Männer zogen auf Wache mit Pehr und Akla, mit Mikel und Tapik. An düsteren Tagen und in schwarzen Nächten zogen sie rings um die Herde, rundum, rundum. In stürmischen Tagen blieben mehrere Hirten bei den Rentieren. Wieder zeigten sich Wölfe; sie kamen nachts oder inmitten von Schneestürmen; sie huschten wie Schatten dahin, und man konnte sie kaum sehen. Vielleicht waren diese hundefressenden Ungeheuer den ausgehungerten Wanderern aus dem Innern des Landes gefolgt. Die Untiere verfügten über unendliche Schlauheit; sie wußten alles, und man konnte ihnen mit gewöhnlicher Jägerlist nicht beikommen.

Es war Zeit zum Aufbruch. Viele Tage hatte man keinen Schritt getan – wie viele, dessen entsann sich niemand, aber es waren sehr viele. Bei der Herde dienten jetzt neue Männer, unbekannt und unerprobt, aber man hatte keine anderen zur Verfügung. Ulak und Ujark machten einen tüchtigen Eindruck, doch die anderen hatten keine Tiefe, kein Gefühl für Verantwortung; sie waren wie Kinder, nicht böswillig, aber vergeßlich und unvernünftig. Ohne Zweifel vermißten sie die weise Leitung Rajiks, des alten Häuptlings, der in einem verschlossenen Iglu zurückgeblieben war. Dennoch konnte man sie, gemeinsam mit den anderen, alle gebrauchen. Sogar die Knaben halfen bei der Abwehr der Wölfe. Ach ja, sie mochten schon etwas lernen – sogar von den Hirtenhunden mußten sie noch lernen.

Man wartete einen windstillen Morgen ab. Dann begannen Pehr und Mikel und Ulak die Rentiere in Bewegung zu bringen. Die anderen packten, bespannten die Schlitten und entwirrten wieder einmal das Geschirr. Man hatte zuwenig Hunde für die Schlitten. Die neu Angekommenen besaßen keine mehr, aber Akla hatte noch einige alte Zugrentiere hervorgesucht, hatte sie wieder eingeschult, und sie erinnerten sich jetzt des einst Gelernten. Nun setzte man sich in Bewegung; es war fast so, als verließe man ein Sommerlager, so lange Zeit hatte man an dieser einen Stelle verbracht.

Jon war wie immer der letzte, der abzog, er gab Befehle, erteilte Ratschläge, achtete darauf, daß nichts zurückbleibe. Diese Kinder! Wäre es möglich gewesen, hätten sie einen Arm, ein Bein vergessen! Sie hatten nichts anderes im Kopf als die Aufregung ob der neuen Reise, ob des neuen Landes. Ach, endlich waren sie alle fortgezogen.

Gewiß waren es menschliche Wesen, aber ob sie wohl je etwas erlernen mochten? So fragte sich Jon, während er die stumm daliegenden Iglus betrachtete. Dann wandte er sich um, nach jenem anderen Dorf der versiegelten Iglus. Wie vorschnell diese Leute waren und wie gedankenlos! Wie sie alle Hoffnung auf eine zufällige Begegnung mit den Karibus gesetzt hatten. Und die lange Reise zum Meer, fast ohne Vorräte – auch das war eine Dummheit gewesen. Die Leute mußten doch wissen, daß nach jedem kurzen Sommer ein langer und gefahrvoller Winter kommt. Dennoch hatten sie in vielen Generationen der Erfahrung keinen Plan zurechtgelegt, keine verläßliche Methode, den alten Gefahren die Stirn zu bieten. Sogar Vögel und Wild fanden ihre Nahrung, oder sie zogen zur richtigen Jahreszeit auf Wanderschaft.

Aber die Weißen Häuptlinge wußten es ganz gewiß; er, Jon, mußte ihre weisen Pläne durchführen. Ja, er mußte weiterziehen. Gewiß kamen noch Augenblicke der Schwäche und der Ratlosigkeit, aber er mußte weiter – weiter und weiter, für einen Zweck, den die Weißen verstanden. Vielleicht waren diese Kinder des Nordens nicht wirklich vergeßlich, sondern erweckten nur den Anschein. Vielleicht erinnerten sie sich auf eigene Art der grausigen Schrecken der Hungersnot, des Leids und der Verzweiflung, als das Ende ihnen nahe gewesen war. Ach, wie erlebte er selber sogar jetzt noch diese lange Nacht von neuem, da er in die fremden Iglus eingedrungen war, ins Dunkel gegriffen hatte und diese Knochen, diese Kälte, diese Steifheit gefühlt hatte.

Nein, das durfte nicht geschehen! Das durfte nicht immer wieder und wieder geschehen, Winter für Winter. Er, Jon, der Vertrauenswürdige, mußte sich diesem großen Hungergrauen des Nordens entgegenstellen. Ja, er mußte die Segnungen der Nahrung fernhin tragen in unbekanntes Land. Hier lebte ein Volk, ein Volk mit erstaunlichen Fehlern und Bräuchen – aber doch ein Volk. Nicht so leicht durfte das Hungergespenst diese Menschen wieder in die Hände bekommen; nicht so leicht durfte man zulassen, daß sie spurlos von der Erde verschwänden.

Jon wandte sich nach Osten. Er war wieder er selbst.

«Die lange Reise zum Meer, fast ohne Vorräte …

... auch das war eine Dummheit gewesen», urteilt Jon über die aufgefundenen Überlebenden des Stammes. «Die Leute mußten doch wissen, daß nach jedem kurzen Sommer ein langer und gefahrvoller Winter kommt.»

In der Arktis kann mangelnde Vorsorge das sichere Todesurteil sein. Wir sparen unabhängig von den Jahreszeiten, um uns ständig ein gleichbleibend gutes Leben zu sichern.

Fünfzehntes Kapitel

Der Große Geist

Nach den ungezählten Tagen der Untätigkeit neben dem Dorf der Toten lag etwas Tröstendes in der Vorwärtsbewegung. Ein Behagen selbst inmitten von Unbehagen, selbst inmitten der längsten Schneestürme und der schärfsten Kälte, die seit vielen arktischen Wintern geherrscht. Schon eine einzige schwer abgerungene Meile aus den vielen Meilen bedeutete etwas. Das Bewußtsein, daß die Rentiere noch weiter schreiten konnten, wenn auch ein wenig an Zahl verringert, hielt den Mut aufrecht – noch immer vermochte man weiterzumarschieren in den unbekannten Osten.

Es war schwer festzustellen, inwieweit man den neuen Männern vertrauen durfte, festzustellen, ob sie wirklich den Sinn dieser langen Reise erfaßten, festzustellen, ob sie genügend Mut und Treue hatten, um in den langen nächtlichen Wachen durchzuhalten. Ständig drohte Gefahr durch Wölfe; die Bestien wurden nachts oder in den Stürmen, die das Auge blendeten, immer dreister. Eine Flinte, ja bloß der Knall eines Flintenschusses, war das wirksamste Mittel, sie von der Herde fernzuhalten. Aber eine Flinte in den Händen eines unerprobten Mannes? Das war schwer zu entscheiden. Wilde unberechenbare Leidenschaften durchfuhren manchmal diese seltsamen Menschen, Orgien des Gemetzels, plötzliche Flucht – ja, man konnte das wirklich schwer entscheiden.

Man war nie gänzlich geschützt vor der Gier der Wölfe. Zu gewissen Zeiten schienen sie von besonderer Tücke beseelt zu sein, von einer so großen Ausdauer, daß es fast keine Möglichkeit gab, sie abzuwehren. Zu anderen Zeiten war es, als hätten sie untereinander das Abkommen getroffen, sich zurückzuziehen, um der Herde vorzutäuschen, daß dieser Rückzug für die Dauer sei. Welche Verschlagenheit – welche Tücke! Sie zogen sich nur zurück, um unerwartet wieder aufzutauchen. Lange hagere Gestalten, huschende schwarze und graue Schatten, warteten sie immer mit einer Geduld, die an den Nerven zerrte und das Herz selbst des mutigsten Hirten erschauern machte. Die Untiere waren gute Psychologen und kannten die ermüdende Wirkung eines so langen Feldzugs. Es war eine Taktik der Erschöpfung, des langsamen Zermürbens.

Ohne Zweifel vermehrten die ungewohnten Härten dieses Winters die Wildheit der Wölfe. Doch die töteten die Rentiere nicht immer aus Not; manchmal ließen sie die Opfer beinahe unversehrt liegen, schrecklich zerfleischt, aber kaum angefressen. Es schien wie ein unheimliches Spiel, das die Ungeheuer spielten, angestiftet von einem uralten Trieb, selbst um den Einsatz des eigenen Lebens. Gewiß vermehrte der Einsatz die Lust am Spiel, und sie kannten die Zahl ihrer Opfer genau. Wie natürlich und vermeidlich war es, daß die Völker des Nordens ihnen einen Verstand zuschrieben, der den des Tiers übersteigt, ja eine mehr als menschliche Verschlagenheit! Man vermochte nicht, sie zu vernichten; man konnte sie nur ein wenig im Zaum halten – nur ein wenig.

Ob die Hirten Angst vor den Wölfen hatten, darüber konnte Jon niemals Klarheit gewinnen.

Natürlich fürchteten sie die Wölfe, weil diese die Herde schädigten, aber ob sie wohl auch lauernde Furcht für sich selbst empfanden? Das konnte man niemals klar erkennen. Wenn die einsamen Wächter die Rentiere hüteten und der langgezogene Schrei – ein Winseln der Drohung und der Verzweiflung – durchs Dunkel zu ihnen drang, fühlten sie ganz gewiß, wie sich namenloses Entsetzen über sie stahl, so wie man entsetzt ist, wenn ein Eisvogel lacht oder eine Eule schreit. Dieses alte Entsetzen quoll empor aus den fernen Urzeiten, in denen Menschen und Tiere miteinander gekämpft hatten. Ja, gewiß fühlten sie das; es lag ihnen im Blut.

Glaubten die Männer wohl, daß die Wölfe sich durch Sturm und Dunkel stehlen mochten, um sie wirklich anzuspringen? Glaubten sie, daß ein großes Rudel, vom Hunger zur Verzweiflung getrieben, sie kühn umzingeln und von allen Seiten auf sie eindringen könnte? Das hätte ja geschehen können und leicht. Aber war es schon geschehen? Jon wußte es nicht und wußte von keinem der Männer, was sie fühlten.

Man erzählte einander Geschichten. Ach ja, es gab viele Geschichten – entsetzliche Geschichten, die die Erzählenden von anderen gehört hatten. Ein Bruder Yoaks war plötzlich von seinem Schlitten verschwunden; ein alter Häuptling, Haias, hatte ferne in den Hügeln das Gerippe seines jüngsten Sohns gefunden. Saas, die Gattin Tumiks, war einst nachts verschwunden, als sie von einem Iglu zum anderen gehen wollte. Ja, und was war aus dem alten Iskik geworden? Gewiß verfügten die Wölfe über Behendigkeit und List, die die der Menschen überstiegen. Und dann war es noch Winter, die Stürme hatten ohne Unterlaß getobt, längere Zeit, als von einem Mond zum anderen vergeht. Einst war ein ganzes Dorf von ungeheuren Tieren belagert worden, die mit den Pfoten die Iglus durchscharrten und die vor Furcht gelähmten Bewohner fortschleppten zu einem furchtbaren Geschick. Dies hatte sich in dem Land jenseits des Brausenden Stroms ereignet oder vielleicht auch in dem breiten Tal der Rauchenden Hügel? Wasso oder sein Bruder hatten die Iglus und die tiefen Krallenspuren gesehen. Entsetzt war er von diesem Ort geflohen und hatte es einem Stamm vorbeiziehender Inland-Eskimos erzählt. Die verbreiteten die Nachricht durch das ganze Ostland, und so war die Geschichte bis zu Jon gelangt.

Jedenfalls stand eins fest: die Wölfe waren eine Gottesgeißel für die Herde. Das Winseln der Wölfe, ihr Anblick, ihr Geruch, sogar ihre Nähe setzten die Herde in Schrecken. Angesichts wirklicher oder eingebildeter Gefahr betrugen sich die Rentiere absonderlich. Manchmal drängten sie sich immer dichter und dichter aneinander, um zu warten; zu anderen Zeiten verstreuten sie sich regellos nach allen Richtungen. Und dieses letzte war es, das den Hirten viele Tage und Nächte der Mühe bereitete. Fern vom Lager, manchmal allein in Sturm und Dunkel und mit sich verringernden Vorräten, ja das war schwer – ja, die Hirten hegten bitteren Haß gegen die Wölfe. Einzig und allein die Gewehre schienen die Wölfe abzuschrecken. Die Tiere fühlten eine unheimliche Macht in diesen Waffen, eine Macht, gegen die sie nicht aufkommen konnten. Oft genügte es, in einer ruhigen Nacht eine Flinte abzufeuern, um sich die Wölfe für lange Zeit fernzuhalten. Manchmal bewog bei klarem Wetter schon der Anblick der Flinte, die ein Mann trug, den kühnen Späher des Rudels, zu den anderen zurückzufliehen und ihnen von der donnernden, blitzenden Gefahr zu berichten. Die Flinten aber konnten nicht mehr lange Zeit von wirklichem Werte sein; die Flinten waren zwar noch immer im Lager, so wie im Beginn, aber die Munition ging allmählich aus. Niemand glaubte wohl, daß die Wanderer noch immer unterwegs waren; niemand wußte, wie sehr es ihnen not tat, die Flinten abfeuern zu können. Nur die Lappen wußten, daß die Munition für die Flinten allmählich schwand. Tapik hatte es vielleicht erraten, aber so wie immer sagte er kein Wort.

Nach ungezählten Tagen tobender Winde senkte sich plötzlich Stille über sie. Lange und erschauernd flüsterte ab und zu der Wind, als ob das Land vor Erschöpfung nach so gewaltiger Plage aufseufzte. Die Nächte waren hell wie die Tage; der harte, spröde Mond warf dünne Schatten, wenn die Männer den Dienst bei den Tieren antraten. Jetzt gab es Entspannung nach dem ewigen Wachen im Sturm und Dunkel. Tapik und Ulak machten die Runde um die Herde und zogen langsam in dem weißen Licht immer neue Kreise. Sie trafen zusammen und wechselten einige Worte, dann ging jeder weiter, die dunkle Masse der bewegungslosen Rentiere zu hüten.

Wie wundervoll war es, nicht vom Sturm gepeitscht zu werden, nicht atemlos keuchen zu müssen, nicht im Dunkel zu straucheln und zu stürzen. Wenn alle Nächte so gewesen wären, wie hätte man da marschieren können! Wieder trafen die beiden Hirten zusammen; sie sprachen miteinander und blickten hinaus über die endlose Fläche von wogendem Weiß. Sie schlossen allmählich Bekanntschaft, der neue Mann Ulak und der aus alten Zeiten, Tapik. Ja, es war sonderbar, was sich die Weißen Häuptlinge vorgenommen hatten: die Sache mit dieser Herde hier und der furchtbare Zug ins Nirgendhin. Warum machten sie einem Volk, das nicht mit ihnen versippt, ja nicht einmal von ihrem eigenen Stamm war, ein solches Geschenk? Das war seltsam.

Sie betrachteten dieses große Geschenk: die Rentiere. Wie zahm sie waren, wie ruhig! Ah, aber sie waren nicht ruhig. An der fernen Seite der Herde gab es Bewegung, ein rasches Durcheinander, ein Davonjagen kleinerer Gruppen von der Hauptherde. Das konnte nur eine einzige Ursache haben. Die Männer wandten sich hastig um und eilten davon. Doch wie schnell die Skier auch über den Schnee zischten, es war zu spät.

Zappelnd und zuckend lagen Rentiere auf dem Schnee, und schon verschwanden über eine Bodenerhebung unklare Schatten huschend in die Ferne. Es war den Männern, als hätten sie überhaupt nichts gesehen. Ohne die Rentiere, die zerrissen und zerfetzt auf dem Boden lagen, hätten sie vielleicht daran gezweifelt. Wie konnte man mit einem solchen Feind fertig werden? Wie mochte es Schutz geben vor Schatten, die von nirgendher kamen und sich einem vor dem Blick auflösten; vor Geschöpfen, die die Verschlagenheit hatten, in der einzigen Nacht, in der man sie am wenigsten erwartete, aufzutauchen.

Sechs Tiere waren dem raschen lautlosen Angriff zum Opfer gefallen. Sie waren verloren, obwohl sie noch lebten. Das war die Art der Wölfe. Die Opfer zuckten jämmerlich im Schnee und versuchten noch immer aufzustehen. Es gab keine Hilfe für sie. Tapik wußte aus langer Erfahrung bei der Herde, was er zu tun hatte. Er sagte es auch Ulak, und dann bewegten sich die Rentiere nicht mehr. Wenn die Ablösung kam, konnte man die Tiere ins Lager schaffen – das tat man mit den Opfern immer nach einem Überfall. Tapik und Ulak begannen von neuem ihren Rundgang.

Die klare und windstille Zeit währte aber nur kurz. Es schien den Wanderern, als müßten sie für jedesmal, da sie sich von Wölfen oder Wetterunbilden erholten, zahlen, ja mehr als zahlen. Jetzt kam der Vater aller Stürme und ließ grölend seinen ganzen Zorn an allen Lebenden aus. Luft und Erde wurden von der fast festen Masse, die der dahinbrausende Wind bildete, niedergedrückt. Es herrschten zwei Winde. Der niedere Bodenwind, dessen anschwellender Ton sich nie änderte. Darüber erklangen Obertöne, die veränderlichen, kreischenden, stöhnenden Stimmen, die dann zu einer großen Baßstimme und zu einem einzigen Ton verschmolzen.

Man konnte nicht ans Marschieren denken, sogar das Atmen war eine Aufgabe. Man mußte den Rücken dem Wind zuwenden, die schützende Kapuze tief übers Gesicht ziehen und dann einen Mund voll Luft schnappen – das war die einzige Möglichkeit.

Die Wachen bei der Herde wurden verdoppelt. Vier Männer patrouillierten zu zweit um die Stelle, an der die Rentiere standen. Diese waren nicht oft zu sehen, aber die Hunde wußten nach ihrer geheimnisvollen Art Bescheid. Leinen banden Menschen und Hunde aneinander. Die Hirten lebten nur für den Zeitpunkt, da sie den Hunden wieder zu den Iglus folgen durften, heiße Mengen

Fleisches aus den Töpfen verschlingen und dann in Schlaf sinken konnten.

Die nächsten Tage brachten keine Veränderung; das Tosen ließ nicht nach, und größer konnte es nicht mehr werden. Vielleicht mußte der Schneefall aufhören, wenn der Norden sich gänzlich seines Schnees entledigt hatte. Aber ein solcher Wind – wie konnte der je seine tobende Wut beherrschen? Ganz gewiß wehte er jetzt rund um die Welt, trieb sich selber an und immer weiter an; ein so furchtbarer Kreislauf konnte nirgends ein Ende haben.

Man konnte an ein Weiterkommen nicht denken. Welch ein Kampf war es, auch nur so durchzuhalten – zu leben – zu existieren. Wie viele Tage hatte dieser Sturm jetzt schon getobt? Es schien, als hätte man keine Möglichkeit, den Ablauf der Tage festzustellen, jegliche Stunde war gleichförmig in dem endlosen Wirbel. Das kreischende Geräusch des Winds wurde den Männern vertraut. Sie konnten sich nicht vorstellen, je anders gelebt zu haben als im Sturm; nur in den tiefverwehten Iglus war das Dröhnen des Unwetters schwächer zu hören.

Was sie befürchtet hatten, kam jetzt über sie: Wind und Wölfe zur gleichen Zeit. Mikel und Ujark, Tapik und Ulak hielten Wache. Die Hunde kläfften und zerrten an den Leinen, die Rentiere flohen in Entsetzen und begruben die Männer beinahe in ihrer Jagd, leise Wolfsschreie mengten sich mit den Stimmen des Winds. Es gab keine Möglichkeit, die Rentiere aufzuhalten; die Männer kamen von entgegengesetzten Seiten dort, wo früher die Herde gestanden hatte, zusammen. Ein jeder von ihnen hatte Tiere an sich vorbeijagen gefühlt. Ohne Zweifel war die Herde in alle Richtungen verstreut. Alle Tierlaute erstarben in der Ferne, nur der endlose Wind tobte weiter, unermüdlich und höhnisch.

Ratlos standen sie da, niemand wußte, wo die Herde hingezogen war; niemand wußte, ob es denn überhaupt noch eine Herde gab. Oder waren die Tiere in kleinen Rudeln überallhin entflohen? Man mußte es Jon melden, aber auch der konnte das nicht wissen. Am besten, es dem ganzen Lager zu erzählen, jetzt taten alle Männer not.

Die Entscheidung stand bei Jon. Immer legt man ihm alles vor, jede Schwierigkeit. Aber dies war mehr als eine Schwierigkeit; es war das Schicksal des ganzen Zugs. Die Existenz der Rentiere, ja sogar das Leben der Wanderer selbst hing von seiner Klugheit ab. Konnten sich die Männer in diesem unendlichen Sturm ins Ungewisse zerstreuen? Wenn die Hirten nicht zurückkamen, dann war die Herde wirklich verloren. Es war ein schwerer Entschluß. Wie konnte man ruhig dasitzen und nichts tun, während irgendwo auf der ungeheuren Fläche sturmgepeitschten Landes die kostbaren Tiere unbehütet sich umhertrieben. Jon sah sie schon als Beute jeglicher Gefahr, sah die Herde dahinschwinden, verblassen zur Undeutlichkeit einer Legende.

Jeder Versuch war besser als gar keiner. Er, er selbst wollte gehen, sie sollten alle mitsammen gehen, alle bis auf die Vier, die eben zurückgekommen waren. Auch die Hunde mußten mit, nur die Hunde konnten die Rentiere finden, nur die Hunde waren imstande, den Menschen wieder den Rückweg zu zeigen. So zogen sie hinaus in den Sturm, sechs Männer und die Hunde, alle zusammengebunden mit Stricken. Wie Leute, die durch eine schwere Brandung waten, nahmen sie mühsam ihren Weg zu der Stelle, von wo sich die Herde zerstreut hatte. Dann ließen sie den Hunden die Führung. Die Hunde zögerten und waren unschlüssig und schienen keine Spur zu finden. Freilich, die Tiere waren offenbar nach allen Richtungen geflohen. Jetzt machten sie sich auf, gegen den Sturm seitwärts gehend, das Gesicht vom Wind abgewandt.

Wie der Wind schnitt – wie er sich beißend und peitschend auf die Reihe von Männern stürzte, die ihm entgegenwanderte! Ja, sie wollten es jedenfalls versuchen, das war viel besser, als in den Iglus zu grübeln. Die Hunde stießen gedämpfte Laute aus, sie krochen tief am Boden beim Gehen; sie sahen fast aus wie ausgebreitete Hundefelle. Sie zerrten die Männer beinahe bis an die Hinterteile der Rentiere, die dastanden, das Gesicht dem Sturm zugewandt. Ah, wie wunderbar war es, die wieder zu sehen! Jetzt begannen sie alle wieder, zu dem alten Weideplatz zurückzukehren. Es war eine kleine, ganz kleine Menge – vielleicht hundert oder etwas mehr oder weniger –, aber es war ein Anfang. Zu diesen kamen gewiß noch andere, vielleicht fand man gleichzeitig sogar tausend. So wollte man die Herde wieder ergänzen.

Der erste Versuch war nur eine Verlockung, andere Versuche in verschiedenen Richtungen zu machen. Die Männer sammelten die versprengten Reste der Herde, die nahe dem Lager zum Stehen gekommen waren. Jon ließ sie so lange in dem tobenden Sturm, bis sie begannen, wieder zurückzutrotten. Vier Rudel von Rentieren wurden angebracht, mehrere hundert Stück, bloß eine Handvoll. Irgendwo in den unermeßlichen Weiten der Arktis wanderten noch kostbare Rentiere nach Westen, Süden oder Osten, entfernten sich immer weiter und weiter von der Obhut der Hirten. Dennoch konnten die Leute nicht mehr durchhalten; sie mußten essen, sie mußten rasten, sie mußten einen langen Zustand der Schlaftrunkenheit überwinden, der hervorgerufen war von dem endlosen Kampf gegen den Sturm.

Das gebot die Vernunft. Menschliche Ausdauer war eben nicht mehr als menschliche Ausdauer. Aber Jon fand keine Ruhe. Er sah vor sich die wandernden Rentiere, die vielleicht in ein offenes Stück Meer gerieten oder nutzlos von umherziehenden Stämmen erlegt wurden, er sah sie angefallen von zahllosen blutgierigen Wölfen oder schon in eine Entfernung weitergewandert, daß man sie nie mehr einzuholen vermochte. Wie viele Gefahren sie bedrohten! Es war ja undenkbar, sich vorzustellen, daß alle gerettet werden könnten. Wenn bloß der grimmige Sturm ein Ende gefunden hätte! Wenn bloß die Männer sich sogleich wieder erholten! Noch nie hatte Jon den Sturm so sehr verabscheut wie in dieser Zeit des Wartens. Das Toben der Winde glich so sehr einem lebenden, fühlenden Geschöpf, einem trotzigen, siegreichen Feind, der einem ohnmächtigen Gegner Hohnworte zuschrie. Es war zum Tollwerden, daß man dagegen nichts beginnen konnte.

Als die Männer wieder zu Kräften gekommen waren, hatte sich die Gewalt des Sturms verbraucht. Freilich war er zu trotzig, um gänzlich zu erlöschen. Er kehrte in anfallsartigen Stößen zurück, in tückischem, bösartigem Grimm, als ob er allem Leben, das trotz seines Tobens noch immer bestand, einen letzten Tort antun wollte.

Eine kleine Anzahl von Rentieren wurde in der Nähe des Lagers aufgefunden. Ganz gewiß waren die Männer auf der Suche mehrere Male an ihnen vorbeigekommen. Sie brachten diese letzten Versprengten wieder zur Herde, und jetzt war es klar, daß es in der Nähe keine wandernden Rentiere mehr gab. Man mußte also richtige Expeditionen ausrüsten, mit Proviant und vielleicht mit Schlitten. Eine lange Arbeit der Suche, eine erschütternde Verzögerung, aber es schien keine andere Möglichkeit zu geben. Mehr als die Hälfte der Herde fehlte noch.

Die Frauen sahen die Nähte in den Schlafsäcken der Männer oder in deren Stiefeln nach; sie hatten neue Fäustlinge vorbereitet und längere Fransen für die Kapuzen. In schlimmen Lagen mochte von solchen Kleinigkeiten ein Menschenleben abhängen. Die Männer bereiteten sich vor, in größeren Kreisen ihre Suche durchzuführen, für eine ganze Nacht oder sogar für viele Nächte dem Lager fernzubleiben. Sie zogen in Paaren aus, in alle Richtungen; es waren vier Paare, nur Jon und Pehr und ein Eskimo blieben zurück, um die Herde und das Lager zu bewachen. Als die Männer fort waren, brach für die Zurückgebliebenen eine Zeit des Wartens an, noch schwerer zu tragen als das Los der Suchenden. Das Schicksal dieses ganzen Unternehmens hing von Winden oder Wölfen oder Zwischenfällen ab; und von all diesen Dingen mochte es so viele geben.

Nach fünf Tagen kamen Mikel und sein Eskimo wieder zurück. Ja, sie waren wieder da, und vor ihnen schritten ungefähr zweihundert Rentiere. Sie waren nach Norden gezogen zu dem nahen Meer, hatten nach Osten und Westen die Küsten abgestreift und in dem niederen Hügelland die Tiere gefunden. Es war ein stolzer Augenblick für Mikel, den jüngsten der Lappen, als erster zurückzukommen und nicht mit leeren Händen. Ach ja, eine Zeit der Rast gebührte ihnen, ein herrlicher Schlaf, und dann hieß es von neuem: auf die Suche!

Nach dem großen Sturm war jetzt der Wind nicht störend, aber man konnte kaum damit rechnen, daß ein so gutes Geschick andauere. Bald mußten sich die Stürme wieder sammeln und die Winde wieder grölen, so daß nur noch die Hunde den Weg fanden. Es wäre zuviel erhofft gewesen, daß alle solches Glück haben sollten wie Mikel. So etwas konnte man in einem grimmigen Land, in dem die Stürme tobten, nicht erwarten.

Zwei Tage später kamen Ulak und Ujark – mit nichts. Sie waren nach Westen gezogen. Wie weit sie gegangen waren und wo sie überall gesucht hatten, das konnte man nicht genau sagen. Sie waren noch nicht vom echten Geist dieses Unternehmens beseelt, ahnten nichts von seiner Größe und Wichtigkeit. Es hatte sie die Sehnsucht übermannt nach ihren großen Iglus, nach ihren Fleischtöpfen und ihren Frauen. Sie waren mit leeren Händen gekommen.

War denn nicht die große Herde ausreichend – mehr Tiere, als man in vielen Wintern verbrauchen konnte? Warum sich abmühen für fremde Stämme, die nicht ihre Brüder waren? Und so hatten sie nichts zurückgebracht.

Streng sandte sie Jon sogleich wieder fort, und sie gingen, langsam, mit düsteren Blicken. Nach drei Tagen zog Jon selber ihnen nach. Eine halbe Tagesreise vom Lager entfernt, fand er ein Iglu. Er sprang darauf, brach durch, so daß die Schneeblöcke auf die beiden im Innern ausgestreckten Gestalten herabprasselten. Sie rollten zur Seite, sie schüttelten die Schneetrümmer von sich ab, sprangen auf und musterten das seltsame Wesen, das sich gegen allen Brauch bei Leuten eindrängte, die in einem geschlossenen Iglu schliefen. Jon! Der große Führer hatte sie entdeckt! Er war nur ein kleingewachsener Mann und maßte sich solche Autorität an. Die beiden näherten sich einander, als ob sie gegen ihn losgehen wollten. Wie – er regte sich nicht?

Plötzlich brüllte der eiserne Stock. Die Waffe der Weißen Häuptlinge! Das hatten sie vergessen – ja, sie hatten vergessen, daß Jon einen dieser schrecklichen krachenden Stöcke bei sich trug. Sie stürzten sich auf ihre Habseligkeiten und packten sie hastig zusammen. Hier konnte es keinen Streit geben, keinen Überfall gegen eine solche Waffe. Hastig machten sie sich davon. Als sie sich umblickten, sahen sie, wie Jon in tobender Wut die Überreste des Iglus zertrampelte. Ganz gewiß war der große Führer sehr zornig. Ulak und Ujark wandten sich und eilten Hals über Kopf von dannen.

Von Zeit zu Zeit kamen die Männer zu zweien ins Lager zurück. Manchmal brachten sie ein paar versprengte Rentiere, aber niemals mehr als fünfzig – und oft brachten sie nichts. Die Herde wuchs langsam an Zahl, so langsam, daß sie die volle Stärke vor dem Ende des Winters nicht mehr erreichen konnte. Jetzt sollte man schon über die östlichen Hänge der Schwarzen Berge hinabziehen, aber die Berge waren noch gar nicht zu sehen; nur dann, wenn man viele Hunderte Tiere an einer Stelle fand, konnte man vor dem Anbruch des Sommers noch irgendeine nennenswerte Strecke zurücklegen.

Jon war schweigsamer und ernster denn je. Er wußte nicht, ob die Eskimos wirklich allmählich erschöpft waren oder ob es ihnen nur widerstrebte, aus ihren Iglus auszuziehen, wo es Nahrung in Hülle und Fülle gab. Jedenfalls wurde es immer schwieriger, sie zur Neuaufnahme der Suche zu bewegen: sie erklärten, die Rentiere seien schon alle gefunden oder seien ins Meer gewandert oder von anderen Stämmen fortgetrieben oder auch von Geistern vernichtet worden. Oh, sie waren voll von Ausflüchten! Aber es fehlten noch viele hundert Stück zum vollen Stand der Herde, und ohne diese Tiere wollte Jon nicht weiterziehen. Die Lappen waren zwar dienstbereit, verloren aber allmählich den Mut; und so lastete auf Jon allein der Befehl und die noch größere Bürde, die Hoffnung aufrechtzuerhalten.

Die Jagd schien hoffnungslos. So ungeheuer waren die Strecken, so unendlich die Entfernungen, die man zurückzulegen hatte, die kriechende Bewegung der Menschen konnte dagegen so wenig ausrichten! Ein sehnendes Verlangen, ein leidenschaftlicher Wunsch, die Rentiere zu retten, packte Jon. Er überließ Pehr den Befehl über das Lager, nahm die beiden ersten Eskimos, die er sah, und tauchte ins Düster des Winters. Im nächsten Augenblick war das Lager vom Dunkel verschluckt; doch sie kamen rasch vorwärts, rascher als je zuvor.

Mit der See im Norden, zogen sie vom Lager aus große Kreisbogen. Weiter und weiter pendelten sie durch Sturm und Windstille, über Hügel und weite Ebenen. Durch Jons Drängen wurden die Eskimos angetrieben, bis sie beinahe umfielen. Endlich fand man eine kleine Herde, etliche vierzig Stück. Man war schon so weit vom Lager entfernt, daß die Vorräte ausgegangen waren, darum mußte man eines der Rentiere verwenden. Nach zweiundzwanzig Tagen kamen sie wieder ins Lager. Die Eskimos taumelten vor Erschöpfung, aber Jon schien ein Übermensch zu sein, über menschliche Schwächen erhaben.

Welch kleines Rudel sie gefunden hatten! Aber sie waren wieder da und nicht ohne jeden Erfolg. Es mußte gelingen. Die meisten der Männer hielten sich im Lager auf; während Jons Abwesenheit hatten sie sich offenbar nur sehr wenig angestrengt. Er erteilte strenge und furchtbare Befehle. Die Männer zogen langsam und düster wieder fort; im Westen und Süden und Osten entschwanden sie dem Blick. Jon sah ihnen starr und erbarmungslos nach. Wie wenig sie das große Ziel erfaßten! Sie sollten nur marschieren! Sie sollten nur gegen die Stürme ankämpfen, sie sollten nur abmagern zu Gerippen! Ach, es gab viele Menschen, aber nur eine Rentierherde! Sie sollten kämpfen!

Pehr, der Lappe, und Ulak, der Eskimo, zogen nach Westen. Vielleicht hatten die Tiere ein instinktives Wissen um die Lage ihrer Heimat, das sie wieder in die alte Richtung zurückzog, zurückzog nach den fernen Weideländern, noch weiter als die Buckland-Bai. Vielleicht waren sie dorthin umgezogen, man konnte nicht wissen, was scheu gewordene Rentiere taten.

Die Männer hatten kein Zelt. Wenn Rast gehalten wurde, baute Ulak ein Iglo; dies ersparte das Packen, obwohl dem Lappen das Zelt abging. Weiter zogen sie, nach Westen und immer wieder weiter nach Westen, bogen aber dort nach Norden und Süden ab, wo Täler mögliche Weideplätze bieten konnten. Pehr hatte eine Flinte, aber das Land war jeglichen Lebens bar und erschien Pehr ohne die altvertraute Herde doppelt trostlos. Auch Waas und die drei Kinder fehlten ihm, die das Zelt bis zum Bersten füllten.

Stürme senkten sich über sie, dunkel und tobend, und verwischten alle Entfernung. Jetzt hätte man die Rentiere beinahe angreifen müssen, um sie zu finden. Sie konnten in nächster Nähe vorbeigezogen sein, ohne daß man sie entdeckt hätte. Das Auffinden einer Herde schien jetzt nur ein Zufall, ein glücklicher, aber unerwarteter Zufall. Es gab keine sichere Methode; man hatte nur die eine Möglichkeit, endlos dahinzuziehen, durch ein endloses Land. Immer weiter und weiter, den rechten Fuß vor den linken, dann den linken vor den rechten, und weiter und weiter ohne Ende – ein Iglu, essen, schlafen – wieder der Marsch, das abwechselnde Setzen der Füße, wieder ein Iglu, essen, schlafen! Sie zogen dahin in einem unablässigen Traum, der sich nicht abschütteln ließ, sie zogen dahin, für Lebenszeit verurteilt zu endlosem Weiterschreiten, zu einem Zug aus dem Nichts ins Nichts; sie fanden nichts, sie erreichten nichts, nur die ewig gleiche Trostlosigkeit dieses Dahinziehens ohne Ende. Doch einer zog mit ihnen – der antreibende unbezwingliche Geist Jons des Schweigsamen.

Man konnte die Tage nicht mehr zählen, die Zeit nicht feststellen, denn manchmal waren die Nächte heller als die Tage. Es war ein zeitloser Marsch, sie mühten sich durch eine endlose Epoche ohne Tag und ohne Nachlassen der Mühe. Das einzig Bestimmte war der

Strich des Meers – des unveränderlichen Meers, das durch nichts zerstört werden konnte. Das diente ihnen als Wegweiser und als Markstein.

Es konnte nicht viel gesprochen werden zwischen dem Lappen und dem Eskimo; sie paßten sich einander an in ihren primitiven Bedürfnissen, ihren einfachen Obliegenheiten – alle diese Dinge wurden wortlos und nahezu automatisch vollführt.

In einem Wirbelsturm kamen sie an ein Iglu – vielleicht eins, das von dem früheren Zug stehengeblieben war. Aber Ulak erkannte, daß es ein frischer Bau war. Es gab keine Möglichkeit, im guten in ein verschlossenes Iglu einzudringen; darum mußten sie ihr eigenes in der Nähe errichten und warten. Pehr und Ulak begannen abwechselnd von der Öffnung ihres Iglu das andere zu beobachten.

Welches Staunen, als der Schneeblock ins Freie gestoßen wurde und ein Mann auftauchte! Er starrte auf dieses zweite Iglu, das wie durch Zauberei neben dem seinen emporgewachsen war. Dann traten Pehr und Ulak zu ihm; er schien schon voll Angst fliehen zu wollen. Aber Ulak ergriff das Wort. Ah, es waren doch lebende Menschen, keine Geister aus einem Grab-Iglu!

Er, Mir, war mit seiner Frau und seinen beiden Söhnen auf dem Weg zum Meer. Denn vielleicht fanden sie dort Seehundlöcher. Eine Herde? Tiere! Die Brüder der Karibus? Oh, ganz gewiß, davon hatte er gehört! Einer, Rimik hieß er, hatte ihm in weiter Ferne eine sonderbare Geschichte von einer Herde erzählt, die schattengleich mitten durch den Winter zog. Man konnte das kaum glauben, aber es hieß, es seien viele Hunderte, aber sie hielten sich in einer über die Maßen großen Entfernung auf. Sie zögen zu einem großen Wasser hin, das aber kleiner sei als das Meer. Rimik habe die Absicht gehabt, diesem Geheimnis nachzugehen, doch er, Mir, habe sich lieber auf die Seehunde verlassen. Wie, das Meer sei bloß eine Tagesreise entfernt? Dann müsse man vor dem nächsten großen Sturm hingelangen. Pehr und Ulak sahen zu, wie Mir mit seiner Familie abzog, Mir, der sein Vertrauen in die Seehunde setzte.

Als Pehr und Ulak wieder allein waren, berieten sie; die Erzählung Rimiks erschien ihnen wichtig. Offenbar hatten sich die vereinigten Überreste der Herde einem uralten Instinkt der Wanderung nach Süden überlassen. Jon mußte das erfahren, damit er sogleich Hirten nach Süden aussende. Das war eine lange Reise, so lange, daß niemand sagen konnte, wie viele Tage sie wohl währte.

Ja, jetzt mußten sie daran denken, den langen Rückweg zum Lager anzutreten. Dieser Weg mußte rasch zurückgelegt werden, denn jeden Tag konnte diese Herde weiter und weiter nach Süden wandern, in ein Labyrinth von Flüssen und Seen, so daß es unmöglich wurde, ihrer wieder habhaft zu werden. Selbst jetzt waren die Rentiere vielleicht schon so weit entfernt, daß Jon auf sie verzichten mußte.

Nun erhob sich die lebenswichtige Frage nach Nahrungsmitteln. Da man täglich erwartet hatte, auf ein kleines Rudel zu stoßen, war der Gedanke an Lebensmittel nicht allzu wichtig gewesen. Damit konnte man sich beschäftigen, wenn sich die Notwendigkeit ergab. Doch ganz plötzlich wurde dieses Problem der wichtigste, der alles andere in den Schatten stellende Gedanke in all den Stunden ihres Marschierens! Wie viele Tage waren es bis zum Lager? Sie konnten sich dessen nicht erinnern. Da ihr ganzes Interesse der Suche nach den Rentieren gegolten hatte, hatten sie dem Schwinden des Proviants nur geringe Aufmerksamkeit gewidmet. Denn sie hätten ihn schließlich am nächsten oder übernächsten Tag mit frischem Rentierfleisch ergänzen können. Ach, aber sie hatten keine Rentiere!

Nun mußten sie die Rationen auf ein winziges Mindestmaß, auf ganz kleine Bissen und Stückchen herabsetzen. Kein Brocken durfte fortgeworfen werden, ehe man den letzten Tropfen Nährwert herausgesotten hatte. Zu jagen war nutzlos; in allen Tagen ihrer Wanderschaft hatte sich ihnen weder Wild noch ein Vogel gezeigt.

Das Meer! Wahrlich, das Meer! Warum hatten sie das vergessen? Nur eine Tagesreise, und sie konnten das endlose Eis betreten. Ulak geriet in Hast wie noch nie – hatte er doch Aussicht auf Seehundfleisch.

Ach, aber das Meer war ein trauriger Anblick! Ohne Unterlaß trotteten sie über das Eis dahin. Es fand sich kein offenes Wasser, kein einziges Loch, durch das ein Seehund kommen konnte, um Atem zu schöpfen – nur festes, grenzenloses Eis von unbekannter Dicke. Die eigensinnigen Seehunde hatten es, so schien's, nicht nötig zu atmen oder waren zu diesem Zwecke anderswohin gezogen.

Das Ausbleiben der Seehunde war eine bittere Enttäuschung für Ulak und sogar für Pehr, obgleich Pehr Seehunde nicht gerne aß. Aber Fleisch war Fleisch – es war mehr; es war Hoffnung und Stärke und vielleicht das Leben.

Das weitere Umherziehen auf dem Eis konnte keinen Nutzen bringen, sondern nur Zeitverlust und ein weiteres Schwinden der kostbaren Nahrungsmittel. Sie machten sich auf den Weg nach Osten.

Welch ein Kampf gegen die Welt des Winters, des unversöhnlichen allmächtigen Winters, der erbarmungslos und tückisch den Menschen ihren Bundesgenossen, die Nahrung, nahm und sie dann mit tödlicher Kälte angriff, mit endlosen Stürmen schwächte, ermüdete, erschöpfte, zu Boden warf.

Sobald jegliche Aussicht auf Rentiere oder Seehunde endgültig entschwunden war, wurde Ulak teilnahmslos; fast ohne Widerstand begann er, sich in sein Los zu schicken. Er baute das Iglu für die Nacht; und das war alles, was er sich an Arbeit abringen konnte. Entweder hatte er die Hoffnung verloren oder bewahrte voll List seine Kraft für jenen endgültig entscheidenden Tag oder für jene Stunde, da eine letzte Bemühung, eine letzte Unze von Kraft so verzweifelt not tun kann.

Einmal, als sie nachts schliefen, fühlte Pehr eine Bewegung im Dunkel. Er legte seinen Arm auf das Gewehr; das Gewehr bewegte sich; langsam und stetig glitt es von ihm fort. Seine Hand schloß sich darum, und die Bewegung fand ein Ende. So standen also die Dinge! Zwischen den beiden wurde kein Wort gewechselt; sie lebten weiter wie vorher, nur band Pehr jetzt die Flinte so fest an seinen Leib, daß sie ihm im Schlaf nicht mehr entgleiten konnte. Eine neue Wachsamkeit, ein kaum merkliches Mißtrauen entstand zwischen ihnen. Je dünner der Faden des Lebens wurde, desto kostbarer war er, war ein Ding, das man mit unendlicher List bewahren mußte.

Der Tee des Weißen Manns war zu Ende, desgleichen der harte Zwieback und das derbe Mehl. Nur Fleisch war noch geblieben, ein einziges Stück Fleisch. Das wurde gesotten, und die beiden tranken die Brühe. Immer wieder wurde das Stück gesotten, und jedesmal lieferte es weniger Nahrung. Sie sahen zu, wie das Fleisch kleiner wurde; täglich schrumpfte es ein und gab nur noch ein dünnes wässeriges Gebräu. Dennoch wagten sie nicht, das Stück selber zu essen; es wurde behütet und betreut; es war ihr einziger Zusammenhang mit dem Leben.

Wie konnte ein Land nur so gänzlich veröden! Jetzt wäre ein Fuchs, sogar ein zum Gerippe ausgehungerter Fuchs schon wertvoll gewesen. Und die Wölfe! Diese listigen Bestien kamen immer, wenn man sie nicht brauchte. Und wieviel hätte man jetzt mit einem einzigen Wolf nur beginnen können? Ach, aber sie kamen nicht! Sie wußten sicher Bescheid. Später kamen sie freilich, ohne Zweifel. Ganz gewiß wußten sie, wann sie zu kommen hatten.

Es gab Zeiten, da es nicht ratsam war, sich in den mächtigen Sturm hinauszuwagen und kostbare Kräfte im Kampfe zu vergeuden, und so saß man lieber regungslos im Innern des Iglus und wartete. Als die wildeste Wut des Wetters vorbei war, zogen sie wieder aus, um gegen die geringeren Winde anzukämpfen. Selbst diese waren erschreckend, und die Männer hatten kaum noch Kraft für weitere Ausdauer.

Ulak war fort! Als Pehr am Morgen nach ihm Ausschau hielt, war Ulak fort. Der Schneeblock war aus der Öffnung geschoben und nicht wieder zurückgestellt worden, und daher war es in dem Iglu sehr kalt. Ulak hätte nach seinem Weggehen die Öffnung verschließen können, war aber gewiß ganz und gar von dem Gedanken an seine eigene Wohlfahrt besessen gewesen. Der sonderbare, schweigsame Ulak mußte durch eine seltsame Gedankenkette zu der Ansicht gelangt sein, daß er allein besser weiterkäme.

Ja, er hatte sich aus dem Staub gemacht, und es war kaum möglich, daß Pehr ihn je wiedersah. Es war aber auch kaum möglich, daß er überhaupt je jemanden wiedersah.

Er fühlte sich müde und alt und so, als könnte er nicht mehr das Iglu verlassen. Aber er wußte, daß das Gefühl der Niederlage nicht von ihm Besitz ergreifen durfte. Er mußte sich behüten, wie ein Geiziger seine Schätze. Er erinnerte sich der Erzählungen von Wanderern, die sich in Lappland verirrt hatten; so oft gelang ihnen die Rettung dadurch, daß sie eine letzte Kraft bewahrt hatten, so gut es nur gegangen war, körperliche und geistige Kraft. So hatten sie sich gerettet, und so konnte auch er sich retten.

Er fühlte sich jetzt zuversichtlicher. Er wollte essen und dann möglichst rasch zum Lager zurückeilen. Vielleicht lag es nur eine Tagesreise, vielleicht nur eine halbe entfernt, und er war wieder bei den anderen. Wer vermochte das festzustellen? Man konnte nur das Menschenmögliche tun – das aber mußte er tun – alles, was in seinen Kräften stand.

Er begann jetzt die Vorbereitungen für das Kochen der Mahlzeit. Er griff an die gewohnte Stelle, er tastete um sich, er suchte – ach, wie sehr er suchte! Das Fleisch! Ulak hatte es genommen! Da fiel Pehr auf die Felle zurück. Diese plötzliche Erkenntnis wirkte auf ihn wie ein Schlag. Ulak! Ulak hatte das letzte, das einzige Stück genommen! Nicht etwa einen Teil, sondern das ganze. Ulak, der das Grauen des Hungergespenstes im Dorfe der Toten kennengelernt hatte, hatte alles mitgenommen! Lange Zeit bewegte Pehr sich nicht. Ein großes Wirrsal bitterer Gedanken bedrückte ihn. In seiner Schwäche erschien ihm der Verlust eines kleinen, fast nutzlosen Fleischfetzens ungeheuer, niederschmetternd, schicksalhaft. Er erinnerte sich genau daran, wie das Fleisch ausgesehen hatte, eingeschrumpft vom vielen Sieden, in der Mitte ein breiter Sprung und ein Zickzackschnitt am Ende. Was für ein Stück Fleisch das gewesen war! Ein prächtiges Stück! Und jetzt war es gewiß schon von diesem Schurken Ulak verschlungen. Müder Zorn erfaßte Pehr, und Tränen traten ihm in die Augen. Ulak, dieser Verräter!

Den ganzen Tag verließ er das Iglu nicht. Pehr zog den Schlafsack über und legte sich auf die Felle. Er hatte vergessen, die Öffnung des Iglus zu schließen, und das Dröhnen des Winds erklang ihm Stunde für Stunde. Zuzeiten vergaß er alles andere, während er dem tiefen Grölen des Bodenwinds und den dünnen Stimmen lauschte, die diesem Grölen aus den oberen Luftschichten zu antworten schienen. Das waren die Stimmen, die hierher gehörten, Geschöpfe der Polarwelt; hier war ihr Heim, und auf diese gespenstische, furchtbare Art drückten sie ihre Freude aus. Pehr hatte das Gefühl, als schwimme er, als schwimme er schlaftrunken inmitten der Sturmesstimmen, die ihn im Schwung immer weiter und weiter trugen über unendliche Schnee-Ebenen.

Als Pehr wieder zu sich kam, hatte sich der Wind gelegt. Die vernichtende Wirkung jenes Verlustes war ein wenig gemildert, und er begann nachzudenken. Er nannte seine Besitztümer eins nach dem anderen beim Namen. Ach, das eine Fell war beinahe neu, vielleicht hatte es noch ein wenig Nährwert. Es war herrlich, nach Stunden der Verzweiflung wieder Pläne schmieden zu können. Er suchte das neue Fell und begann es zu kleinen Vierecken zu zerschneiden. Die wollte er im Topf kochen.

Lange Zeit beobachtete er den brodelnden Topf. Ob wohl irgendein Nährwert, irgendeine Kraft aus diesen Hautfetzchen zu erzielen war? Schmieriger Schaum, mit Haaren vermengt, schwamm auf der Oberfläche. Pehr versuchte, das abzuschöpfen, aber die Haare schienen kein Ende zu nehmen, denn immer wieder kamen neue aufgetaucht. Dennoch durfte man einiger weniger Haare wegen nicht alles aufgeben. Sobald das Wasser nicht mehr Blasen warf, begann Pehr zu trinken. Es war zum Ersticken, dennoch nahm er es zu sich. Ja, er trank es, aber es freute ihn nicht.

Jetzt mußte man also wieder an den Marsch denken; das Leben hatte noch Wert, wenn man dem Lager immer näher kommen konnte. Er mußte packen und fortziehen, soweit er nur konnte, ehe der Wind von neuem kam. Dann wollte er haltmachen und es abermals mit dem gesottenen Fell versuchen, wenn er es ein zweites Mal über sich brachte. Es war ja nicht viel vonnöten für einen einzelnen Mann, nur ganz wenig Nahrung, und auch das kleinste Iglu genügte.

Ach, das Iglu! Konnte er denn eines bauen? Ein Eskimo hatte damit nicht viel Kopfzerbrechen, das Iglu erhob sich, sobald es benötigt wurde, ganz einfach unter seiner Hand. Aber vielleicht gab es dabei einen Kniff, eine gewisse Erfahrung in solchen Dingen. Ohne ein Obdach konnte er nicht einmal eine einzige Nacht überleben.

Pehr prüfte das Iglu sorgfältig – das letzte, das Ulak gebaut hatte. Das schien ganz einfach errichtet; er mußte dicht neben diesem ein neues bauen, ehe er es wagen durfte, das alte zu verlassen. Er begann. Wie bitter er sich mühte! Lang und ernsthaft plagte er sich mit den Schneeblöcken. Entweder stiegen die Mauern so gerade empor, daß sie keine Wölbung bilden konnten, oder sie neigten sich in einem solchen Winkel, daß die Blöcke auf den arbeitenden Pehr stürzten.

Pehr konnte damit nicht zu Rande kommen. Als die Mauer, an die er die allergrößte Sorgfalt gewandt hatte, auf ihn stürzte, lag er, aufs äußerste erschöpft, zwischen den Trümmern. Welche Kleinigkeit das war, und doch konnte er es nicht leisten! Jetzt trieb Schnee über den Haufen zerbrochener Blöcke; bald mußte alles bedeckt sein, so wie auch er, eine Ruine unter Ruinen.

Noch während er sich dieser völligen Entmutigung hingab, wußte er, daß er doch irgendwie in das alte Iglu zurückkriechen mußte. Verwundert fragte er sich, wann er dies wohl tun werde und welchen Zweck es habe. Es lagen nicht allzuviel Gründe für eine so große Plage vor. Was war ihm denn in dem alten Iglu geblieben? Nur ein wenig Schutz vor dem Wind, nur eine kurze Verlängerung der Stunden, die von seinem Leben noch geblieben waren.

Die Haut lieferte keinerlei Nährwert mehr, er hatte sie nur deshalb gekocht, damit er die Bewegungen des Essens vollführe und seinen sinkenden Mut aufrichte. Aber Kraft lag in dieser Haut nicht, keine wirkliche Kraft. Er beschloß, weitere Versuche damit zu unterlassen; er schätzte sie jetzt richtig ein, nämlich als wertlos. Für ihn gab es keinen Trost; jede Selbsttäuschung war verschwunden.

Nur der alte Topf blieb ihm noch. Wie viele hundert Mal hatte der heißes, lebenspendendes Fleisch enthalten! Es war herrlich, an alle diese siedenden, dampfenden Fleischmengen zu denken. Pehr konnte die aufsteigenden Fettblasen sehen, geradezu Vulkanen gleich, wie sie sich durchzwängten durch die Risse im Fleisch, um dann gemeinsam zur Oberfläche zu steigen – eine Schicht goldener, tanzender Augen, die sich öffneten und zwinkerten, auseinanderliefen und sich wieder formten aus den unerschöpflichen Tiefen des Topfs.

Welch ein Traum! Jetzt war nur noch der Topf übrig, ein kalter, hoffnungsloser Gegenstand mit rauhem und schwarzem Äußeren, aber die Innenseite war glatt und schlüpfrig von vielem Sieden. Eine Kruste toter Fettaugen.

Pehr grübelte lange Zeit darüber nach, wie das Innere dieses Topfs eigentlich aussah, und versuchte, in seinem Denken darüber klarzuwerden, was die glänzende Glätte mit dem Satz auf dem Boden zu bedeuten habe. Ein herrlicher, schlüpfriger Belag aus alten Blasen, die dahingetrieben und an einer eisernen Küste zerschellt waren!

Ah, aber konnte man sie nicht wieder zum Tanzen bringen? Pehr fuhr bei diesem Gedanken auf; es war eine angenehme Einbildung. Er wollte die harte Schicht von der Innenseite des Topfs abkratzen und dann von neuem zum Sieden bringen. Und die Fettschicht trinken, ja, das mußte er tun.

Er arbeitete sich aus den Schneeblöcken heraus. Er war jetzt wieder im Iglu und scharrte so, wie er geplant hatte, die dicke Fettschicht von den Seiten des Topfs. Dann warf er Schneeklumpen hinein, und jetzt kam der alte Topf zu neuem Leben. Die schwarzen Fettstücke lösten sich, und die Flüssigkeit begann zu tanzen und sich mit freundlich summendem Murmeln zu bewegen.

Als es genug war, trank Pehr langsam, in kleinen Schlucken, langsam, langsam, auf daß es möglichst lang währe. Welch ein Trank! Dergleichen hatte er noch nicht erlebt! Die Essenz hundertfachen Siedens in einemmal! Der Duft nach Rentier- und Seehundfleisch, nach Bären, Füchsen und Kaninchen durcheinandergemengt!

Als Pehr ausgetrunken hatte, ließ er sich für die Nacht nieder. Seine Plage im Schnee und die heiße Suppe hatten in ihm große Sehnsucht nach Schlaf erweckt. Er erinnerte sich, gehört zu haben, daß ein dem Hungertod naher Mensch länger durchhalten kann, wenn er nicht schläft. Aber warum? Das schien ihm unbegründet.

Am Morgen fühlte sich Pehr kräftiger, und sein Geist war klar. Lange Zeit sann er sorgfältig nach, ehe er den Schutz der Felle und des Schlafsacks verließ. Übrigens hatte es ja gar keinen Sinn, sich zu bemühen. Es gab keine Nahrung und gar keinen Ort, an den er hätte gehen können.

Er dachte an die Rentiere und an die lange Mühe, sie so weit zu bringen. Es war sonderbar, daß er jetzt nicht teilnehmen sollte an der Ankunft jenseits des Großen Stroms. Vielleicht war es vom Schicksal nicht bestimmt, daß alle bis zum fernen Ende durchhielten. Ganz gewiß war aber Jon dabei, und Akla und Mikel. Es wäre herrlich gewesen, zu sehen, wie sich die große Herde über die Sommerweiden ausbreitete.

Und dann schweiften Pehrs Gedanken zu den Insassen seines Zelts. Seine Gattin Waas würde ihm nachtrauern und desgleichen Neji, seine Erstgeborene. Aber die Kleinen, Ata und Jak, waren zu jung, das zu erfassen. Ach, wie sehr er sich sehnte, sie noch einmal zu sehen! Die dicken Kleinen – er war so stolz auf sie. Er mußte sie sehen! Er mußte! In der Anspannung dieses Gedankens erhob er sich, zog den Schlafsack ab und griff nach seinem Gewehr. Dann entsann er sich – keine Nahrung, kein Obdach, keine Kraft. Welche Verzweiflung! Er sank auf die Häute zurück! Daß ein Mensch so eingekerkert sein konnte, so ohnmächtig! Nirgendhin sich wenden können, niemanden zu fragen – kein Rat!

Abgerissene Erinnerungen vieler Jahre zogen ihm durch den Sinn: die alte Heimat – Lappland – Norwegen – Schweden, Gegenden, die er kannte – Dörfer – Kirchen – der Große Geist der Weißen. Im Norden Schwedens war Pehr mit den anderen in die Dorfkirche gegangen. Wenn die Fischschwärme nicht rechtzeitig kamen, wenn Überschwemmungen drohten, wenn Seuchen wüteten, dann hatten die Leute den Großen Gott angefleht und gebeten, ihnen zu helfen. Viele Jahre hatte Pehr an derlei Dinge nicht gedacht. Ja, der Große Geist mußte mächtiger sein als die Kälte und der Sturm und das Dunkel. Ganz gewiß! In allen Dörfern der Weißen war das schönste Gebäude das Haus, in dem der Weiße Mann mit dem Großen Geist sprach. Großer Geist! Großer Geist! Großer Geist! Pehr sagte es immer wieder vor sich hin, viele Male!

Er wollte es versuchen! Er wollte kühn aufs Lager zumarschieren, denn der Große Geist würde ihm helfen. Fast sogleich war er unterwegs. Seltsame Hingerissenheit führte ihn und erhob ihn über die frühere Verzweiflung. Die erschreckliche Einsamkeit war von ihm abgefallen. Kälte herrschte, der Wind heulte und Schnee wirbelte rings um ihn, doch furchtlos zog er weiter.

Er begann zu taumeln, doch er straffte sich und zog weiter. Er stürzte nieder, doch er erhob sich und zog weiter. Die Dämmerung sank über ihn, grau und dick vor Schnee – dennoch zog er weiter. Und beim Gehen murmelte er ohne Unterlaß die Wunderworte: Der Große Geist – der Große Geist!

Gewaltige Ermüdung zerrte an ihm – ein Schwanken, ein Taumeln, ein zermalmendes Gewicht, das kaum noch aufzuheben war, wenn er stürzte. Großer Geist – Großer Geist!

Er fiel platt aufs Gesicht; irgendwie schienen ihn seine Arme nicht mehr zu schützen; sie waren nutzlose Gegenstände, die sich nicht mehr bewegen wollten. Schnee füllte seine Augen, er schloß sie fest und öffnete sie viele Male, dann konnte er wieder sehen. Ah, Großer Geist – er konnte wieder sehen!

Er konnte sehen und er sah einen dunklen Schatten, einen Schatten, der dunkler war als das Düster der anbrechenden Nacht. Er versuchte zu rufen, brachte aber keinen Laut hervor. Er versuchte, sich weiter zu bewegen, regte sich aber nicht. Er mußte zu dem Schatten hin, aber – oh Großer Geist! – der Schatten bewegte sich auf ihn zu.

Der Schatten war Waas. Sie war an den Rand des Lagers gegangen, um nach Westen Ausschau zu halten, ehe die Nacht anbrach. Und sie blickte in den stürmischen Westen, wohin Pehr gezogen war und von wo er schon lange hätte kommen sollen. So hatte sie hinausgeblickt, voll Sehnsucht nach dem Abwesenden, und hatte ihn gesehen. Keine Sekunde zweifelte sie daran, daß dies Pehr sein mußte. Seltsam, daß sie nicht früher hinausgegangen war, nach ihm Ausschau zu halten. Sehr seltsam!

Es gibt unerklärliche Geschehnisse, die die Weißen Männer zufälliges Zusammentreffen nennen, aber derlei Reden vermochten Pehr später nie zu überzeugen. Irgendwo tief in seinem Herzen brannte ein sengendes Feuer – der Große Geist!

Sechzehntes Kapitel

Silberschwingen

Man suchte nach Ulak, nachdem Pehr seine Geschichte erzählt hatte. Die Suche war erfolglos, und keiner der Teilnehmer an dem Zuge sah Ulak wieder; es schien auch kaum möglich, daß er am Leben geblieben war. Und doch war er weniger als eine Tagesreise – viel weniger – vom Lager entfernt gewesen, als er in jener Nacht mit dem kostbaren Stück Fleisch verschwand. Ein Tag, eine Stunde, eine falsche Wendung, ein Fuchs, eine Wolke, ein Topf mit Suppe – im Lande der langen Nacht hängt das Leben an dünnen Fäden.

Jon dachte angestrengt über Pehrs Mitteilung nach, daß im fernen Süden eine Herde sei. Während Pehr und Ulak nach Westen gezogen waren, hatten andere gesucht, aber nichts heimgebracht. Lange und gefährliche Reisen hatten die Herde nicht vermehrt. Ohne Zweifel hatten sich die verlorenen Rentiere zu einem einzigen Rudel zusammengeschlossen und waren nach Süden gezogen. Sollte man sie dort lassen? Es waren viele Hunderte, nicht weniger als fünf- oder sechshundert – nein, so viele durfte man nicht preisgeben, ohne noch einen angestrengten Versuch zu unternehmen. Von keinem einzigen der prächtigen Tiere konnte sich Jon leichten Herzens trennen.

Aber das war keine einfache Suche, keine kurze Reise von wenigen Tagen. Viele Wochen mußte eine solche Suchexpedition auf Hundeschlitten reisen, mit Flinten und Zelten und mit viel Fleisch – ein regelrechter Zug im kleinen.

Während der Tage der Vorbereitung erholte sich Pehr neuerlich. Auch er wollte sich der Suche anschließen; Pehr und Akla und Mikel, die drei Männer aus Lappland, die mochten genügen, eine tapfere, verläßliche Gruppe erprobter Hirten. Die fünf restlichen Eskimos mußten unter Jon das Lager und die Herde beaufsichtigen. Und dann war noch Tapik da.

Jetzt waren sie fort. In einem Wirbel tobender Morgenstürme, denen sie keine Beachtung schenkten, verschwanden die drei Lappen nach Süden. Ernst, beinahe traurig, sah Jon ihnen nach. Das waren prächtige Landsleute; und er war überzeugt, daß er sie wiedersah. Einen Augenblick lang fragte er sich, ob sein Beschluß richtig gewesen sei. Ja, die Sorge für die Tiere ging allem anderen vor, sie erforderte die besten Männer und das Beste in den Männern.

Er wandte sich ins Lager zurück, Ujark und zwei Eskimos mußten zu der Herde gehen; die Wölfe waren schon wieder frech.

Die Tage des Wartens fielen ihm schwer, das Warten lag wie eine eintönige Spannung in der Luft – Warten, unablässiges Warten und kein Vorwärtskommen. Fast der ganze Winter ging auf solche Art verloren, durch die wütenden Stürme, durch die Begebenheit mit dem Todesdorf, durch den Mangel an Männern, durch die Wölfe, durch die Flucht der Tiere – durch so viele Verzögerungen in einer einzigen Jahreszeit! Wer hätte das voraussehen oder dem entrinnen können! Ja, das war ein Jahr des Wartens.

Für die Leute im Lager bedeutete es unablässige Wachsamkeit gegen die Wölfe, denn keine einzige Stunde durfte die Herde unbehütet bleiben. Immer umkreisten zwei Männer, wenn Sturm herrschte, drei oder vier, in endloser Wache die Tiere. Die Wölfe waren unheimliche Ungeheuer, die aus dem Nichts auftauchten und schattengleich im Sturm und Dunkel verschwanden. Sie schienen sich wie durch Zauberei unsichtbar zu machen, lösten sich auf wie Spuk, verschmolzen mit der Erde. Man konnte die Hunde kaum dazu bewegen, so geisterhaften Feinden nachzuspüren.

Dennoch konnten sich diese spukhaften Feinde mit unermüdlicher Hartnäckigkeit aus dem dunklen Nebel materialisieren, und dann ließen sie tragische Beweise für ihr wirkliches Dasein zurück. Man konnte die Flinten nicht abfeuern, um sie zu schrecken. Jons Flinte war noch im Lager; er bewahrte sie bei sich auf, konnte sie aber nicht benutzen. Er hatte nichts, um sie zu laden – beinahe nichts. Dennoch wurde sie sauber gehalten und gut aufbewahrt, für eine Zeit großer Not.

Die Männer leisteten nur mäßige Dienste als Hirten. Sie waren kindisch und vermochten über ihre augenblicklichen Wünsche nicht weit hinauszudenken. Zeit ihres Lebens waren sie umhergeschweift, wie es ihnen behagte, hatten gejagt, wie es ihnen behagte, hatten, wie es ihnen behagte, geschlafen und gegessen und gekämpft. Es waren Geschöpfe des augenblicklichen Triebs, und der Zwang des Wachdienstes verärgerte sie. Sie sehnten sich danach, in einer Orgie des Gemetzels über die Rentiere herzufallen und viele Tage lang von Zungen und den weißen Talgstreifen zu schmausen, die sich längs des Rückens der Rentiere hinziehen. Und dann, angeschlungen mit dem besten Fleisch, zu schlafen, immer länger zu schlafen, ohne den Gedanken an endloses Trotten durch stürmische Tage und Nächte. So hatten es ihre Väter gehalten in den Jahren, da die Karibus zu Tausenden durchs Land zogen.

Pehr, der Lappe, war zurückgekehrt und Ulak, der Eskimo, nicht. In den Iglus erhoben sich Fragen und man flüsterte einander zu. Hatte es vielleicht nur für einen Mann Fleisch gegeben? Vielleicht hatte die Flinte des Lappen ihre laute Stimme ertönen lassen? Oder war Ulak unter der niederdrückenden Last der mühevollen Suche erschöpft zusammengebrochen? Von Iglu zu Iglu verbreiteten sich die Gerüchte. Sollten sie denn alle als Kinderfrauen unvernünftiger Tiere zugrunde gehen? Sollten sie Weibern gleich werden, deren nutzlose Zeit nur Kindern gewidmet ist?

Ein Gemurre erhob sich im Lager, und die Leute bezogen ihren Wachdienst mit langsamen Schritten. Einzig Tapik ging verläßlich seinen Obliegenheiten nach, so wie in all den Tagen seit dem Aufbruch aus der Buckland-Bai. Er war der Bote zwischen Jon und den neuen Männern, der Besteller von Befehlen, der Überbringer von Nachrichten. Jon konnte sich auf ihn verlassen – fast gänzlich; schließlich war Tapik von einer anderen Rasse, da konnte man nichts Genaues wissen.

Die Wölfe schienen jetzt mit ganz ungewöhnlicher Hartnäckigkeit anzugreifen. Nie noch vorher waren den Räubern fast täglich Tiere zum Opfer gefallen. Das war nicht der Brauch der Wölfe. Es war sonderbar. Wenn Tapik Wache hielt, gab es nur selten ein Opfer; und nun wurde auch Jon zum Hirten, und die Verluste wurden noch geringer. Ach, das war sehr sonderbar!

Konnte denn die Versuchung so groß sein – die Gier nach frischen Zungen und Herzen, nach weißem Talg und nach Markknochen? An jedem Tag, da ein Tier verlorenging, verteilte Jon weder Tee noch Zwieback noch Zucker – keine einzige der Köstlichkeiten der Weißen Häuptlinge, an die Iglus. Welch zorniges Summen im Lager!

Tapik kam zu Jon mit einer Botschaft Ujarks. Sollten die getreuen Hirten bestraft werden? Wenn die Wölfe von solcher List waren, daß man sie nicht sehen konnte! Dann brachte Tapik die Antwort zurück, daß Jon auch die anderen listigen Wölfe bestrafen werde, die Wölfe, die auf zwei Beinen gingen. An diesem Abend gab es im Lager düstere Mienen.

Tapik erzählte ihnen von denen, die den Marsch mit der großen Herde begonnen hatten. Aus jener Gesellschaft von Eskimos war er, Tapik, allein übriggeblieben. Niemand könne sich dem Wollen Jons widersetzen, denn dieser trage einen Teil der Macht der Weißen Häuptlinge bei sich.

Der alte freie Geist im Lager war verschwunden. Es gab überflüssige Umwege, abgewandte Gesichter, widerstrebende Arbeit und viel Getuschel. Der Verlust an Rentieren war nicht groß, und die Tage gingen weiter.

Wieder hörte die Belieferung der Iglus mit den Rationen auf, aber diesmal deshalb, weil die Vorräte der Weißen Männer erschöpft waren. Es war traurig – kein Tee war übriggeblieben, nicht die kleinste Faser Tabak; nicht einmal Jon hatte etwas für sich. Die alte Mißstimmung flammte von neuem auf. Ganz gewiß hatte dieser Führer Jon viele Dinge, die er nur nicht mit den anderen teilen wollte, nicht einmal mit solchen, die Tag für Tag und Nacht für Nacht sich in seinem Dienste mühten. So! Sie wurden also wieder bestraft!

Man hatte nur noch Fleisch – Rentierfleisch. Niemand hungerte, dennoch empfand man den Verlust der köstlichen Dinge, die man jetzt nicht mehr erhielt, gar schwer. Ein großer Teil der Vorräte war den Lappen mitgegeben worden, die nach der wandernden Herde suchten, denn diese hatten nirgends eine Möglichkeit, sich mit frischem Fleisch zu versorgen. Wenn sie keine Rentiere fanden, mußte der Mangel an Nahrung sie wieder zurückführen. Pehr wußte das jetzt ganz bestimmt. Das vergaß er wohl nie mehr.

Es herrschte keinerlei Diensteifer mehr. Die Hirten lösten einander nur langsam bei der Wache ab, oder die, die Wache hielten, gingen ins Lager zurück, ehe noch die Ablösung gekommen war. Die Disziplin lockerte sich rasch.

Jeden Tag um die Dämmerstunde wurde die Wache ausgewechselt; die neu Angekommenen waren dann frisch und munter, ausgeruht durch den nächtlichen Schlaf.

Das Leben eines jeden Manns mußte sich der Wohlfahrt der Herde unterordnen und nach ihr richten; diese Wohlfahrt war von größerer Wichtigkeit als das Behagen vieler Menschen. Jon sah Ujark aus dem Iglu kommen und auf den anderen Hirten warten, damit er mit ihm den Dienst antrete. Dann erschien der andere, und sie schritten langsam, in erregtem Gespräch, weiter. Gewiß mußten sie jetzt schon unterwegs sein, aber nein, sie traten in ein Iglu. Sie kamen heraus – sie hielten wieder inne und sprachen; sie kümmerten sich nicht um die kostbaren Tiere; ganz und gar nicht.

Heftiger Zorn erfaßte Jon, während er ihnen zusah. Das waren also die Menschen, die er dem sicheren Hungertode entrissen hatte. Wie wenig sie sich dessen erinnerten! Ach, wußten sie denn nicht, daß sie sogar jetzt Tag für Tag von den Vorräten der Expedition lebten? Jon wurde vom Zorn übermannt. Er stürzte auf die Männer los. Sie sahen ihn nicht, und er überfiel sie in stummer Wut. Sie waren verblüfft durch das plötzliche Auftauchen dieses Dämons, der sie ansprang, und stürzten bei dem Angriff nieder. Sie versuchten zu fliehen, aber Jon war hinter ihnen her, ehe sie noch auf den Beinen standen. Kein Wort wurde gesprochen, aber Jon wußte Bescheid ebenso wie die beiden anderen. Während Jon, lediglich weil er atmen mußte, innehielt, machten sich die Männer in die Nacht davon.

Als Jon wieder zu sich kam, konnte er es nicht glauben. Er, Jon, hätte so etwas getan! Aber er bedauerte es nicht; er hatte es für die Rentiere getan. Den Männern konnte nicht viel geschehen sein, sie trugen doch so dicke Felle, und der Schnee war tief – ohne Waffe konnte man sie nicht verletzen.

Aber mochten sie auch wohl die Rentiere behüten? Jon eilte ihnen nach. Als er zur Herde kam, begann er mit dem Umkreisen. Dann begegnete er den Männern, zuerst dem einen, dann, am entgegengesetzten Ende der Herde, dem anderen, genau so, wie man es ihnen beigebracht hatte. Jeder der beiden zog an Jon vorbei, ohne ein Wort zu sagen; jeder beschleunigte den Schritt, um der Nähe des furchtbaren Führers zu entrinnen.

Jon verließ sie. Ja, heute waren sie noch treu, vielleicht noch mehrere Nächte, dann würden es die anderen erfahren, sie würden flüstern und miteinander Pläne schmieden. Aber die Rentiere mußten behütet werden, das ging allem vor.

Die Zeit des Wartens war schwer zu ertragen und wäre doppelt schwer zu tragen gewesen ohne Tapik. Tapik verstand ein wenig den Zweck dieses Rentierzugs. In seinem Iglu lebten Kipi, seine Frau, und die Kinder: Sik und Luk und Uji, die alle von Tapik abhingen. Der Eigennutz allein hätte ihn schon treu erhalten müssen, aber – die Mißvergnügten waren seine Landsleute.

Tage der Spannung verstrichen, und wieder hüllten groß Stürme Zelte und Iglus und Rentiere ein. Jon verstärkte die Wache auf drei Personen; drei Männer versahen den Dienst, während drei Männer schliefen. Wieder flammte Groll auf gegen die ermüdende Plage, gegen die ungewohnte Eintönigkeit, die den Neulingen gar schwerfiel.

Die Leute, die die große Herde Tag für Tag vor Augen hatten, konnten ihre Sehnsucht nach frischem Fleisch nicht mehr bezwingen. Sie glichen Kindern, die einen verbotenen Leckerbissen anstarren. Jon war überall und hielt die Augen offen. Ein Hirte schleppte ein frisch getötetes Rentier ins Lager, und Jon ertappte ihn, als der Eskimo gerade sein Iglu erreicht hatte. Dieser Geselle stand furchtsam da und doch trotzig; Jon wies mit dem Finger, und der Mann zog vor ihm her. Sie traten in ein leeres Zelt, und dort fesselte Jon seinen Gefangenen, worauf er ihn zurückließ. Ja, der Mann sollte dem Hunger überlassen bleiben, so lange, bis die ihm zugewiesene Nahrung – ja, so lange, bis überhaupt jede Nahrung ihm herrlicher munden mußte als das beste frische Fleisch. Der Übeltäter blieb allein im Dunkel zurück. Seine Glieder sollten nur ertauben vor Kälte, und der Hunger sollte an ihm nagen! Vielleicht rief ihm das Dankbarkeit und Verständnis in den viehischen Sinn. Ach, vermochte aber ein solches Volk jemals irgend etwas verstehen, es sei denn Schlaf und Essen? So fragte sich Jon. Wie alle Befehlshaber hatte auch er Augenblicke der Verzagtheit.

Es war die alte Schwierigkeit – alle Männer wurden gebraucht. Wenn man sie einkerkerte, wenn man sie so lange aushungerte, bis sie sich unterwarfen, gefährdete man nur den Sicherheitsdienst bei den Tieren. Als Jon sah, wie vier Männer zu seinem Zelt herankamen, wußte er, daß sie ihren gefangengenommenen Landsmann suchten. Vier Männer? Dann waren ja die Tiere unbewacht – nur Tapik allein war bei ihnen, nur Tapik, als einzige Wache gegen die Gefahren der langen Nacht.

Jon schritt ihnen entgegen, und die Männer blieben stehen, als sie ihn sahen. Er trat kühn unter sie; er wartete nicht darauf, daß sie sprächen, denn sein Zorn war gar mächtig angestiegen. Seine Stimme klang tief und heiser vor Grimm, als er zweien den Befehl gab, sich sogleich zur Herde zu begeben, und den beiden anderen, sich zur anbefohlenen Nachtruhe zurückzuziehen.

Die Autorität der Führerschaft war noch mächtig. Die Männer, die auf solche Art plötzlich angeherrscht worden waren, konnten keinen Widerspruch formen, keinen Widerspruch leisten. Ehe sie noch ihre Beschwerden vorgebracht hatten, zogen sie auch schon wieder ab, genau so, wie ihnen befohlen worden war.

Ja, sie zogen ab, aber Jon war beunruhigt. Ob sie wohl später auch noch so abzogen und sich durch seine wiederholten Befehle einschüchtern ließen? Es mußte die Zeit kommen, da das Verlangen größer war als die Furcht. Doch mußte auch die Zeit kommen, da die getreuen Lappen von ihrer Suche zurückkehrten. Es war ein Wettlauf mit der Zeit.

Nach vier Tagen band Jon seinen Gefangenen los. Der Mann war erstarrt und durchkältet, schwankte aber matt zu seinem Iglu hin. War wohl das Erlebnis dieses Mannes hinreichend, die anderen zur Unterwerfung zu bringen, oder mochte es sie zu heftigerem Widerstand reizen? Das zu wissen war schwer.

Auch für Tapik war der wachsende Zorn im Lager eine Schwierigkeit. Seine eigenen Landsleute wandten sich an ihn, er solle ihr Führer werden; seine Treue gegen Jon widersetzte sich dem. Er hatte jetzt die Möglichkeit, Häuptling zu werden, mit Befehlsgewalt über Menschen und Tiere. Aber Jon war immer gerecht gewesen, durch lange Zeit hatte Jon getreulich hinreichende Lebensmittel verteilt. Es war eine Angelegenheit, die ernst erwogen werden mußte.

Wenn sie bei der Herde Wache hielten und auch im Lager drangen die Eskimos unablässig in Tapik, er möge ihr Häuptling werden. Man beseitige Jon, und dann werde er, Tapik, mit dem großen Schatz der Rentiere der mächtigste Mann des ganzen Nordens sein. Welch eine Zukunft sie ihm ausmalten! Aber Jons Landsleute mußten wiederkommen, und irgendwo, ja, irgendwo waren Weiße Häuptlinge. Nirgends auf Erden konnte man sich vor ihnen verstecken. Darum unternahm Tapik nichts. Er erteilte den Männern keine offene Absage, damit sie sich nicht gegen ihn wendeten. Er drängte sie dazu, abzuwarten, und ob dieses Rats begannen sie ihn zu verdächtigen.

Sobald der Wunsch bestimmte Formen angenommen hatte, konnte er nicht mehr abgetan werden. Wieder sammelten sich die Männer. Wer war denn dieser kleine Jon, daß er ihnen allen die Stirn bot? Sie waren nicht besser gewesen als Frauen, daß sie ihm gehorcht hatten. Die ganze Nacht hatte er sich bei der Herde aufgehalten, jetzt aber ruhte er, und jetzt wollten sie hingehen und ihn ergreifen.

Noch während er in seinem Zelt schlafend lag, wollten sie ihn umzingeln. Gemeinsam zogen sie hin.

Sie blieben einen Augenblick stehen, ehe sie sich trennten, um von allen Seiten aufs Zelt loszugehen. Doch noch während sie stehenblieben, um miteinander zu flüstern, stand Jon schon vor seinem Zelt. Ja, schlief denn dieser Mann niemals? Wie, er trat ihnen entgegen? Mochte er nur kommen! Diesmal wollten sie nicht fliehen wie sonst.

Jon trat ihnen entgegen, und die Männer standen bereit. Ein Hund kam aus ihrer Mitte hervor und begann zu bellen. Ein plötzliches Donnern warf die Leute zurück, eine Rauchwolke entzog Jon ihrem Blick, und vor ihren Füßen lag matt zuckend der Hund. Die furchtbare Flinte! Der gefürchtete krachende Stock der Weißen Männer! Noch nie hatten sie an dieses Ding gedacht. Die Leute sahen den Hund an; der regte sich überhaupt nicht. Sie sahen Jon an, und er ging ihnen jetzt entgegen, und er trug die donnernde Waffe!

Sie wandten sich um. Einem Manne wie Jon konnte man nicht Widerstand leisten. Zwei entflohen zu ihrem Posten bei der Herde, und die anderen wurden von ihren Iglus verschluckt wie Murmeltiere von ihren Höhlen. Wieder ein Sieg und wieder ein paar Tage Sicherheit für die Rentiere, aber Jon frohlockte keineswegs. Jeder Sieg wurde durch schärfere Mittel errungen, und jede neue Auflehnung war entschlossener als die letzte. Er dachte daran, wie man auf den Feldern in Lappland die Raben verscheuchte. Jedes neue Abwehrmittel mußte abschreckender sein als das frühere, und schließlich kamen die Raben doch und setzten sich sogar auf die letzte Scheuche.

Tag für Tag hielt Jon Ausschau nach Süden, aber kein einziger dunkler Fleck bewegte sich über den Schnee, kein wiedergewonnenes Rentier kam heran, sich der großen Herde anzuschließen. Die tröstende Gegenwart Pehrs und Aklas und Mikels war noch fern. Überall sein müssen, zu allen Stunden wachen, ein Hüter der Tiere sein und ein Wächter gegen Menschen – es war ein ermüdendes Leben, das man nicht unaufhörlich fortsetzen konnte. Wenn er nur eine Flinte gehabt hätte! Freilich, die Flinte hatte er noch bei sich, aber der Schuß, mit dem er den Hund getötet hatte, war seine letzte Patrone gewesen. Er trug die Flinte immer, und er allein wußte, wie nutzlos sie jetzt war. Aber es durfte kein Nachlassen geben, ehe nicht irgendeine Wendung der Dinge Sicherheit für die Herde schuf. Wenn Pehr kam – ach ja, dann gab es herrlichen Schlaf, sicheren Schlaf, Tage und Nächte traumlosen Schlafs!

Die Männer rotteten sich noch immer zusammen und murrten untereinander; wie bei Kindern verblaßte allmählich der Eindruck der Strafe. Es war ja nichts geschehen – nichts Schreckliches. Ja, sie hatten sich durch die Behendigkeit und die Strenge Jons einschüchtern und erschrecken lassen; aber er hatte ihnen nichts Böses getan, nichts, von dem man sich nicht rasch hätte erholen können. Freilich: Ulak war verschwunden, und das Geheimnis seines Verschwindens beschäftigte die Leute auf sonderbare Art. Aber wenn Jon die Hirten der Tiere vernichtete, vernichtete er auch die Tiere. Dieser Gedanke war ihnen noch nicht gekommen. Und wahrlich, das war ein kluger Gedanke, und sie waren kluge Männer, daß sie so etwas denken konnten.

Wenn Tapik, der Unverläßliche, zur Rast ins Iglu zurückkehrte, dann wollten sich die Männer zusammenscharen und vor Jons Augen Rentiere niedermetzeln. Sie wollten ihn nicht wieder unmittelbar angreifen. Wenn er sah, wie seine Tiere zugrunde gingen und dann nicht den Stock mit der lauten Stimme gegen jene richtete, die die Tiere schlachteten, dann tat er es gewiß niemals. Warum hatte er es denn früher nie getan? Wahrscheinlich wagte er es nicht. Die Männer waren durch ihre Erwägungen sehr kühn geworden.

Doch nur bei Tageslicht wollten sie diese Probe machen. Das Dunkel war die Zeit der Geister, da Zauberkräfte lauerten, da die Blinden die Pläne der Menschen verwirrten. Ach ja – nur im Licht des Tages mochte alles gut geraten.

Die Tage waren jetzt viel länger. Wenn der Himmel hell war,

schien zu Mittag sogar die Sonne, und ihr Kreisbogen wurde immer breiter und höher. Dennoch brachte sie Jon keine Freude; sie war das Symbol des Wartens, des aufs Warten Gepfähltseins.

Jon ging zur Herde hinaus. Er war fast bis zur völligen Erschöpfung ermüdet, aber das durfte niemand wissen. Allen anderen mußte er nach wie vor als das unermüdliche Wesen erscheinen, als der einzige, der den Schwächen gewöhnlicher Menschen nicht unterworfen war. Er musterte die äsenden Tiere; sie gruben auf einem frischen Feld neue Futterlöcher.

Welch eine Zahl von Hirten! Warum waren sie wohl an einem so klaren Tag alle im Dienst? Jon staunte. Er konnte am anderen Ende der Herde vier Männer sehen, vielleicht sogar noch einen. Während er sie verblüfft anstarrte, war ihm, als würde zwischen jenen ein Signal weitergegeben. Jeder Mann lief mit gesenktem Speer auf die Herde zu. Wie? Vergriffen sie sich sogar an der Herde? Mit einem Satz war Jon wieder lebendig.

Er stürzte zu dem nächsten Mann hin, im Laufen laut schreiend. Der Mann sah ihn und floh, aber er hatte schon ein Rentier getötet. Jon kam zu den anderen, aber jeder lief davon. Während er den einen Mann verfolgte, begannen die anderen von neuem mit ihrer schrecklichen Arbeit bei den Rentieren.

Welch elende Schurken sie waren! Wie sie die sicherste Hoffnung ihrer Existenz selbst vernichteten! Jon jagte von dem einen zum anderen, aber seine Bemühungen hatten nur geringen Wert. Wenn man sich mit dem einen aufhielt, gab man den anderen die Hände frei. Und sie flohen nach allen Richtungen.

In seinem ersten Zornesausbruch hatte Jon seine Ermüdung vergessen, doch jetzt legte sie wieder die schwere Hand auf ihn. Er konnte sich nur matt zu den Schlächtern hinschleppen.

Sie sahen seine Schwäche, und sie schrien ihm Worte zu, die er nicht verstand. Daß dies Worte des Triumphs waren, Worte des Hohns und der Rache für die ganze Zeit, die er sie unterdrückt hatte, das wußte er genau. Schließlich konnte er sich nicht mehr weiterbewegen. Er sank im Schnee auf die Knie und betrachtete die Zerstörung, die er nicht verhindern konnte. In der Hilflosigkeit seines Zorns verlangte es ihn, auf die unsinnigen Mörder zu schießen und sie einen nach dem anderen zur Strecke zu bringen. Für die Sicherheit der Herde hätte er es getan – mehr noch als das –, aber die

Flinte in seinen Händen war leer, ein Stück nutzloses Eisen. Es war zum Verzweifeln, daß er dem Gemetzel zusehen mußte, und dennoch vermochte er nicht, den Blick abzuwenden.

Wie etwas, das lange Zeit eingedämmt war und jetzt seine Bande sprengt, kreischten und grölten die Männer bei ihrem grausigen Werk. Eine tolle Orgie des Blutrausches befiel sie, eine uralte, im Stamm verwurzelte Wut riß sie mit. Einer sah Jon an, der auf dem Schnee saß. Auf einen Schrei hin wandten sich alle um. Ha! Warum gab der große Jon nicht Feuer auf sie? Angespannt hielten sie Ausschau. Vielleicht war dieser listenreiche Mensch gerade jetzt im Begriff, irgendein sonderbares Wunder zu vollbringen, das sich gegen sie richtete. Die Männer näherten sich ihm.

Am besten war es, mit diesem Jon jetzt fertig zu werden, ehe er wieder neue Kräfte besaß, ehe irgend etwas Unbekanntes ihm zu Hilfe kam.

Jon beobachtete ihr Kommen, und er erkannte ihre Absicht. Er hatte einen langen Kampf gekämpft, und jetzt mußte dieser so enden. Wen nur Pehr und die anderen noch rechtzeitig kämen, um die Rentiere zu retten. Wenigstens einen Teil der Herde! Aber das war nicht möglich, so dachte Jon traurig, sie kamen nicht, und wenn sie kamen, waren gewiß schon viele Rentiere vernichtet und die anderen versprengt. Das also war das Ende des großen Zugs; so also endeten die großen Hoffnungen der Weißen Häuptlinge und ihre Träume von einem neuen Reich des Fleisches. Jetzt konnte das Hungergespenst über das Land hinziehen, und niemand vermochte ihm Einhalt zu gebieten. Wenn die Weißen Häuptlinge nur erfahren könnten, wie hartnäckig er sich bemüht hatte!

Die Leute waren ihm jetzt schon nahe. Sie kamen von drei Seiten heran, als fürchteten sie noch immer eine plötzliche Bewegung Jons. Sie mochten nur kommen, mit seinen plötzlichen Bewegungen war es schon aus. Niedergeduckt schlichen sie heran, und jeder hielt seinen Speer umklammert. Die neue Lust am Töten lag noch immer auf ihnen. Ob sie wohl Speere schleuderten oder ihn damit berannten, fragte sich Jon in sonderbarer unpersönlicher Neugier, als ginge ihn die ganze Sache nichts an.

Hatten sie auch jede Furcht vor ihm verloren! Das war zwar jetzt nicht mehr wichtig, aber er stellte sich diese Frage. Es wäre ein bitterer Spaß, das zu versuchen. Plötzlich richtete Jon sich auf und zielte mit der Flinte nach dem nächsten. Gleichzeitig und augenblicklich wandten sich alle um und flohen. Sie taumelten und fielen und wälzten sich in ihrer entsetzten Hast. Aber die Flinte sprach nicht. Da hörten die Leute auf zu laufen; sie wandten sich um und hielten Ausschau. Jon kniete wieder. Ah, er konnte ihnen nichts anhaben! Jetzt wußten sie es; sein Zauberstock gehorchte ihm nicht.

Wieder zogen sie heran, diesmal mit geringerer Vorsicht; Jon hatte sie zum letztenmal in Schrecken versetzt. Er ließ die Flinte in den Schnee sinken und wartete kniend; es fiel ihm vielleicht leichter, wenn er die herankommenden Männer nicht sah. Starr richtete er das Auge auf die Rentiere; sein letzter Blick sollte den Tieren gelten, die ihn am Ende zu diesem kleinen Fleck im Schnee geführt hatten.

Die Leute schienen zum Herankommen lange Zeit zu brauchen. Ein solches Warten dauerte immer lange. Es verlangte ihn danach, daß sie sich beeilten und rasch ein Ende machten. In der Ruhe des windstillen Nachmittags versuchte er, ihre Schritte im Schnee krachen zu hören. Er lauschte! Ah, sein verwirrter Sinn mußte ihm einen seltsamen Streich spielen! Ganz gewiß war das nur ein eingebildetes Geräusch, dennoch lauschte er weiter. Ein leises knatterndes Summen erzitterte in unendlicher Entfernung. Es war ein Geräusch, das Jon nie vergessen konnte. So hatten die fliegenden Weißen Männer gesummt, die gekommen waren, die Rentiere in der Buckland-Bai zu besichtigen. Und jetzt – wie unglaublich – hörte er es wieder!

Das Summen wurde lauter, und Jon öffnete die Augen. Wie nahe die Angreifer waren. Sie sammelten sich nun in nächster Nähe zum endgültigen Angriff. Sie konnten nichts hören, weil der spröde Schnee unter ihnen knirschte. Ach, wenn es ihm nur gelang, sie nur einen einzigen Augenblick länger zurückzuhalten! Wenn er nur ihre Speere noch so lange bannen konnte, bis sie den Blick auf den großen Eisenvogel warfen! Er mußte nachsinnen – ach, wie sehr mußte er nachsinnen!

Sogleich stellte er sich im Schnee auf den Kopf. Er hörte, wie die Männer haltmachten. Langsam fuchtelte er mit den Beinen durch die Luft – das setzte die Angreifer bestimmt in Erstaunen, wenigstens für den Augenblick. Aber er mußte sie in diesem Staunen erhalten. Er sprang auf die Füße; er flatterte mit den Armen wie mit Flügeln und stieß rauhe kreischende Laute aus, ähnlich dem Gekrächze der Raben. Die Männer blieben stehen und starrten verblüfft. Ohne Zweifel hatte irgendein Geist von ihm Besitz ergriffen.

Da erblickte Jon einen dunklen Fleck, der von Süden heranzog. Mit krampfhaften Bewegungen schwenkte er die Arme und wies darauf. Er fiel auf die Knie und schrie mit mächtiger Stimme zum großen Himmel empor. Mit einem langsamen Flattern der Arme, als ob er sich zum Flug himmelwärts anschickte, hüpfte er über den Schnee.

Ah, jetzt hatte er sie soweit! Und wie er sie hatte! Sie blickten Jon nicht mehr an. Sie hatten den ersten Blick auf den sonderbaren Vogel getan, der mit einem furchtbaren, dröhnenden Lied herankam. Das also war es! Das war das Ungeheuer, das Jon durch seine Zauberbewegungen, durch die Macht seines Wortes aus der Luft heraufbeschworen hatte! Wie groß seine Macht war! Jedesmal hatte er sie besiegt. Die Eskimos begannen, wild von diesem entsetzlichen Ort zu fliehen.

Gerade als das große Geschöpf mit den Silberschwingen über ihren Köpfen brummte, zog es einen weiten Kreis. Ganz gewiß hatte es sie entdeckt, und jetzt wollte es sich auf sie stürzen, um sie mit Schnabel und Krallen zu zerreißen. Die Männer fielen flach auf den Schnee.

Der Aeroplan ging im langamen Gleitflug nieder, rollte eine Strecke über die harte Schneekruste und kam zum Stehen. Zwei Männer sprangen heraus, hochgewachsene weiße Männer, die jetzt auf den Schnee stampften und sich neugierig umblickten. Sie sahen Jon, der ihnen zuwinkte, und schritten mit langen, ungelenken Schritten auf ihn zu.

Jon wartete auf ihr Kommen. Sonderbare Schwäche hatte ihn erfaßt, eine Ermattung, die ihn beinahe auf den Schnee hinstreckte. Aber er kämpfte dagegen an, er mußte sich vor den Großen Männern tapfer zeigen. Vor den Weißen Männern! Sie packten Jons Arme und begannen, ihn langsam zum Lager zurückzuführen. So marschierten sie, die drei – die beiden hochgewachsenen Männer mit dem kleinen Mann in der Mitte.

Sie hießen Jon schlafen – so tief schlafen und so lang, wie er es für nötig hielt. Unter Tapiks Leitung wollten sie die Rentiere hüten, bis

Jon wieder erholt war. Die Weißen Männer steckten ihn in seinen Schlafsack, und noch ehe sie die Felldecken über ihn gebreitet hatten, lag er schon in so tiefem Schlaf, wie noch nie vor ihm ein Mensch.

Als Jon wieder aus seinem Zelt blickte, war es heller Tag. Wie viele Tage und Nächte vergangen waren, wußte er nicht. Er blinzelte ins Sonnenlicht wie jemand, der lange Zeit im Dunkeln geweilt hat. Während er in dem wohlbekannten Lager Ausschau hielt, trat Pehr aus seinem Zelt. Sogar Pehr war da! Jon konnte seinen Augen kaum trauen. Er rief Pehr zu, und dieser wandte sich um und näherte sich. Lange Zeit blickten sie einander an.

Pehr erzählte ihm alles, was geschehen war. Am Tag, nachdem die Weißen Männer gekommen waren, waren auch Pehr und Akla und Mikel mit der geflohenen Herde zurückgekehrt. Die Weißen Männer hatten aus der Höhe beide Herden gleichzeitig sehen können. Sie hatten Eile gehabt, vor dem nächsten Sturm wieder fortzufliegen, hatten aber Munition für die Gewehre dagelassen. Und Pakete mit Tee und Kaffee, mit Zwieback und Zucker und Tabak waren jetzt in Aklas Zelt verstaut.

Die Weißen Männer hätten den Wunsch gehabt, mit Jon noch einmal zu sprechen, aber sein Schlaf sei so tief gewesen, daß sie nicht das Herz gehabt hätten, ihn zu wecken. Da so lange Zeit keine Nachricht von der Herde aus dem Norden gekommen war, seien die Großen Väter ängstlich geworden. Sie hätten fliegende Männer ausgeschickt, nach den Hirten und den Rentieren zu forschen. Die Männer hatten gesagt, sie seien mit Jon wohl zufrieden und wollten ihn bei den Großen Vätern beloben.

Und Ujark und die übrigen? Ja, die seien in die Nacht verschwunden – gleich, nachdem die fliegenden Männer gekommen waren. Von allen Eskimos war nur Tapik geblieben, Tapik, der soeben bei der Herde Dienst machte.

Dann kam Akla und dann Mikel, und sie sammelten sich um Jon, und Jon fühlte, daß es gut sei, sie wieder um sich zu haben. Akla brachte jetzt frischen Kaffee und andere Vorräte, die die Weißen Männer zurückgelassen hatten, und die vier saßen in einem Zelt. Und während sie tranken, erzählte Pehr, der Älteste, von all den Dingen, die sich auf seiner langen Reise ereignet hatten. Niemand konnte sagen, ob von der wandernden Herde Tiere in Verlust geraten waren, aber die Männer hatten eine sehr stattliche Zahl zurückgebracht. Jon war zufrieden. Ah, wie zufrieden er war!

Die Tage wurden immer länger, und die großen Stürme waren vorbei. Die Rentiere, von ihrem langen Marsch heimgekehrt, mußten wieder Kräfte sammeln und desgleichen die Hirten. Und, was das Wichtigste von allem war, Jon mußte wieder der alte werden. Niemand erwähnte das vor ihm, aber jeder wußte es. Es dauerte gewiß noch lange Zeit, ehe er sich wieder im Besitz seiner vollen Kraft fühlte. Keinerlei Befehle wurden erteilt, aber es verstand sich von selbst, daß sie die Reise nicht fortsetzen konnten, ehe der Sommer vorbei war.

Der Schnee wurde weich, und Tapiks Iglu begann zu tröpfeln, darum stellte man die Sommerzelte auf. Es war eine Freude für Jon, im warmen Sonnenschein zu sitzen oder langsam zu einer Stelle zu schlendern, von der er die Herde sehen konnte. Ihm zu Häupten schnatterten die Gänse, und Schneehühner liefen durchs Heidegras. Mikel brachte den ersten Lachs heim, und Tapik erlegte ein Murmeltier. Jon beobachtete den wundersamen Kreislauf des wiedererwachenden Lebens, er beobachtete das tägliche Wachstum der Kälber – und all das ruhige Leben im Lager. Es tat gut, unter Freunden zu sein – sehr gut.

Bald mußte der Sommer vergehen; ja beinahe im Handumdrehen mußte er ein Ende haben. Jetzt galt es, nach neuen Männern Ausschau zu halten; bei irgendwelchen Vorüberziehenden mußten sie neue Hirten finden – fremde Männer, die man im Umgang mit den Rentieren schulen konnte. Die Leute, die sie gefunden hatten, waren unverläßlich und verräterisch und schwach gewesen – aber man bedurfte neuer Kräfte. Mindestens vier Personen taten not – vielleicht acht, wenn sich acht auftreiben ließen.

Man mußte Männer haben. Im kommenden Winter stand der Übergang über die Hohen Schwarzen Berge bevor. An klaren Tagen bildeten die großen zackigen Gipfel einen dunklen Rand längs des östlichen Horizonts. Als Riesenmauer versperrten sie den Weg zu den weiten Weideländern dahinter. Man mußte diese Mauer übersteigen, in einem raschen kühnen Versuch, einem tapferen Dahinklimmen zwischen himmelhohen Gipfeln. Menschen, Tiere, Gegenstände – das alles mußte in tauglicher Verfassung sein für den gefährlichen Übergang über die Schwarzen Berge.

Siebzehntes Kapitel

Der Anstieg

Der Weg wurde rauher. Die Hügel waren nicht mehr sanft gewellt, sondern steil und hoch, und zwischen ihnen zogen sich dunkle Täler. Ohne Zweifel näherte man sich jetzt den Bergen, den Großen Schwarzen Bergen, deren düstere Schatten den Geistern Obdach gewährten. Das waren die Berge, deren hohe Pässe Jon von Beginn an gefürchtet hatte. Anfangs waren sie eine ferne Gefahr gewesen, an die man noch nicht allzuoft denken mußte, eine Gefahr, der man erst in ferner Zukunft begegnete. Jetzt waren sie fast schon bei der Hand, und ihre Vorberge lagen hier, tief und von Schluchten durchschnitten, deren Schnee unmeßbar tief war.

Der Wind wurde jetzt unheimlich und tückisch, erfüllt von nicht voraussagbaren Launen. In der Tiefe eines Tals lag der weiche, nicht vom Wind berührte Schnee grundlos tief, kein Lufthauch bewegte die fallenden Flocken. Doch durch ein anderes Tal heulte der Wind mit furchtbarer Wucht und trieb mit seinem tiefen Atem den hartgefrorenen Schnee vor sich her. Man konnte nie wissen, was das nächste Tal bringen oder aus welcher Richtung ein Sturm heranbrausen mochte. Die hohen Hügel warfen einander den Wind zu wie in einem launischen großen, endlosen Spiel.

Man konnte nirgends hin, nur vorwärts; es gab keine andere Richtung als den Osten. Der Zug schlängelte sich durch tiefe Täler und über die Schultern mächtiger Berge. Immer hatte man den ansteigenden Hang vor sich, den steilen Aufstieg, der höher und immer höher führte, durch immer wildere und immer stürmischere Pässe. Hier war das Rückgrat der Welt, die Angel der Schöpfung. Es war ein Gebiet ohne jedes Leben und ohne jede Bewegung; man sah nichts außer den immer wieder aufberstenden Schneewolken, die sich wie Rauch von den Sägezähnen der zackigen Gebirgsketten lösten.

Hier lag eine antreibende Kraft, eine nicht faßbare Unbarmherzigkeit, in deren Klauen die Wanderer so weiterzogen, als hätten sie nicht die Kraft zu widerstehen. Ihre Instinkte drängten sie, diesen Schwarzen Bergen auszuweichen, aber sie glichen Menschen, deren Willen erloschen ist. Die neuangeworbenen Eskimos schwiegen; sie gingen wie Automaten und sahen das Unheil, das zu vermeiden sie unfähig waren. Sogar die Lappen mit ihren alten Gebirgserfahrungen waren nicht imstande, diese ansteckende Besorgnis abzuschütteln. Ernst blickten sie zu den großen düsteren Schatten hinauf, die vor ihnen emporragten; es überkam sie das Verlangen, die östlichen Hänge schon hinabsteigen zu können und die unbekannten Berge hinter sich zu haben.

Die langen Leinen, die aus den besten Häuten gemacht worden waren und die man während des ganzen Sommers so sorgfältig geprüft hatte, sollten jetzt bald erprobt werden, auf den gefährlichen Kämmen des großen Passes. Das Leben von Menschen und Tieren, ja das Schicksal des ganzen Unternehmens konnte gar wohl von der Stärke eines einzigen Strickes abhängen. In plötzlichen Sturmausbrüchen wird oft der Rand eines Abgrunds von Schneewirbeln unklar gemacht; scharfe Wendungen erlöschen in dem allgemeinen Weiß eines Schneesturms. Ein einzelner konnte in leere Luft treten, in einen furchtbaren Abgrund; wenn er fest an dem langen Strick hing, war eine solche Gefahr geringer. So sollten sie alle zusammengebunden werden durch die festen Leinen; und alle teilten dann dasselbe Los.

Menschen und Tiere zogen in dichtgedrängter Masse, denn in den dunklen unbekannten Tälern war eine Trennung gefährlich leicht. Zum Nachtlager wählten sie die geschützten Flächen am Fuße hoher Berge. Im trüben Licht des Tages zog man auf gekrümmten Pfaden höher und höher über einer weißen und stummen Welt.

Wenn die Hügel mit den runden Gipfeln anderen Platz machten, deren Gipfel spitz und zackig waren und deren steile Hänge zu Schluchten abgründiger Felsen wurden, dann wußte man, daß man wirklich in den Schwarzen Bergen angelangt war. Irgendwo im dunklen Zuge dieses Gebirges waren die Blinden Geister, die Ungenannten, die in einem Wirbelsturm gekommen waren, den alten Kaas zu holen.

Die Zeit war gekommen, den Weg, den man zu gehen hatte, zu erkunden. Diese Aufgabe fiel Pehr und Akla zu, die die Berge von Lappland kannten und wußten, wie sich die Rentiere auf schmalen Gebirgspfaden verhalten. Ehe die Herde kam, mußte man erkunden, prüfen und die Strecke des täglichen Marsches bestimmen. Oft kam man tagelang nicht weiter. Pehr und Akla mußten immer wieder und wieder zurückkehren, ehe ein Weg gefunden war – ein Weg nämlich, der nicht an einer Felswand oder in einer abgrundtiefen Schlucht endete. Dann wanderte die Herde langsam über diesen Pfad und hielt an, bis die lange Arbeit neuer Erkundung getan war. Es schien, als käme man nur zollweise vorwärts; es war eine Zeit, die die Ausdauer und Geduld aller Männer aufs äußerste in Anspruch nahm. Manchmal mußte beim Passieren einer gefährlichen Strecke jedermann das Beste aus sich herausholen. Dann folgten Ruhe und Schlaf, ehe man zum nächsten langsamen Versuch schritt. Die Luft war kalt und dünn, und die Ermüdung kam bald.

Es gab Zeiten, da sie am Ende eines beschwerlichen Marsches nicht weiter nach Osten gekommen waren als am Beginn. Aber durch all dieses Abbiegen, durch all diese Umwege wurde doch ein höherer Punkt erreicht, und manchmal konnten sie den Lagerplatz des Vortags unmittelbar unter sich sehen. Die Eskimos, nicht gewöhnt an das Labyrinth der Berge, hatten jede Hoffnung aufgegeben, sich jemals aus diesem Wirrwarr von Hin- und Herziehen befreien zu können. Sie glaubten, sie würden ziellos weiterwandern müssen zwischen den Riesengipfeln, bis irgendein jähes, aber unbekanntes Unheil sie befiel.

Dann hatte Jon befohlen, im Schutz eines steilen Felsenwalls das Lager aufzuschlagen. Es schien, als könnte man von dieser Stelle nicht fortkommen. Sie nahm allmählich das Aussehen einer dauernden Siedlung an. Die Späher kamen immer wieder und wieder, ohne daß sie durch die düsteren Massen, die den Pfad versperrten, einen Weg gefunden hätten. Ohne Zweifel waren sie jetzt zu der großen Wasserscheide gekommen, der höchsten Stelle des Kamms. Sobald sie diese einmal überschritten hatten, begann der Abstieg, aber das Übersteigen stellte sie vor ein unlösbares Rätsel. Die zerrissene Kette mächtiger Schatten schloß sich zusammen, um jedem Eindringen einen Wall entgegenzusetzen. Hier war die oberste Zitadelle der Schwarzen Berge, ihre letzte, noch nie eroberte Festung, die Burg, die die furchtbaren Geheimnisse dieser Berge umschloß.

Die Lappen waren der Ansicht, daß man jetzt beinahe schon auf der Höhe des Gebirgszugs sei, weil der Wind unablässig wehte. Oben auf den hohen Gipfeln zischte der Schnee ohne Unterlaß. Wenn der Wind weniger heftig war, wallte der Schnee über die Hänge wie ein endloser, sich bewegender Teppich. Stieg der Wind jählings an, bildeten sich weiße Spiralen und Wirbel, die zu den dunklen Schluchten hin kreisten. Hatte der Wind den Höhepunkt seiner Wucht erreicht, erhob sich grölend eine breschenlose weiße Wand, die alle Formen und Schatten verwischte.

Von der schützenden Mauer ihres Lagers konnten sie sehen, wie über ihnen die Stürme tobten. Wenn sich ein Weg finden ließ, mußten sie ins Tosen dieses unermeßlichen Grolls hinaus, mußten sich über schmale Bergleisten tasten, zurückschreckend vor Felswänden, die in bodenlose Tiefen hinabstürzten. Jetzt durfte man nicht länger zögern; besser beim Vormarsch den Untergang zu finden, als alles dadurch zu verlieren, daß man den Rückzug versuchte.

Die Eskimos waren nun ohne jede Gefühlsregung. Sie gingen ihres Wegs, als wären sie jetzt schon verloren; sie schienen verblüfft darüber, daß ihre Seelen noch immer in den Körpern lebten. Ihre Furcht war so groß, daß sie schon jenseits der Furcht waren. Als der Befehl zum Aufbruch erteilt wurde, machten sie sich bereit wie Schläfer im Traum, die keinen freien Willen haben.

Es war ein Weg gefunden worden. Es war kein guter Weg, aber der einzige. Es nützte nichts, über seine Gefahren zu sprechen, seine Möglichkeiten zu erwägen; dieser Versuch war ebenso unvermeidlich wie das Herannahen des Todes. Sie begannen zu beobachten und warteten auf eine Unterbrechung im Grölen des Sturms. Doch war es nicht möglich, die unsteten Launen der Winde abzuschätzen. Es mochten zwischen ihren zornigen Ausbrüchen Stunden vergehen oder bloß Minuten; man konnte keinen Plan machen, man konnte nur blindlings versuchen.

Die Herde sollte vorangehen. Die Tiere scheuten oft plötzlich; wenn sie von sinnlosem Entsetzen ergriffen wurden, waren sie imstande, Hundeschlitten, die ihnen voranfuhren, zu überrennen. Das mußte dann eine wilde, vielleicht unheilvolle Verwirrung geben.

Ja, darum sollte die Herde vorangehen. Die Schlitten wurden so sorgfältig wie noch nie bepackt und verschnürt; Bremsen und Kufen wurden nachgesehen, das Geschirr verstärkt und die Stiefel mit großer Sorgfalt dichter gemacht.

Als die Tiere aufbrachen, beobachteten die Leute im Lager die lange Linie, die immer höher und höher stieg, in den Schleiern von Wolken und Sturm auftauchte und verschwand. Welch prächtige Geschöpfe das waren – wie sicher und vorsichtig sie schritten! Sie konnten Gefahren ahnen, von denen die Menschen nichts wußten. Ah, sie kamen gewiß wohlbehalten hinüber. Nachdem die Herde schon lange außer Sicht war, warteten die Schlitten noch immer. Es durfte nicht dazu kommen, daß an irgendeiner schmalen Stelle Schlitten und Rentiere durcheinander gerieten. Jetzt, da die Zeit da war, fiel allen das Warten schwer.

Sie waren bereit. Männer, Frauen und Kinder, Rentiere und Hunde – alle waren bereit. Ängstlich blickten sie empor, dorthin, wo die wilden Gipfel Schneefedern schwanken ließen und sich durch dicke weiße Decken dem Blick entzogen. Die Rentierschlitten kamen zuerst, dann die Hundegespanne. Hinter jeden Schlitten war ein Tier gehängt, um als Anker zu dienen. Wenn die Geschwindigkeit gefährlich wurde oder vorne plötzliche Gefahr drohte, stemmten sich die vorsichtigen Tiere dagegen. Ihr Instinkt wirkte in diesen Dingen sehr stark; die Berglappen hatten sich in ihrer Heimat dieses Wissen schon seit vielen Menschenaltern zunutze gemacht.

Jon war überall. Er führte den Zug; er eilte hin und her; er besichtigte die Nachhut, die Vorhut – überall zischten seine Skier durch den bewegten Schnee. Beim Überschreiten der Schwarzen Berge wurde er zu einem Übermenschen. Seine leitende Hand, sein Befehlswort, ja sogar seine schattenhafte Gestalt, die plötzlich durch den Schneerauch auftauchte, brachte den angsterfüllten Wanderern Mut.

Der Wind war unberechenbar; schnappend und mit tückischer Wucht zerrte er an dem Schneevorhang. In Zeiten plötzlicher Stille sank der Schnee, und für einen kurzen Augenblick wurden die Höhen oben und die furchterregenden Tiefen sichtbar. Es war besser, wenn der fliegende Vorhang diese Dinge verbarg; sah man sie nicht, waren sie weniger entsetzlich. Seltsame Ertaubung bemächtigte sich der Wanderer; das war die bittere Kälte der Höhe oder die lähmende Furcht, den nächsten Schritt in leere Luft zu tun oder hinabzuwirbeln in die Wolkenmassen, die sich dort unten wälzten. Um wieviel besser war es, nicht einmal für kurze Augenblicke etwas von dieser verkehrten Welt zu sehen.

Sie klammerten sich an die Felswand, wichen zurück vor dem Abgrund, der sich rechts auftat. Die große Gefahr kam bei starken Biegungen. Das Bestreben, über den Rand der Klippen den Weg fortzusetzen, lag nahe. Sie versuchten, die Geschwindigkeit der Gespanne niedrig zu halten; jetzt war eine Zeit, da Geschwindigkeit Gefahr bedeutete.

Als sie sich der Höhe des Kamms näherten, erhob sich ein Sturm von so furchtbarer Stärke, daß man nicht weiterziehen konnte. Ein jeder Schlitten wurde für den nächsten unsichtbar; ein jeder war eine einsame knarrende Welt für sich, in keuchendem Kampf verstrickt. Sie waren befestigt, durch unsichtbare Stricke, die sich anspannten oder lockerten, je nachdem, ob sich jene vorn oder hinten bewegten. Wenn sie keuchend Atem holen wollten, wurde ihnen die Luft vom Mund gerissen – ohne Unterlaß, als ob ein gigantischer Kerkermeister seine Gefangenen peinigte. Auf dem Höhepunkt des Tobens wurden sie platt an die Felswand gepreßt und waren unfähig, weiterzugehen oder sich überhaupt zu bewegen. Man sah nichts, und es schien keine Möglichkeit zu geben, das Leben fortzusetzen. Jeder fühlte sich allein, fühlte sich hoffnungslos einem letzten Angriff ausgesetzt.

Menschliche Bemühung nützte nichts. Es blieb nichts anderes übrig, als am Fuß des Felsens zu keuchen, gegen den der Sturm in betäubendem Donnern anprallte und an dem er sich mit furchtbarer Sauggewalt emporzog. Die Männer konnten das mächtige Zerren fühlen. Sie warteten förmlich auf den Augenblick, da sie hinaufgerissen wurden über die große Mauer und hinabgeschleudert in die schrecklichen äußeren Räume, von wo sie ohne Ende hinabstürzen mußten durch Regionen tosender Luft. Die Eskimos waren so durchkältet und entsetzt, daß sie glaubten, sie seien jetzt schon ins Reich der Todesgeister eingezogen. Fast bewußtlos lagen sie platt und ohne Bewegung da und hörten kaum auf die wilden Schreie der Namenlosen, die in ihrer Stunde des Triumphs auf dem Sturm ritten.

Dann kamen die Stöße wie ein Regenschauer. Einer nach dem anderen wurden die Wanderer niedergetreten, auf den Boden gewälzt, emporgehoben. Jeder bemühte sich, wieder die Welt zu sehen; jeder starrte erstaunt auf die Felsenmauer, auf den Schlitten und auf Jon, der rasch den Zug entlang dahinschritt, sich über jeden beugte und ihn wieder in die kalte Welt des Bewußtseins rüttelte. Ach, da bewegten sich ja auch andere! Da waren Hunde und Rentiere; da waren Kinder, die man auf Schlitten gebunden hatte wie Fellballen. Ja! Ja! Sie waren noch immer irdische Hirten, die über die Schwarzen Berge zogen. Der Wind war schwächer geworden; die glatte Bergwand war sichtbar; der Schnee qualmte noch um die Felsleisten, aber der Wind hatte für kurze Zeit in seiner Wut nachgelassen. Jetzt mußte man rasch weiterziehen, fort aus dem Angesicht des Bergs.

Man entwirrte das Geschirr, man zog die Leinen fest, man ordnete die Schlitten, und die Spitze des Zugs setzte sich in Bewegung. Das erste Gespann zog langsam die anderen hinter sich nach. Alle waren jetzt unterwegs und verließen den trostlosen Fuß der Bergwand. Das war die höchste Stelle, hernach konnten sie fühlen, wie der Weg unter ihnen allmählich sich abwärts neigte. Die gefährlichste Strecke sollte jedoch noch kommen; die Geschwindigkeit war beim Abstieg nur schwer zu hemmen; die eigene Beschleunigung konnte sie bei einer scharfen Krümmung hinausschleudern. Sie mußten dem dröhnenden Kamm der Gebirgskette entrinnen, doch dieses Entrinnen hatte langsam und sorgfältig zu erfolgen. Die Hunde würden vorwärtsziehen und die Rentiere zurückhalten, und irgendwie zwischen den beiden kämpften die menschlichen Herren um ihr Leben.

Sie zogen weiter. Die abwärtsführenden Hänge waren noch nicht steil. Als der erste Schlitten zu hohen Felswänden kam, wurde der Befehl zum Halten gegeben. An drei Seiten schlossen schwarze schieferähnliche Wände den Weg beinahe ab. Es war ein Ort, wie man ihn sich zum Lagern besser gar nicht denken konnte. Die alten Bräuche hielt man noch immer ein. Trotz ihrer furchtbaren Erfahrungen bauten die Eskimos, mechanisch wie immer, ihre Iglus. Die Zelte der Lappen wurden nahe bei den Felswänden aufgestellt. In den eisernen Töpfen sott man Fleisch, und die Kinder wurden aus den vielen Schichten ihrer Hüllen geschält. Man war noch immer hoch oben in dem gefürchteten Gebirge, doch hatte man Nahrung zur Hand und Schutz und die gesegnete Gelegenheit zum Schlafen. Sie waren zufrieden, erinnerten sich wie Kinder an die vergangenen Gefahren, sorgten sich nicht der Gefahren wegen, die kommen mußten; sie lebten nur in der Gegenwart.

Als sie allmählich ruhig wurden, kam ein mächtiger, donnernder Windstoß gleich den Stimmen des Windes über der Bergwand. Aber jetzt zitterten die Zelte nicht, der wirbelnde Schnee stach einem nicht in die Augen. Sie traten aus Zelt und Iglu, um erstaunt zu lauschen. Ein furchtbarer Sturm tobte zu ihren Häupten, pfiff und kreischte über die zackigen Felsenränder ihres Schlupfwinkels. Sie lauschten verängstigt; es war ein unheimliches Erlebnis, inmitten eines Sturms zu sein und doch nichts davon zu spüren. Gewiß kehrten die wilden Stimmen dort oben nach vergeblichem Toben jetzt mit verdoppelter Wucht zu dem Berg zurück. Welch mächtiger Zornesausbruch! Die Männer horchten; die furchtbare Gewalt hielt sie in ihrem Bann. Doch sie hatten den alten Feind überlistet! Sie hatten nicht die Kraft, sich den gegen sie verbündeten Mächten entgegenzusetzen, doch durch ihre Schlauheit war ihnen die Flucht gelungen. Dennoch durfte man sich nicht merklich freuen; man mußte so tun, als wäre man ermattet, damit die Geister in ihrem unbeherrschbaren Grimm nicht die Gelegenheit abwarteten, sie unversehens wieder zu packen. Jedes äußere Zurschautragen des Triumphs konnte nur schnelle Rache zur Folge haben. Dennoch gewährte es einen Schauer der Befriedigung, wenn man einen Sturm sah, der einem nichts anhaben konnte.

Endlich sank das Lager in Schlaf. Es war ein schwerer Tag gewesen, einer der schwersten, und der kommende Tag mochte wohl noch schwerer werden. Das wußte niemand. Der steile Abstieg stand ihnen bevor, und eine lange Strecke Gebirgsland lag vor ihnen. Es gab auch auf der Ebene wirkliche Gefahr, aber diese Gefahr war altvertraut; doch jede Drohung der Berge war ein neues Erlebnis, das nicht nur durch die augenblickliche Gefahr, sondern auch durch seine Seltsamkeit Entsetzen einjagte. Die Herde mußte voranziehen. Ihr Marsch hatte schon vor Stunden begonnen, noch lange, ehe man die Schlitten in Bewegung setzte; die mit Unterbrechung tobenden Stürme hinterließen keine Spur vom Vorbeizug der Herde. Die vorsichtigen Tiere waren unter der Leitung Pehrs, dessen Gebirgserfahrungen sich durch viele Jahre erstreckten, gewiß schon über die Höhe gekommen.

Inmitten der Nacht begannen die Hunde seltsam zu winseln. Jon, der in seinem Zelt schlief, hörte es. Diese Laute waren nicht das gewöhnliche Knurren beim Kampf um Knochen, auch nicht das nächtliche Heulen, wenn ein Hund den anderen von seinem Platz verdrängt. Furcht zitterte in diesem tiefen Chor; ein klägliches Wimmern, als wenn sie ihre menschlichen Herren um Trost anflehten. Jon lauschte. Die Nacht war still, der Tumult des Abends erloschen. Dahinter mußte etwas stecken. Er arbeitete sich aus seinen Fellen und aus seinem Schlafsack und trat vor das Zelt.

Erde und Himmel glühten in unheimlichen roten Strahlen. Die Berge, die in diesem himmlischen Glanz badeten, schienen bei jeder zuckenden Veränderung der großen Nordlichter zu beben. Jon war erstaunt. Oft hatte er dies gesehen und hatte über das Geheimnis des sich verschiebenden Winterlichts nachgedacht, aber noch niemals hatte es in solcher Heftigkeit geglüht. Einen Augenblick lang sah er zu den Hunden hin; ihre runden Köpfe staken unter den Vorderpfoten oder unter dem Leib des Nachbarn, als wollten sie dieses furchterregende Ding nicht sehen. Mit ihrem unerklärlichen Instinkt waren sie sich dessen bewußt, was dem Menschen verschlossen blieb. Welch große Furcht vor dem Licht! Jon konnte keine andere Ursache für das sonderbare Entsetzen der Hunde finden.

Das waren diesmal nicht eigentlich Nordlichter, es waren Zenitlichter. Die roten Speere züngelten herab, als wollten sie nicht nur die Berggipfel durchbohren, sondern auch diese geringeren Geschöpfe, die neben den Felsen Zuflucht gesucht hatten. Es gab keine Veränderung in der Farbe, man sah nur dieses trügerisch glühende Rot. Ungewohnte Unrast drang jetzt durch Zelte und Iglus. Die Schläfer regten sich nervös und erwachten ganz plötzlich. Jon bemerkte, wie die dunklen Gestalten schweigend eine nach der anderen ins Freie traten. Jeder stand vor seiner Wohnstätte und blickte unverwandt empor. Sie starrten so, wie kleine Vögel angeblich eine herannahende Schlange anstarren.

An drei Seiten sah man nichts von den Bergen. Sie waren abgeschnitten durch die schützenden Felsen des Lagerplatzes, aber die Gipfel vorne waren erschrecklich lebend. Sie kamen heran; sie bebten, sie zuckten im Gleichtakt mit den unglaublichen Bewegungen der roten Massen, die von oben herableuchteten. Mit dieser eingebildeten Bewegung der tanzenden Berge überkam die Beschauer furchtbare Übelkeit. Nichts war stofflich. Sogar die Pfeiler der massigen Erde bewegten sich und entschwanden vor den ungläubigen Augen. Die furchtbaren roten Speere des Himmels zwängten sich suchend zwischen die bebenden Gipfel. War es möglich, daß diese zuckenden Speerschäfte durch ihre Berührung alles Leben auf ihrem breiten Pfad töteten – das Leben, das so hoch über die Ebene emporgeklettert war?

Als das große Heer der Lichtspeere sich sammelte und langsam den Rückzug anzutreten begann, atmeten die Zuschauer wieder auf. Doch rasch entschwand von neuem alle Hoffnung; das rote Heer kam zurück. Bei diesem unruhigen Vormarsch wurden die Berge sichtbar, als sprängen sie empor. Zahllose Banner schlängelten sich und züngelten unter dem großen Vorhang. Als dieses Grauen über ihnen schwebte, warfen sich die Menschen platt in den Schnee. Es war eine instinktive Bewegung, dem anstürmenden Lichtwirrsal zu entgehen.

Alles Gefühl des Triumphs war verschwunden, jeder heimliche Stolz auf die Überlistung eines Gegners. Jetzt zahlten die dahingestreckten Menschen ihre Schuld zur Gänze zurück; sie büßten für ihren kurzen Augenblick der Siegesfreude.

In wie vielen schrecklichen Verkleidungen die Geister doch erscheinen konnten! Niemand vermochte der Macht ihres Grolls zu entrinnen! Die Menschen waren verschreckt und wollten nichts sehen von diesem Grauen, ebensowenig wie die Hunde.

Von der Stelle, wo sie im Schnee lagen, hörten sie ein leises raschelndes Geräusch. Es schwoll an zu einem sausenden Zischen. Kam näher, schlich sich heran aus einer unbestimmbaren Entfernung. So heftig preßten sie sich in den Schnee, daß es beinahe den Anschein hatte, als versänken sie in diese schützende Fläche. Das Geräusch nahm an Stärke zu, es war ein Grölen und Heulen über ihren Köpfen. Ah, die altvertraute Stimme des wiederkehrenden Sturms! Es war nicht das Zischen heißer Speere, die den kalten Schnee trafen. Es war der gesegnete Sturm!

Langsam und ängstlich blickten sie um sich. Es waren keine Berggipfel zu sehen, kein Himmel, nur eine Schneewand in dem großen Toben der Windsbraut, eine Schneewand, die alles andere dem Blick entzog. Einzeln, so wie sie gekommen waren, erhoben sich die Menschen. Wiederum traten sie in ihre Wohnstätten. Von diesem nächtlichen Erlebnis mit den Himmelsgeistern sprachen sie später untereinander kein Wort mehr.

Achtzehntes Kapitel

Der Abstieg

Der Abstieg begann. Man hatte die Seile festgemacht und je ein Rentier am Geweih mit dem hinteren Teil eines Schlittens verbunden. Jon hoffte, die schärfsten Biegungen in den Sturmpausen befahren zu können. Alle hatten wieder Sehnsucht nach der Ebene, sogar das gewellte Hügelland war ihnen willkommen.

Jede Stunde führte sie tiefer abwärts, es galt nur auszudauern. Doch in den Höhen der Schwarzen Berge war das Leben nur durch Kampf möglich, durch List und durch ein großes Maß von Glück. In der ersten Stunde, nachdem sie den Marsch wieder aufgenommen hatten, sahen sie einen langen Pfahl in den Schnee gesteckt. Das war das Zeichen, das man abgemacht hatte. Im vorigen Sommer waren Balken aus Schwemmholz gemacht worden, und ein Pfahl, tief in den Schnee gesteckt, sollte zeigen, daß ein Teilnehmer des Zugs diesen Weg genommen hatte. Die Leute in den Schlitten wußten jetzt, daß die Herde vor ihnen zog. Je tiefer sie abwärts kamen, desto zahlreicher wurden die Pfähle; und so konnten die Schlitten dem Weg der Herde folgen, so daß alle sich wieder vereinten.

Über ihren Köpfen tobten und schrillten noch immer die Stürme; sie erstarben nur, um neue Kräfte zu sammeln, so wie es der Brauch ist bei Stürmen inmitten der Gebirge. Jetzt stemmte das als Anker dienende Rentier die Beine an und hemmte die Geschwindigkeit des Schlittens auf den langen Abhängen. Mochte der Schnee noch so dicht wirbeln, die Tiere hatten ein geheimnisvolles Gefühl für das Nahen der Gefahr. Die Hunde waren im allgemeinen verläßlich, aber manchmal hatten sie Zeiten der Zerstreutheit, da sie sich mit Eifersüchteleien und gegenseitigem Gezänk die Zeit vertrieben. Mangel an Aufmerksamkeit für den Weg war in der Ebene nicht wichtig, aber Augenblicke des Nachlassens konnten im Gebirge unheilvoll sein. Außerdem mangelte den Hunden die Vertrautheit mit den Bergen. Sie hatten noch keinen Instinkt dafür. Aber die erste Erfahrung kam mit tragischer Raschheit für das erste Gespann. Bei der Fahrt über einen langen Abhang übersahen die Hunde die Biegung um einen pfeilerähnlichen Felsblock. Sorglos trabten sie auf eine Schneefläche hinaus. Mit gewaltiger Kraft, die Beine eingestemmt, hielt das Rentier hinten den Schlitten zurück, gleitend pflanzte es die Vorderhufe hart in den Schnee und glitt dann weiter. So fest spannte sich die Leine an, daß es schien, als müßte das große Geweih vom Kopf gerissen werden. Doch das Geweih hielt fest, und die mächtigen Anstrengungen des Rentiers brachten schließlich den Schlitten zum Stehen. Der Schlitten war gerettet, aber die lange Leine mit dem Gespann, das in Einzelreihe angeschirrt war, konnte nicht mehr zurückgezogen werden.

Drei der Hunde waren auf einer gebrechlichen Schneebrücke über einen schmalen, aber bodenlosen Cañon hinübergelaufen. Die wechselnden Stürme, die den Schnee von einem Rand zum anderen anwehten, hatten allmählich einen Schneebau von beiden Seiten errichtet. Dort, wo diese Bauten zusammentrafen, überspannte eine wundervolle, aber heimtückische Hängebrücke die Tiefe. Das Gewicht der Hunde brachte sie zu raschem Einsturz. Zwei waren drüben, drei standen mit dem Schlitten noch vor dem Rand, aber ein Hund hing mitten in der Luft an dem festen Lederriemen des Geschirrs.

Das war ein Augenblick der Gefahr. Die ungewisse Schneewand des Cañons konnte jeden Augenblick zusammenstürzen und Schlitten mit Gespann in den geheimnisvollen Tiefen begraben. Man mußte sogleich handeln, es blieb keine Zeit zum Nachdenken und Planen. Der Riemen wurde durchschnitten. Der in der Luft hängende Hund schwang hinüber zu der jenseitigen Wand. Er war noch immer festgehalten vom Gewicht der beiden Hunde an der anderen Seite, und so baumelte er, verzweifelt um sich schlagend, und trachtete, den Rand zu gewinnen.

Die drei Hunde, die noch vor dem Schlitten standen, wurden unverzüglich auf den festen Fels des Pfads zurückgezerrt. Das Rentier beäugte noch immer voll Entsetzen die Stelle, stieß weiße Dampfwolken von sich und stand mit steifgespreizten Vorderbeinen da, als wartete es darauf, einem unbekannten Feind Widerstand leisten zu müssen. Es durfte keine Verzögerung geben. Die anderen Gespanne waren nahe, der Weg mußte weiter befahren werden. Ein Teilgespann konnte den Schlitten den Hang hinabführen; alles weitere wollte man unten ordnen, in der Ebene, wohin man ja kommen mußte.

Es war traurig, weiterzufahren. Als die Hunde an der anderen Seite der Schlucht sahen, daß ihre alten Kameraden sich jetzt anschickten, ohne sie den Marsch wieder aufzunehmen, stimmten sie verzweifeltes Geheul an. Der in der Luft baumelnde Hund schlug noch immer um sich, dann glitt er plötzlich aus seinem Geschirr und war nicht mehr zu sehen. Ein wildes dünnes Winseln stieg die Cañonwände hinan. Das halbe Gespann fuhr nun weiter. Jedesmal wenn sich ein Schlitten an der Biegung zeigte, begannen die beiden Hunde an der anderen Seite hoffnungvoll zu kläffen. Und wenn der Schlitten dann wieder verschwand, folgten ihm traurige Schreie der Verzweiflung. Dann kam der letzte Schlitten und der letzte Blick auf Menschen und Tiere. Noch nie waren sie in so schrecklicher Einsamkeit gelassen worden. Durch das wachsende Dunkel sandten sie ihr hoffnungsloses Winseln über die Schlucht, bis alle Geräusche in einem Ansteigen eines neuen Sturms begraben wurden.

Als am nächsten Tag die Schlitten schon tiefer in den schattigen Bergen fuhren, fanden sie einen zweiten Pfahl. Hier war also die Herde vorbeigekommen; bis zu dieser Stelle wenigstens waren die kostbaren Tiere gebracht worden. Bei ihrem herrlichen Gebirgsinstinkt mußten sie jetzt ganz gewiß die Ebene unten wohlbehalten erreichen. Gespanne und Schlitten und Lenker zogen in langsamer Linie der Herde nach. Die Kälte war sehr groß, sie sprang den Menschen an, zerrte, schwächte und machte mürb wie ein nie ermattender Feind. An der Ostseite der Berge schien mehr Licht zu sein; die graue Dämmerung des Mittags war nicht ganz so grau; das lange Dunkel der Nacht nicht ganz so lang. Es gab noch immer die Hoffnung, daß in den Tagen, die kommen sollten, irgendwo die Sonnenscheibe sich zeigen mochte. Man mußte ausharren.

Täglich galt ihre Bemühung dem Ziel, die Geschwindigkeit zu verringern. Am Fuße steiler Abhänge kamen sie oft in einem wirren Haufen zu Fall; in der durchdringenden Kälte war es dann langwierig und beschwerlich, den Zug wieder in Ordnung zu bringen. Solche Verzögerungen stellten die Geduld eines jeden auf eine harte

Probe; aber es war dennoch möglich, weiterzukommen. Über ihnen schwebte die ständige Furcht, in eine grundlose Tiefe gerissen zu werden, aus der es kein Entrinnen gab. Fast täglich vollbrachten die Rentiere Heldentaten der Rettungsarbeit, hielten die Schlitten knapp an der Kante gefährlicher Schlünde zurück. Ohne ihre wundervolle Vorsicht hätte man überhaupt nicht weiterkommen können; sie zerrten hinten am Schlitten an, reckten die Hälse und neigten sie tief vor Anstrengung, und ihre Geweihe pflügten beinahe den Schnee.

Am Ende des täglichen Marsches kam die Nachtzeit im Lager. Das war eine Zeit der Wiederbelebung, der Entspannung, des Streckens kältesteifer Gliedmaßen. Oft gab es geschützte Plätze im Gebirge, Plätze, wohin der Wind nicht gelangen konnte. Aber der trügerische Wind änderte manchmal bei Nacht seine Richtung, und die einst gesicherte Zufluchtsstätte lang auf dem Wege des wildesten Anpralls. Man konnte sich darauf nicht verlassen; es gab nichts anderes als Hoffnung und verbissene Geduld.

Jetzt kam ein dreitägiger Sturm, so dicht und wild, daß man das Lager nicht verlassen konnte. Die Zelte und Iglus standen unter der senkrechten Wand eines großen Bergmassivs. In der Ferne heulten Winde, die jedoch nicht ans Lager herankamen. Aber der Schnee! Er wurde von den Höhen oben herabgeweht und fiel in nie endenden Schichten in die windstille Schlucht. Es schien keinen Luftraum zu geben, der nicht erfüllt gewesen wäre mit der fallenden Masse. Himmel und Erde und Berge waren eins in dem einzigen Element des Schnees. Er sank nicht in Flocken herab oder fiel etwa durch die kalte Luft, er stürzte herab, gleichsam ausgegossen und erhöhte die Schneefläche zusehends, wie ungläubig man auch darauf starren mochte.

Als die Zeit für den Morgen kam, sickerte nur ein ganz schwacher Lichtschimmer durch, der kaum bemerkbar war. Dann begann für die Leute ein langes Ringen, sich aus diesen unglaublichen Schneetiefen zu befreien. In der Nähe des Felsens hatte ein Luftwirbel bewirkt, daß der Schnee weniger stetig und weniger tief sich ansetzte. Hier hatte man die Zelte errichtet; jetzt schauten nur ihre Spitzen über die Fläche empor, doch war der Schnee so leicht und trocken, daß er die Zelte nicht eingedrückt hatte. Welch mächtige Mühe es war, wieder emporzukommen! Man preßte, man grub, man sank ein, man watete, ja man scharrte fast so wie die pfeifenden Murmeltiere! Wie seltsam die Welt aussah! Der Schnee fiel noch immer wie bisher. Man hörte kein Geräusch, nur das leise Flüstern des sich auftürmenden Schnees – des Schnees, der fiel und flüsterte und fiel, um die Welt mit einer Urzeitwinterdecke zu verhüllen.

Man konnte kein Lager sehen. Die Iglus waren verschwunden, desgleichen die Hunde und Rentiere. Wenn man diese nicht in der endlosen Polarnacht verlieren wollte, mußte man sie finden und wieder zur Oberfläche der Welt emporführen. Jon leitete die Grabungen und machte die ersten Versuche, dort, wo die Iglus gestanden hatten. Es war schwer, sich genau der Stelle zu erinnern; es gab keinerlei Anhaltspunkte für das Gedächtnis, kein Kennzeichen der Richtung, nichts anderes als die glatte Fläche eines Felsens und undurchsichtiges, undeutliches Weiß. Aber irgendwo hier in den Tiefen waren menschliche Wesen; Männer, Frauen und Kinder, und irgendwo mußten auch die Tiere sein.

Sie schürften in der grundlosen Masse, wateten und gruben und lauschten, ob nicht irgendein Geräusch zu ihnen dringe. Kein Geräusch war zu hören, nichts, nur das Flüstern des fallenden Schnees. Dann verschwand vor den Augen der anderen einer der Suchenden, verschluckt von der klaffenden Tiefe. Nichts war von ihm mehr zu sehen. Das Ende eines plötzlich emporgesteckten Skis kennzeichnete die Stelle, dann wurde emsig dort gegraben. Ha, ein Iglu! Der Verschwundene war durch das Dach eines Iglus gebrochen, derb war er inmitten der schlummernden Eskimos niedergefallen. Der Augenblick stummen Schreckens wurde von ungläubigem Staunen darüber abgelöst, daß die Oberfläche des Schnees jetzt hoch über ihren Köpfen war. So etwas hatte sich im ganzen Nordland noch nicht ereignet, aber die Bösen hatten viele Arten, sich zu rächen.

Endlich wurden sie heraufgebracht aus dem weißen Grab: die Kinder, der Schlitten und alle die geringeren Habseligkeiten. Welches Graben und Schieben und Wühlen in der flaumigen Masse! Dann kauerten sie sich an die glatte Wand des Felsens; hier wollten sie Schutz suchen, hier, wo wenigstens eine Dimension fest war und stofflich in einer ungreifbaren Welt. Aus dem leichten federigen Schnee konnt man kein Iglu bauen; darum mußten sie die Sommerzelte auspacken und am Felsen aufstellen.

Als sie am Fuß der Wand hinschritten, entdeckte man die Tiere. Ganz nahe an der Felswand hatten Hunde und Rentiere in ihrem unbeirrbaren Instinkt des Selbstschutzes die Nacht verbracht. Um sich nicht tief verschütten zu lassen, hatten sie sich immer höher und höher gearbeitet, während der Schnee fiel. Die Rentiere sahen erwartungsvoll drein und forderten ihren kleinen täglichen Moosballen. Es war schwer, die Hunde zu sehen, nur ihre funkelnden Augen kennzeichneten sie in der Schneemasse.

Nachdem man neben den Felsen den Boden hartgestampft hatte, stellte man das Zelt auf. Felle wurden ausgebreitet, und dann kam die altvertraute Arbeit: man brachte das gefrorene Fleisch zum Auftauen. Aber das war Weiberarbeit. Man hatte noch andere Iglus auszugraben, und die Männer machten sich sogleich ans Werk. In der düsteren Beleuchtung arbeiteten sie gleich Maulwürfen in unterirdischen Tiefen. Jedes Iglu bedeutete Wiederholung der früheren Arbeit, und man durfte nicht zögern, durfte keine Rast halten. Die kurze Dämmerung begann zur Schwärze der Nacht zu werden.

Es lag etwas besonders Erbitterndes und Erschöpfendes in dieser Mühe. Nichts war stofflich und ausgesprochen; man hatte keinen Platz, an dem man stehen konnte, wo man sich anlehnen, wo man hätte gehen können. Überall Täuschung, ein weiches Nachgeben bei jedem Druck, ein Verschlucken, eine kühle Umarmung, ein kaltes endgültiges Begräbnis. Unter der Last großer Ermattung kam die Sehnsucht nach Entspannung – der Wunsch, sich in diese einhüllende Weichheit sinken zu lassen. Aber jede gelungene Bergung vermehrte die Anzahl der Helfenden, und mit der ersten Dunkelheit waren alle wieder emporgetaucht und war auch das letzte Besitztum ins letzte Zelt geschafft.

Die Zelte standen jetzt in einer Reihe dicht am glatten Grund des Felsens. Die ganze Nacht mußte man graben, Schnee feststampfen, den fallenden Schnee vom Zeltdach schaffen. Die immer größer werdende Last, die höher und höher stieg, hätte sonst die leichteren Sommerzelte zum Einsturz gebracht. Ein jeder mußte der Reihe nach Dienst machen in dem endlosen Kampf gegen ein vorzeitiges Begräbnis. Die dunklen Stunden verstrichen; eine der Nachtwachen wurde von den anderen abgelöst, und noch immer stahl sich das endlose Flüstern des gewaltigen Schneegusses mit gespenstischer Weiche über das Land. Das war eine so erbarmungslose Hartnäckigkeit, als ob die ganze weite Welt in ein einziges großes Todesiglo verschlossen werden sollte!

Die Nächte waren wie die Tage, nur daß nicht Dämmerung herrschte, sondern Dunkel. Die Männer mühten sich, den schmalen Raum zwischen den Zelten freizuhalten, sie stemmten sich gegen die Schneewand, sie preßten sie mit den Händen, sie trampelten sie nieder, als ob sie einen lebenden Feind zu Tod stampfen wollten. Sie lebten im Schnee; sie schliefen im Schnee; sie atmeten Schnee, und in der Nacht träumten sie, daß der Schnee sie verschlinge. Drei Tage und drei Nächte ließ sie der graue Himmel nicht zur Ruhe kommen.

Am Morgen des vierten Tages war die Luft klar. Die Wachenden, die aus ihrem ummauerten Schlupfwinkel Wolkenfetzen nach Norden ziehen sahen, wußten nun, daß die Schlacht vorbei war. Jetzt galt es, aus dieser sonderbaren geschützten Gebirgstasche zu entrinnen; eine zweite Belagerung durch einen Schneesturm, und alles wäre ein weißes Grab gewesen. Sie mußten sich durchringen zu den freien Berghängen, wo die wechselnden Winde den Schnee vom Felsen fortwehten. Sie mußten sich frei machen, damit sie nicht hier an der Felsmauer lebendig begraben würden.

Die Skier sanken ein in den weichen Schnee, aber nach vielen Versuchen wurde ein Pfad zu einer scharfen Krümmung gefunden, wo der Wind den Schnee weggeweht hatte. Man stampfte einen Weg dorthin aus; die Schlitten wurden verpackt, die Zelte zusammengefaltet, das Geschirr entwirrt. Im freien Raum reckten die Kinder die verkrampften Glieder. Welch eifriges Bestreben, fortzueilen aus diesem engen Kerker! In weiter Ferne, in der äußeren Welt, fegten die Winde; ihre Stimmen kamen herabgewandert über die großen Hänge und seufzten über die Grate.

Eine tiefere, ferne Not mischte sich mit den Stimmen des Winds. Dieser Laut wuchs mächtig an Stärke, und die Leute, die die Schlitten verpackten, richteten sich auf, um zu lauschen. Seltsames Zittern bewegte die Luft, während das Brausen allmählich anstieg. Die Rentiere sprangen zu dem schützenden Felsen, und unmittelbar hinterdrein folgten die Hunde. Fast unbewußt taten die Menschen desgleichen; Herren und Tiere kauerten gemeinsam an der Wand, um voll Furcht die unbekannte Gefahr abzuwarten. Die Tiere waren noch immer vor die Schlitten gespannt und hatten diese mitgeschleppt, so daß es ein wildes Durcheinander gab. Die feste Bergwand schien unter dem Ansturm einer ungeheuren donnernden Macht zu erzittern.

Plötzliches Dunkel senkte sich über die Leute an der Felswand. Sie warfen sich platt in den Schnee, während ein furchtbares Brüllen sie traf, ein Brüllen, stärker als das aller jemals gehörten Schneestürme zusammengenommen. Betäubt und wie von Sinnen, vermochten sie nicht mehr zu denken; sie verlebten Augenblicke oder vielleicht Stunden der Todesangst. Sie fühlten den Lufthauch von Geisterschwingen. Da gab es keinen Schutz, kein Versteck, nur erbärmliches Sichkrümmen im Dunkel.

Als Schweigen eintrat, hörten sie es nicht sogleich. Ihre betäubten Ohren vernahmen noch immer das Geräusch, das aufgehört hatte. Es war vielmehr das neue Aufdämmern des Lichts, das sie erweckte. Die Tiere begannen sich wieder zu bewegen: die Bewegung war also möglich. Die Männer waren wie vor den Kopf geschlagen. Sie lebten zwar, aber sie konnten ihren Körper nicht bewegen. Endlich setzten sie sich auf, blickten langsam um sich und sahen einander an. Jetzt erhob sich einer matt und stand zitternd da. Es war also auch möglich zu stehen; andere begannen, diesem ersten zu folgen.

Vor der Felswand lag überhaupt kaum noch Schnee. Die tiefen Massen, die ihnen Tage der Arbeit bereitet hatten, waren fast bis zum kahlen Fels fortgefegt worden. Sie traten zurück von der Mauer und blickten hinauf auf den hohen Berghang. Ein breiter dunkler Pfad durchschnitt die weiße Seite des Bergs, zog höher und höher hinan, bis der Blick ihm nicht mehr durch die Nebel folgen konnte. Von neuem zitterten sie, während sie hinaufstarrten zu dieser schrecklichen Spur. Höher oben, jenseits der Wolken, konnten sich noch andere unabschätzbare Massen vielleicht in diesem Augenblick lockern, um donnernd auf sie herabzustürzen. Ein zweites Mal dürfte keiner darauf hoffen, daß eine zweite Felswand ihn schützen werde, über die die gewaltige Last hinwegdonnerte. Sie mußten den Abstieg beschleunigen, um den grimmigen Bergen zu entgehen. Von neuem machten sie sich bereit, abzuziehen.

Jetzt erhob sich Gemurre unter den Eskimos. Aus Tapiks und Kipis Familie fehlte jemand – Uji, die jüngste Tochter. Die Frauen hatten die Schlitten abgesucht und auch längs der Felswand gesucht, ja sogar zwischen den Hunden und Rentieren. Uji war nicht zu finden! Sik und Lug waren zur Stelle, aber nicht Uji! Niemand konnte sich des genauen Zeitpunkts erinnern, da man den kleinsten aller Teilnehmer an diesem Zug zum letztenmal bemerkt hatte. Niemand konnte sich entsinnen, wo dies gewesen war. Nicht einmal Kipi in ihrem Kummer und ihrer Verwirrung wußte das. War Uji bei ihnen gewesen, als die große Lawine über sie dahinglitt? Ja – nein – vielleicht ja und vielleicht nein. Kipi konnte nicht denken.

Die Männer traten zum Rand der breiten Felsleiste und blickten hinüber; irgendwo unter einem gewaltigen, unübersehbaren Gewirr von Schluchten lagen jetzt die Schneemassen, sie waren nicht mehr zu sehen; man konnte nicht einmal feststellen, wohin sie gedonnert waren. Die Männer schritten langsam zurück. Sie suchten wieder an allen möglichen und unmöglichen Stellen, auch überall dort, wo sie schon gesucht hatten. Vielleicht war Uji, während die anderen bei den Schlitten bemüht waren, ein wenig weitergegangen. Wer konnte das jetzt wissen, bei jenem plötzlichen und instinktiven Hineilen zum Felsen und bei dem sonderbaren Dunkel, das sich dann über sie gesenkt hatte?

An diesem Tag war an eine Fortsetzung der Reise nicht zu denken. Der zarte Geist Ujis schwebte um den Felsen und konnte nicht völlig einsam zurückgelassen werden. Denn im Dunkel der Nacht schreien einsame Geister in Entsetzen auf. Bei Todesfällen verweilen Wanderer sonst drei Tage, dann legen sie einen Tagesmarsch zurück und verweilen an dieser Stelle weitere drei Nächte. Das geschieht, damit die einsamen Abgeschiedenen sich allmählich an die Einsamkeit gewöhnen. Aber inmitten der Gefahren des Gebirges konnte Jon, der Führer, nur eine einzige Nacht erlauben.

Man durfte kein Wort über die Abgeschiedene sprechen, durfte einen Namen nicht erwähnen, der von nun an vergessen bleiben mußte. Die Lebenden durften sich den Todesgeistern, die immer in der Nähe weilten, nicht dadurch in Erinnerung rufen, daß sie jemanden, der schon in der Geisterwelt war, erwähnten. Aber die schweigende Nähe der alten vertrauten Personen brachte dem Unsichtbaren Trost, der jetzt allein bleiben mußte im Grauen der Dunkelheit und des wilden Sturms.

Irgendwo über dem Wirrsal der Bergschluchten schwebte der Geist Ujis und war dadurch langen Jahren bitterer Winter entronnen, noch ehe sie begonnen hatten: Zeiten der Hungersnot, Zeiten der Seuche – der endlosen Plage, die der kurzen Jugend folgt.

Am Morgen zog man hastig ab. Schweigend ging man, ohne zurückzublicken. Während die Marschkolonne sich ausdehnte, hielt man die alte Ordnung ein. Man bog um große Krümmungen und kam immer tiefer und tiefer. Nach einigen Tagen lagen die hohen Gipfel schon hinten, war man an den tiefen Schluchten schon wohlbehalten vorbeigekommen. Ehe die Sonne sich wieder zeigte, traf man im Hügelland ein, an der Ostseite der Schwarzen Berge.

Während sie durch die düsteren Hügel zogen, hielt Jon Ausschau nach den langen, tief eingepflanzten Pfählen, die den Zug der Herde bezeichneten. Manchmal waren sie leicht zu finden, manchmal nur nach langer Suche. Aber man fand sie, und die Schlitten folgten der von den Rentieren eingehaltenen Strecke. Die gleiche bittere Kälte durchdrang die Wanderer, die gleichen tobenden Stürme hemmten sie, aber sie waren heruntergestiegen aus den gefürchteten fremden Bergen – sie wußten, was Wind und Sturm der Ebene waren. Da hatten sie jahrhundertealte Mittel des Schutzes, zwar armselig und kaum wirksam, aber dennoch Mittel, die man verstand – Methoden, die die Häuptlinge alter Zeiten gebilligt hatten.

An manchen Tagen war der Himmel schwer, und niedere Wolken wälzten sich zwischen den Hügeln. Aus dem wachsenden Lichtbogen im fernen Südosten schloß man, daß die Sonne von neuem einen kurzen Blick auf die Welt getan hatte. In diesem Gedanken lag tröstende Aufmunterung; wenn der Himmel rein war, konnten sie wieder das blaßgelbe Antlitz sehen. Es war das Lichtsymbol des Siegs über alle die dunklen Geheimnisse des Bösen.

In der Nacht vor dem Tage, da sie die Sonne wieder sahen, hatten die Leute mit den Schlitten auf dem Hang des letzten großen Hügels Lager geschlagen. Am nächsten Tag wollten sie wieder über die alten vertrauten Sümpfe und über das moosreiche Moorland ziehen. Im Lauf der Nacht zerstreuten sich die Wolken. Aber im frühen Licht des Morgens gab es kein Verpacken der Schlitten, kein Anschirren der Hunde und Rentiere. Unterdrückte Erregung durchschauerte das Lager. Eine unwillkürlich ansteckende Erwartung durchdrang sie alle, sogar die Kinder blickten einander mit hellen staunenden Augen an.

Jon erteilte noch nicht den Befehl zum Weiterfahren; er erinnerte sich der anderen Jahre. Er lockerte nun die frühere Strenge seiner Herrschaft durch verstehende Duldsamkeit – dank der Reife, die diese Jahre der Erfahrung ihm gebracht hatten. Er verstand jetzt, daß es sonderbare Dinge gab, die den Stämmen und Völkern dieser Erde von ungeheurer Wichtigkeit sind. Und darum enthob er zeitweise die Leute, die seinem Befehl unterstanden, des Zwangs, den seine Wünsche ihnen auferlegten.

Allmählich stiegen die Leute zur Höhe des Hügels hinan, verstohlen und ungeordnet, als ob jeder, der da hinanstieg, seine Hoffnung vor allen anderen verbergen wollte. Jeder wahrte ernste Feierlichkeit bis zu dem Augenblick, da der Rand der Sonnenscheibe über die Kante der Welt funkelte. Dann barst die angeborene Zurückhaltung eines langen Jahrs, und ein wilder Gruß an die neugeborene Sonne stieg zum Himmel.

Selbst Jon konnte dem allgemeinen Zug zur Höhe des Hügels nicht widerstehen. Er erinnerte sich des seltsamen Erschauerns anderer Jahre und folgte nach. Er sah, wie der Kreisbogen des Lichts über den Horizont stieg und staunte über die Tollheit des Sonnenlieds, das jetzt von der Gruppe der Menschen emporstieg. Höher und höher flammten die lebenspendenden Strahlen fächerförmig von der Erde empor.

Es war ein Fanal der Hoffnung, von der man nicht lassen durfte.

Jon wandte sich um, den Bergen zu. Einen Augenblick schimmerten ihre dunklen Gipfel durch einen Riß in dem Wolkenmantel. Düster und fern grollten sie ihre uralte warnende Drohung. Dann schlossen sich die Wolken wieder, und die Berge waren dem Blick entzogen. Jon wandte sich langsam wieder um; das gehörte zum Leben, das vergangen war – ein zweites Mal zog man nicht über die Schwarzen Berge, und ein zweites Mal sollte er auch nicht den langen Weg des Lebens zurücklegen.

Vor ihm erhellte jetzt der ganze runde Sonnenball die endlosen Ebenen, die sich nach Osten erstreckten. Irgendwo floß dort durch die weiten Flächen der Große Strom. Auf der langen Strecke mochte es noch Schwierigkeiten geben, man mußte die ausdauernd überwinden; es war ein Marsch für Mutige. Als Jon über das gewaltige weiße Land schaute, wurde sein Blick starr. Weit, weit unten sah er einen dunklen Fleck im Weiß. Er kniff die Augen zu und schaute scharf zu dieser dunklen Stelle hin. Ja, der Fleck bewegte sich – es war die Bewegung vieler winziger Gegenstände. Die Herde! Ohne Zweifel!

Da waren sie – die kostbaren Rentiere. Jetzt mochten sie scharren und weiden, nach ihrer geschäftigen Art. Welch eine Freude, daß man sie wieder sah! Wohlbehalten! Dort in der Ferne lag vor Jon ein kleiner dunkler Fleck. Wie unendlich klein! Und doch lebte in diesem Fleck das Leben und die Hoffnung vieler Stämme, vielleicht eines großen Volks in fernen zukünftigen Zeiten. In diesem Fleck war Nahrung – lebende Nahrung, Beginn und Ende und einziger Unterhalt alles dessen, was im Norden lebt. Fleisch!

Neunzehntes Kapitel

Die Inland-Eskimos

Wieder waren Herde und Schlitten beisammen. Einen Tagesmarsch, nachdem Jon von der Spitze des Hügels die Tiere zum erstenmal zu Gesicht bekommen hatte, waren alle wieder beisammen, denn die gefährlichen Berge lagen hinter ihnen. Das tat gut. Pehr und Akla und Mikel waren wohlbehalten, sehr abgemagert und ermattet, aber wohlbehalten. Und wie erging es den kostbaren Tieren? Sie waren da, scharrten mit dem einen Fuß und dann mit dem anderen, gruben sich in den Schnee, bis man über der weißen Fläche nur noch die Hinterteile sah – ein großes Feld von Hinterteilen, die sich wackelnd bewegten, während die Tiere sich tiefer hinabwühlten zu dem lebenswichtigen Moos.

Waren die Tiere alle über die Berge gekommen? Nein, wohl nicht alle. Pehr meinte, ein paar dürften an gefährlichen Stellen schon abgestürzt sein; es fiel schwer, dies genau zu wissen – vielleicht zwanzig, vielleicht fünfzig. Man war noch nicht imstande gewesen, die restlichen zu zählen. Wenn Stürme die Luft erfüllt und die Tiere geblendet hatten, hatten sie sich allzu dicht auf dem schmalen Pfad zusammengedrängt, und so waren vielleicht manche abgestürzt. In Bergstürmen konnte man nicht alles im Auge behalten.

Der lange Gewaltmarsch über den Gebirgskamm hatte die Tiere mager und schwach gemacht. Auf den hohen Pässen wuchs kein Moos, jetzt aber kam die Herde wieder zu Kräften. In wenigen Tagen konnten sie wieder kurze Strecken zurücklegen. Es schien, als ob dort oben in den gefahrvollen Bergen die Wölfe nicht nachgekommen wären. Wenn es östlich des Gebirges Wölfe gab, hatte man doch bis jetzt keine entdeckt. Nun, das war immerhin wichtig; da die Tiere, denen das Moos gefehlt hatte, so schwach geworden waren, wären sie der Wolfslist leicht zur Beute gefallen, denn diese Bestien waren so verschlagen, daß sie sogar aus der Ferne wußten, in welchem Zustand sich ihre Beute befand.

Pehr und Akla und Mikel waren ebenso dünn geworden wie die Rentiere. Bei dem fast ununterbrochenen Marsch hatten sie nur wenig Zeit zum Schlafen gehabt; manchmal hatte man rasch ein paar Bissen gegessen, ohne haltzumachen. Aber immerhin, sie waren am Leben, und nahezu alle Tiere waren am Leben, und die Berge hatte man hinter sich! Es war kaum wahrscheinlich, daß noch ebensoviel Gefahren vor einem lagen.

Jon lauschte ernst dem Bericht der Männer, die den Übergang mit der Herde vollbracht hatten, und er war zufrieden. Freilich, es hatte Verluste gegeben, aber wie groß hätte dieser Verlust sein können. Eine zufällige Lawine, eine falsche Wendung, ein Scheuen der Tiere, und die unschätzbare Herde wäre ausgelöscht gewesen. Doch das war nicht geschehen. Ja, Jon fühlte sich zufrieden. Niemand hätte es besser schaffen können als Pehr und Akla und Mikel, niemand hätte es ihnen gleichgetan.

Während die Lappenhirten ruhten und die Rentiere wieder zu Kräften kamen, lernten die Eskimos, wie man die Herde behandelt. Das waren jene, die sich knapp vor dem Übergang über die Berge dem Zug angeschlossen hatten und von den anderen «neue Männer» genannt wurden. Als See-Eskimos verstanden sie gut, mit Kajaks umzugehen und wußten Bescheid in den Gewohnheiten der Seehunde und Walrosse. Es hieß, daß sie sich sogar an die großen Wale wagten, und ihre ganze Gedankenwelt kreiste um Meer und Küste.

Gegen die Inlandstämme hegten die See-Eskimos ein altes Mißtrauen, einen vererbten Argwohn. Das seltene Zusammentreffen feindlich gesinnter Stämme hinderte dieses gegenseitige Übelwollen daran, zu offenem Krieg aufzuflammen. Gelegentliche Begegnungen mit weißen Matrosen aus der großen Außenwelt gaben den Küstenstämmen ein Gefühl der Überlegenheit über die unglaublich primitiven Inlandvölker.

Sie nannten diese das «Nachtvolk», die «Schläfer», die von einer Generation zur nächsten keinen Fortschritt machten.

Glub und Tang waren immer See-Eskimos gewesen, Ipap war es nur zum Teil, aber Akut und Ikak waren aus dem Westen gekommen, und niemand wußte, woher sie stammten. Was die Frauen betraf, war die Abstammung Gigis und Kiskis unklar, aber niemand kümmerte sich darum. Anders stand es mit Iwi. Ohne Zweifel hatte sie einen weißen Vorfahren. Vielleicht war das ihr Vater gewesen oder ihr Großvater. Sie schwatzte viel über die Bräuche der Matrosen und über deren große Schiffe. Sie war eine Persönlichkeit. Die Grenze zwischen den Stämmen war nicht sehr scharf gezogen. Im Lauf der Jahre konnte da oder dort ein Mann aus einem Stamm in den anderen aufgenommen werden. Tapik, als einer der alten, war Führer geworden – der Mann, der die fünf «neuen Männer» unter sich hatte und für sie verantwortlich war. Trotz der Angst dieser Leute war es gelungen, das Gebirge zu überschreiten; jetzt kam die lange und langsame Schulung im Umgang mit den Rentieren. Man mußte sehr vorsichtig sein bei der Arbeit mit den Hirtenhunden, wundervollen Tieren, die noch mehr zu wissen schienen als ihre Herren. Dann war es auch immer möglich, größere Gewandtheit im Gebrauch der rasch dahingleitenden Skier zu erlangen. Und die Rentiere selbst – es schien so unendlich viele Dinge zu geben, die man von ihnen wissen mußte: wie man sich ihnen näherte, wie man die Arme bewegte, wie man herankam, wie man sie lenkte, wie man sie behutsam rief –, das Lernen nahm kein Ende.

Aber Tapik arbeitete mit seinen Leuten. Er war stolz auf seinen Rang. Im Befehlen lag ein neues Gefühl. Die Männer nahmen unklare Begriffe auf von einem fernen Lagerplatz, von unbegrenztem Schlachten und einem ewigen Festschmaus. Allmählich betrachteten sie die Herde als ausschließlich ihnen vorbehalten. Ach, wenn einmal die Zeit da war, was für ein Schmausen! Das gab dann ein endloses Fest, das nur hin und wieder durch Schlaf unterbrochen wurde. Welch ein Leben!

So machte jeder der Reihe nach seinen Dienst bei der Herde, während Menschen und Tiere langsam wieder einbrachten, was das Gebirge ihnen genommen hatte. Nur wenige Tage waren das gewesen, und die Stärke war verlorengegangen; viele Tage mußten vergehen, ehe sie wiederkam. Doch sie kehrte wieder, und die «neuen Männer» übten sich in den seltsamen Bräuchen der Hirten. Täglich besichtigte Jon die Rentiere. Ihre eingesunkenen Flanken füllten sich allmählich – aber wie langsam sie noch waren! Sie mußten sich kräftigen, ehe der Weitermarsch begann. Nur behutsame Langsamkeit konnte wirklichen Fortschritt bringen; Eile war keine Eile. Das war eine harte Lektion, aber im Lauf der Jahre hatte Jon sie erlernt.

Dann wurde eines Abends der Befehl durchs Lager weitergegeben, daß der Marsch aufs neue beginne! Am Morgen packte man wieder die Schlitten, schirrte die Gespanne ein, zog wieder hinaus in die Stürme. Gewiß, die Berge lagen jetzt hinter ihnen, es konnte keine allzu großen Gefahren mehr geben, keine großen Verzögerungen. Noch ehe das Eis brach, mußten sie den Großen Strom überqueren. Und hinter dessen Ostufer erstreckten sich die weiten Weideländer, die für die Tiere vorbehalten waren. Lange vor der Wiederkehr der Wildgänse mußte die Reise ihr Ende gefunden haben.

Ein kurzer und langsamer Marsch am ersten Tag; desgleichen am nächsten. Alle mußten sorgfältig von neuem an die Reise gewöhnt werden. Gemächlich zog die Herde ostwärts; die Hunde schleppten wieder einer hinter dem anderen die Schlitten; die Skier zischten über den Schnee: der Zug war wieder unterwegs.

Die Tage waren jetzt länger, und bei klarem Himmel kam zu Mittag die Sonne. Jede zurückgelegte Meile war jetzt von Wert, denn man mußte danach streben, den Großen Strom zu überqueren, ehe das Eis barst. Wie willkommen die Sonne war! Aber ihr Kommen bedeutete die Zeit, da jede Weiterbewegung stockte. Die Sonne war Freude, war aber auch Warnung. Ängstlich beobachtete Jon ihre Fortschritte; die Herde marschierte jetzt den vierten Winter.

Da fünf neue Hirten im Lager waren, verwendete Jon viel Zeit darauf, vor der Herde den Weg zu erkunden. Manchmal begleitete ihn Pehr. Sie suchten die besten Weideplätze, die Lagerstellen, die leichtesten Strecken. Sie vernachlässigten nicht die geringste Kleinigkeit, durch die der Marsch beschleunigt werden konnte. Freilich zeigte sich schon die Sonne. In großen Pausen zwischen den Stürmen, doch mußte noch eine lange Zeit tobender Winde und beißender Kälte verstreichen, ehe der Schnee weich wurde und die Bäche wieder zu murmeln begannen.

Die «neuen Männer» nahmen die Arbeit mit ganz hübschem Erfolg auf. Ihre Erfahrung war nur begrenzt und ihre Auffassung langsam; sie waren nicht sorgfältig ausgewählt worden, weil man hatte nehmen müssen, was sich geboten hatte. Glub und Tang übertrafen die anderen bei weitem an Verständnis; Akut und Ikak waren nur mäßige Hirten, während Ipap, der viel älter zu sein schien, fast gänzlich versagte.

Jon hatte jetzt alles in allem neun Männer unter seinem Befehl, und so war es manchmal möglich, einen Tüchtigen und einen weniger Tüchtigen gleichzeitig auf Wache zu schicken.

Zwischen den Zelten der Lappen und den Iglus der Eskimos gab es nur wenig Verkehr. Die See-Eskimos hielten sich abseits; die Lappen gehörten nicht ihrer Rasse an, waren aber auch nicht Mitglieder des großen weißen Stamms. Es war klüger, sich abseits zu halten, bis man diese sonderbaren Leute besser kannte. Daher wurden die Iglus oft in einiger Entfernung von den Zelten der Lappen erbaut.

Jon und Pehr waren vorausgegangen, um an den schwer zugänglichen Ufern eines Flusses eine Stelle für den Übergang zu finden. Es war ein kleines Flüßchen, hatte aber ungewöhnlich steile Ufer. Der Zug war zum Stehen gekommen und wartete darauf, daß ein Übergang gefunden werde. Es fiel allen lästig, daß eine solche Kleinigkeit den Fortschritt aufhalten konnte. Das Wetter war ungleichmäßig; plötzliche Schneewirbel erhoben sich, trieben dahin und senkten sich wieder. Den Tieren mochte es nicht schaden, einen Tag zu rasten und zu weiden; die Gegend war nicht reich an Moos, und dieses Moos war schwer zugänglich.

Tang und Akut behielten die Herde im Auge, und Tapik war in der Nähe. Zuzeiten kamen alle die Eskimos heraus, um die Herde zu besichtigen. Sie schlenderten hin und her, um sich die lange Zeit zu vertreiben, sie schienen im Anblick der Tiere zu schwelgen, als ob sie endlose Festmähler vorwegnähmen. Sturmschleier verhüllten ihnen die Rentiere; aber die ästen ruhig; die trügerischen Stürme legten sich, aber sie fraßen weiter, ohne an irgend etwas anderes zu denken als an den einen großen Zweck ihres Lebens – das Moos.

Tang war es, der in einer kurzen windstillen Zeit die vier Männer kommen sah. Sie kamen langsam und geduckt, machten halt und setzten sich dann wieder in Bewegung. Sie näherten sich der gegenüberliegenden Seite der Herde. Ungläubig beobachtete dies Tang; es waren nicht Leute aus dem Lager, dennoch näherten sie sich den Rentieren zutraulich, ja kühn. Die Tiere regten sich nicht; sie hatten den Kopf tief in die von ihnen ausgescharrten Mooslöcher gesteckt. Sie kannten keine menschlichen Feinde.

Da sah Tang die Männer vorwärts eilen; jeder von ihnen trug einen kurzen Speer, und jeder wählte sich das nächste weidende Tier als Ziel. Es war ein leichter Sieg. Die Tiere verendeten in ihren Löchern, und die Angreifer gingen zu den nächsten. Tang wußte nicht, was er tun sollte. Hier war ein Fall, in dem man nicht unterwiesen worden war, für den er keine Weisung hatte. Dennoch: die Tiere wurden niedergemetzelt; Tiere, die nach seiner Ansicht für eine bevorzugte Handvoll Hirten bestimmt waren. Und er, er selbst, war einer der Bevorzugten. Ah, er mußte sein Eigen beschützen! Er eilte vor, fuchtelte mit den Armen und schrie, um die Tiere aufmerksam zu machen.

Als die vier Männer mit den Speeren Tang kommen sahen, gaben sie ihm Zeichen, er solle zurückkehren und vom Schreien ablassen. Konnte dieser Mann, der da lief und kreischte, nicht sehen, daß er gänzlich widersinnig die Rentiere verscheuchte, gerade in dem Zeitpunkt, da diese sich so überraschend leicht beschleichen ließen? Aber Tang lief noch immer schreiend weiter. Die vier drängten sich zusammen und erwarteten ihn. Ah – so wie Tang gedacht hatte: verachtete Inländer! Das Nachtvolk!

Tang kam heran. So? Sie töteten also die Tiere der Weißen Häuptlinge? Oh, welche Rache, welche Strafe sie befallen würde!

Die vier blickten Tang stumpfsinnig an, dann sprach der Älteste. Seit wann besäßen Weiße Häuptlinge Rentiere? Seit wann besitze irgendein Stamm wilde Tiere? Die Herden seien frei; sie gehörten allen Jägern, die sie beschleichen könnten. Dies hier sei eine wundervolle Herde, so groß und so zahm, genügend für alle. Alle sollten sich dem gewaltigen Jagen anschließen.

Die drei anderen nickten zustimmend; ihr Sprecher hatte sich mehr als billig verhalten. Das Recht, auf wandernde Herden zu jagen, war für jedermann gleich und war es gewesen, so weit die Erinnerung der ältesten Häuptlinge zurückreichte. Die vier Inland-Eskimos schickten sich an, ihr Tun wieder aufzunehmen, aber wiederum mengte sich Tang ein.

Die Tiere seien nicht wild, sie seien wie Hunde und zahm; sie gingen mit dem Menschen und flöhen ihn nicht. Sie marschierten jetzt zu einem fernen Jagdgrund. Nur dort dürfe man Hand an sie legen.

Während Tang sprach, war der alte Ipap gekommen. Die vier sahen ihn voll Verachtung an; er war allerdings keine besondere Ehre für die Seestämme. Der Führer sprach wieder.

Für solche Leute also, wie für dieses armselige Zerrbild von Mann, würden die Rentiere gehütet? Vielleicht gebe es gar keine Weißen Häuptlinge? Vielleicht versuche man nur, alle Tiere einzig und allein für die Seestämme zu bewahren. In alten Zeiten sei es nicht so gewesen.

Die Inland-Eskimos betrugen sich feindselig. Groll zeigte sich in der Art, wie sie nach ihren Speeren griffen. Da sah Tang, wie Glub auf sie zukam. Wo Glub war, waren Akut und Ikak gewiß nicht ferne. Der Führer der Fremden sprach jetzt wieder.

In den Iglus am steilen Ufer des Flusses lebten acht Männer. Die Frauen und Familien seien viele Tagereisen entfernt. Man wolle mit Beute zurückkehren, und kein Mann aus den Seestämmen könne einen daran hindern!

Dann griffen die vier die Herde abermals an. Dabei machte der alte Ipap eine Bewegung, vielleicht um sich ihnen anzuschließen; gewiß verstand er nur sehr wenig von dem, was vorging. Doch vielleicht erschien seine Bewegung den Inland-Eskimos bedrohlich. Er wurde zu Boden geschleudert und sein Gesicht tief in den Schnee getrampelt.

Ah! Die Inland-Eskimos waren tapfer gegen alte Männer! Tang sprang zurück. Aus langer Gewohnheit von der See trug er seine Harpune mit der Leine bei sich. Er lief weiter zurück, bis er dem Bereich der Speere entgangen war. Einer der vier warf einen Speer. Ach, aber wie ungeschickt! Tang sprang zur Seite. Wenn man einmal einen Speer geworfen hatte, konnte man ihn nur schwer wiedererlangen, aber eine Harpune an einer Leine – wie rasch zog man die wieder zurück! Doch hier waren vier gegen einen; man mußte List anwenden gegen diese langsamen Inländer.

Ah! Sie wollten sich auf ihn stürzen! Da warf von hinten Glub seine Harpune. Ein Mann fiel zu Boden. Die drei drehten sich um. Ah! Ein zweiter der See-Eskimos war da! Einer faßte nach der Harpunenleine; Glub zerrte an, es gab ein kurzes Hin- und Herziehen, die Leine wurde durchschnitten, und Glub hatte seine Waffe verloren. Aber der durchbohrte Inland-Eskimo erhob sich nicht mehr. Einer der drei bohrte seinen Speer in den zu Boden getrampelten Ipap. Auch sie konnten einen getöteten Feind verzeichnen; doch mußten sie jetzt nach zwei Richtungen Widerstand leisten.

Wieder erhob sich der Sturm in plötzlichen Stößen, hob den

Schnee, wirbelte ihn in dicken Wolken und verwandelte die Männer zu undeutlichen Schatten, die einander berannten. Jetzt folgte ein wirres Speerwerfen und Schleudern von Harpunen. Inmitten des Ringens schlossen sich die restlichen zwei Eskimos von den Seestämmen Tang und Glub an. Es war schwer; in dem trüben Sturmlicht sahen Freund und Feind gleich aus. Wenn man nur klare Sicht gehabt hätte! Unbewußt kamen die Männer näher aneinander.

Jetzt sausten Harpunen und Speere nicht mehr aus den Händen ferner Feinde. Die Krieger kämpften Schulter an Schulter und Knie an Knie; von den Speeren gingen sie zu den Messern über, von den Harpunen zu Füßen und Fäusten. Sie taumelten und fielen, erhoben sich und schlugen zu, sie keuchten schwer und knurrten viele kehlige wüste Drohungen. Die Gestalten bewegten sich und fielen und standen wieder auf wie Schatten auf einer verdunkelten Bühne. In den wallenden Schneevorhang gehüllt, spielten sie ihr Trauerspiel bis zum grimmigen Ende. Ohne raffinierte Grausamkeit, ohne heroische Handlungen des Erbarmens; einzig und allein in vernunftloser Wut und in wilder tierischer Blutgier.

Als keine andere Bewegung mehr zu sehen war, stand Tang auf. Ein anderer erhob sich im gleichen Augenblick. Tang taumelte auf ihn zu, und der andere duckte sich, um seinem Angriff zu begegnen. Ach – das war Akut! Die erhobenen Arme sanken nieder, beide waren aufs äußerste erschöpft. Sie setzten sich nebeneinander und keuchten schwer. Dann streckten sie die steif werdenden Gliedmaßen und schritten über das Schlachtfeld. Sie sahen Glub und Ipap und Ikak. Dann lagen noch drei Inland-Eskimos da. Sie suchten den Schnee ab und zählten wieder – nur drei. Dennoch waren es vier gewesen! Man konnte kaum annehmen, daß im Getümmel der Schlacht einer so tief in den Schnee getrampelt worden sei, daß man ihn nicht mehr finden konnte. Es war also nahezu gewiß – in irgendeinem Stadium des Kampfes war ein Feind entronnen. Der Schnee wirbelte jetzt nicht mehr, die Luft war klar und kalt, dennoch konnten weder Tang noch Akut irgendwo einen überlebenden Inland-Eskimo wahrnehmen.

Wie ermüdet sie waren! Ihre Wunden waren steif gefroren. Die sonderbare wilde Wut, die sie ergriffen hatte, war jetzt vorbeigezogen gleich dem dunklen Sturm. Die vier erlegten Tiere lagen noch immer mit den Köpfen abwärts in den tiefen Schneelöchern, mit steif ausgestreckten Hinterbeinen. Nicht weit davon entfernt scharrten und weideten noch die Rentiere, ohne etwas von dem uralten Menschenkampf um den Besitz zu wissen. Über das weite Schneefeld mühten sich die beiden Männer. Endlich schleppten sie sich zu den Iglus. Ach, welche Gestalten! Welche purpurroten Geschöpfe, die man kaum ansehen konnte!

Am Morgen zogen Jon und Akla zu den sechs Leichen hinaus, die im Schnee lagen. Sie hatten keine Menschenähnlichkeit mehr. Die Verstümmelung durch den unglaublich wütenden Kampf war von solcher Art, daß alle den Blick davon wandten. Es war unwahrscheinlich, daß man einen Landsmann der Getöteten finden mochte, damit er sie begrabe, auch gab es hier keine flachen Felsblöcke, die man nach altem Brauch über sie legen konnte. So blieb nichts anderes übrig als ein Begräbnis im Schnee, nicht tiefer als das Moos. Als Jon und Akla mit ihrer Arbeit fertig waren, ging Akla, Mikel und Tapik zu holen, damit man gemeinsam die vier jetzt schon vor Frost weißen Rentiere ins Lager bringe; aber Jon blieb bei der Stelle stehen, wo die Eskimos unter dem Schnee lagen.

Tiefe Trauer überkam ihn. Jetzt schon kämpften die Kinder des Nordens auf Leben und Tod um die Gabe der Großen Weißen Väter. Eine Lehre für alle, die die Klugheit hatten, zu warten und zu lernen. Jon betrachtete den Schneehügel. Mochte einem solchen Volk jemals Klugheit zuteil werden? Mußten sie in ihrer kindischen Ungeduld und ihrer schrecklichen Eifersucht die fürsorgliche Mühe vieler Jahre zerstören? War seine eigene gewaltige Leistung vielleicht dazu bestimmt, in einem Anfall wild aufflammender Wut weggelöscht zu werden? Dann wurde in zehn Jahren oder in zwanzig oder vielleicht in der zweiten Generation der Zug der Rentiere zu einer Legende, zu einem Mythos, der im Laufe der Zeit verblaßte. Mutlosigkeit faßte ihn. Langsam verließ er den Schneehügel.

Man mußte auch an den Marsch denken. Tang und Akut konnten nicht mitziehen; vielleicht konnten sie nie wieder wandern. Und doch, man durfte sie nicht zurücklassen. Das war eine schwierige Lage. Gerade jetzt, da man wirklich vorwärtskam, mußte es eine Verzögerung geben! Drei Mann weniger – vielleicht sogar fünf. Das war genug und mehr als genug, um auch den zuversichtlichsten Befehlshaber in seinem Mut wankend zu machen. Jon besuchte Tang und Akut; die waren sehr schwach. Jon wollte noch eine

Nacht abwarten und dann beschließen, was geschehen solle. Langsam schritt er von den Iglus zu den drei Lappenzelten.

Am Morgen, ehe es noch gänzlich hell war, ging Jon wieder zu den Iglus. Die Dächer waren zertrümmert, und kein Laut drang aus dem Innern. Er kam näher heran, kein Leben regte sich. Seltsame Spuren sah man in dem niedergetrampelten Schnee – Spuren, die nur von den breiten Stiefel der Inland-Eskimos herrühren konnten. Jon blickte ins Innere und sah dann noch einmal hinein. Dort schienen zwei zu liegen. Etwas, was einst Tang und Akut gewesen war – vielleicht. Das konnte man nicht mehr erkennen. Jon warf keinen weiteren Blick hin; mit abgewandtem Auge stemmte er sich gegen die Wand, drückte sie nach innen und bedeckte damit alles. Von den Frauen war nichts zu sehen. Ohne Zweifel hatten die Stammesfeinde Iwi und Gigi und Kiski entführt – als letzte Schmähung für einen verachteten Gegner.

Jon gab seine Befehle. Man mußte sofort aufbrechen. Dann gab er einen zweiten Befehl, niemand durfte sich den zerstörten Iglus nähern. Was Jon in diesen gesehen hatte, erfuhr niemals ein Mensch.

Wieder zog man langsam nach Osten. Gewiß kam man nur allmählich vorwärts, unglaublich und entmutigend langsam. Jons neun Männer waren auf vier zusammengeschmolzen. Die Kräfte mußten bewahrt und die Zeit für den Schlaf sparsam aufgeteilt werden. Ein Tag der Rast und ein Tag des Marschierens und dann wieder hintereinander Tage, an denen man weder rasten noch marschieren konnte. Manchmal blieben die Schlitten zurück, und die Herde machte halt. Auf der eigenen Spur zogen dann die Hirten zurück, um den Leuten bei den Gespannen zu helfen. Oder die Schlitten kamen ins Lager und mußten warten, bis die Herde nachkam. Die zurückgelegte Strecke sank auf die Hälfte, auf ein Drittel des Vorgesehenen herab.

Nachdem die Inländer verschwunden waren, zeigten sich keine Eskimostämme mehr. Das Land war jedes Lebens bar. Nirgends gab es Hilfe. Man konnte nur auf das langsame geduldige Ausdauern dieser ermüdeten Handvoll Männer rechnen.

Eines Tages fanden sie zu ihrer Überraschung den Schnee weich und den Himmel blau. Für sie hatte das nur eine Bedeutung – das Ende der Reisezeit. Sie wußten nicht genau, wo sie waren. Es war noch kein Anzeichen des Großen Stroms zu bemerken. Es schien kaum möglich, vor dem Auftauen des Eises dorthin zu gelangen. Dennoch machte man noch einen großen hoffnungsvollen Versuch. Jon ließ täglich längere und immer längere Strecken zurücklegen, bis sowohl Herde wie Hirten in diesem Kampf beinahe unterlagen. Es war unmöglich. Viele Tage mußten sie rasten; dann zogen sie langsam und vorsichtig weiter. Jetzt bedurfte man keiner Gewaltmärsche mehr; es konnte nicht geschafft werden. Eines Morgens brachen sie nicht mehr auf, denn der Weg war weich. Sie waren auf dem Lagerplatz für den Sommer.

Als der Schnee schmolz und das Eis zur See abströmte, entdeckten sie einen stattlichen Fluß. Reisende, die im Sommer vorbeikamen, sagten Jon, dieses Wasser heiße der «Blaue Fluß». Da entsann er sich dessen, was die Weißen Häuptlinge ihm gesagt hatten. Der Große Strom war keine fünfzehn Tage, vielleicht nur zehn Tage, von diesem Sommerlager entfernt. Wie nahe dem Ziel! Ach, wie bald hätte man es schaffen können! Wenn ihnen nur eine der vielen Verzögerungen erspart worden wäre!

Es blieb nichts anderes übrig als warten: warten und rasten. Jedes Bedauern war fruchtlos, und sie hatten ihr Bestes getan. Nachdem sich die Enttäuschung ein wenig gelegt hatte, bereitete es ihnen Freude, die Wärme der Sonne wieder zu fühlen, glitzerndes Wasser zu sehen und den alten Schrei der Wildgänse willkommen zu heißen. Es war eine Zeit der Entspannung. Die Rentiere mußten bewacht werden, sonst gab es aber nicht viel Arbeit. Dann mußte man einige geringere Vorbereitungen treffen, für die wenigen Tage der Reise, die noch vor ihnen lagen.

Es war herrlich, über die Ufer des Flusses zu schlendern, die Lachse im klaren Wasser zu beobachten und die Seeschwalben, die dicht über die Wasserfläche flogen. Weiter hinten trieben die Schneehühner ihr Hochzeitsspiel, Schneesperlinge zwitscherten, und Möwen flogen von der See herein. Jetzt war es nicht mehr glaubhaft, daß es die Schwarzen Berge gab und heulende Stürme und todbringende Kälte.

Jon hielt sich viel bei den Rentieren auf. Jetzt sah er sie das letzte Mal auf der Sommerweide. Während er die alte und immer neue Erneuerung der Herde beobachtete, überkam ihn ein Gefühl der Sicherheit, eine Verheißung der Dauer. In diesem Jahr waren die

Kälber kräftig. Da der letzte Teil der Reise so kurz war, mochten sie sie auch alle überstehen. Wie wundervoll war der Kreislauf des Lebens! Die Kälber trieben die alten Spiele, die Kühe grunzten ihnen im Dämmerlicht warnende Befehle zu, genauso, wie sie es in Lappland, in Schweden und Norwegen schon durch ungezählte Rentiergenerationen taten. Diese ererbte Klugheit der Tiere gab einem ein neues Gefühl, eine Art Hoffnung und Frieden und den innigen Glauben an eine große Macht der Güte und Ordnung.

In diesem Sommer begegneten sie Reisenden. Sogar weiße Männer, die in ihren dampfenden Booten den Großen Strom herab kamen, besichtigten die Herde. Sie nahmen Jon bei der Hand und sprachen laute Worte des Lobs. Jon versuchte, ihnen aus dem Weg zu gehen, ihre Worte erschienen ihm leer und sinnlos. Nicht darum hatte er die Kraft seiner letzten Jahre ausgegeben. Sie sprachen von seinem Mut, seiner Leistung, seinem Erfolg. Sie versuchten, Fotografien von ihm zu machen, und sie baten ihn, seinen Namen in ihre kleinen Bücher zu schreiben. Nein – er war ja Jon, der Führer, Jon, der Herr der Herde! Und sie sprachen von ihm, als ob er ein Tänzer wäre, ein Taschenspieler, ein Hexenmeister. Keiner tat der Herde Erwähnung, der Zukunft, des Gedeihens der Nordvölker. Als sie jetzt anfingen, ihn um ein Stückchen seines Zelts zu bitten, um ein Fäustling, ja sogar um einen Splitter seiner Zauberskier, zog Jon auf Wanderschaft in die Hügel beim Fluß.

Auch Eskimos kamen vorbei; zumeist reisten sie zu dem großen Handelsort Aklavik oder sie kamen von dort. Zwei Männer lagerten viele Tage in der Nähe Jons. Dann sagten sie ihm, daß sie sich gerne dem Zug anschlössen und Hirten würden, damit sie die große Wissenschaft der Rentiere erlernten. Jon sprach eingehend mit ihnen. Der eine hieß Orso und hatte eine große Familie, und der andere Alan, der hatte eine noch größere Familie. Sie waren ruhige Männer, und sie wußten viel von den Bräuchen der Weißen. Sie hatten lange Zeit auf der Herschelinsel gelebt, aber die Ufer des Großen Stroms behagten ihnen besser. Dort war ihnen die Kunde von der Herde zu Ohren gekommen. Sie hätten gerne bei den Rentieren gearbeitet. Sie gelobten, tüchtige Dienste zu tun. So nahm Jon sie auf. Man bedurfte ihrer nicht allzusehr, aber sie konnten in den letzten Tagen der Reise von Nutzen sein. Dann vermochten sie auch die Wartung der Rentiere vielen anderen ihres Stamms zu zeigen. Orso und Alan waren glücklich. Sie konnten es sich kaum versagen, zu ihren Weibern zu laufen, die ihrer warteten, und ihnen die große Neuigkeit mitzuteilen.

Eines Morgens war Tapiks Sommerzelt verschwunden. Niemand wußte genau, wann er gegangen war und wohin. Aber eins stand fest, daß er nicht mehr der Gesellschaft angehörte. Das war der letzte der alten Eskimos, die vor so langer Zeit aus der Buckland-Bai aufgebrochen waren. Vielleicht hatte ihn der Wandertrieb übermannt, weil allzu viele Reisende dieses Wegs kamen. Ohne Zweifel zog ihn das alte Leben der Freiheit wieder in seinen Bann. Kein Wachdienst mehr, nicht mehr die Mannszucht der langen Fahrt. Jon bedauerte, daß der Mann nicht bis zum Ende durchgehalten hatte, dem er so nahegekommen war. So viele Prüfungen hatten sie gemeinsam bestanden, und Jon hätte ihm wohl noch einmal ins Gewissen geredet, aber Tapik hatte eben nicht den Mut besessen, sein Fortgehen anzukündigen. Und mit ihm war Kipi gegangen, sein Weib, und die Kinder: Sik und Lug, aber die kleine Uji hatten sie in weiter Ferne in den Schwarzen Bergen zurücklassen müssen. Jon sah die Leute nie wieder. Nun ja, so ging es im Leben!

Zwanzigstes Kapitel

Der Große Strom

Der kurze Sommer, der letzte kurze Sommer der langen Reise, war vorbei. Bäche und Sümpfe bedeckten sich mit einer immer dichteren Eisschicht, während das Blau des Himmels zu kaltem Schiefergrau wurde, je mehr die Sonne nach dem Süden entschwand. Die Raben hatten ihre Niststätten auf den Küstenfelsen verlassen, und die Schwalben waren heimgekehrt.

Diesmal brachte der Anbruch des Winters keine bedrückte Stimmung, keine unbestimmte Furcht vor seltsamen Gefahren. Diesmal war die Starre des neuen Frostes, war der Winter der Befreier, er entband die Wächter der Tiefe ihres endlosen Dienstes. Während des ganzen Sommers hatten Jon und die anderen gearbeitet und gesonnen und an dieses letzte Abbrechen des Sommerlagers gedacht, an den letzten Übergang über vereiste Flüsse und Sümpfe.

Und jetzt war die Zeit gekommen; nur noch wenige Tage und wenige Nächte, und dann erreichten Herde und Hirten die Küste des Großen Stroms. Im Sommer war Jon zu dem Fluß gezogen, um die Gegend zu erkunden und im voraus die lange Strecke der Reise festzulegen. Der Anblick des mächtigen Wassers, das seine ungeheuren Fluten ins Meer wälzte, hatte ihn überwältigt. In weite Fernen, so weit man nur schauen konnte, teilte sich, vereinigte sich und teilte sich abermals eine unzählige Menge von Wasserläufen und bildete ein überwältigendes Labyrinth von Flüssen. Unwiderstehlich strebten sie alle dem Meere zu; der große Bärensee und der große Sklavensee und der Athabaska entsandten ihr Wasser in die Mutter See. Die Zeit, sich mit dem großen Ursprung zu vereinen, war nur der kurze Sommer. Über Tausende von Meilen strömten große Flüsse und kleine Wasserläufe in den Großen Strom; verdrossen oder freudig, langsam oder stürmisch kamen die Massen herab aus einem Land, das so ungeheuer war, daß niemand es kennen konnte.

Während Jon den fernen Horizont betrachtete, verzweifelte er an der Möglichkeit, einen Fluß überqueren zu können, dessen Mündungen unzählbar schienen. Sie wälzten ihr Wasser mit so majestätischer Wucht ins Meer, mit so unwiderstehlichem Schwung, daß der Gedanke, menschliche Atome könnten das andere Ufer erreichen, Hohn zu sein schien. Und doch wußte Jon, daß nicht einmal der Große Strom unbezwingbar war. Aus dem Norden stahl sich ein ungreifbarer Dämon ohne Form und ohne Stoff über alle Ströme, lähmte ihre rasche Bewegung, machte ihre Sommerstimmen verstummen. Wenn diese Zeit kam, vermochte selbst der stürmischste Wasserlauf nur tief im Innern zu murren – ohnmächtig und gebändigt. Und so hatte sich Jon von dem Großen Strom wieder abgewandt, denn er entsann sich dessen, daß auch dieser Fluß, wenn die Zeit kam, sich von den winzigen Menschlein überschreiten ließ. Jon wanderte ins Sommerlager zurück; er war nachdenklich, erfüllt von Ehrfurcht vor dem mächtigen Strom, desgleichen er auf allen seinen Wanderzügen nicht gesehen hatte.

Der Sommer verstrich rasch. Die vielen Stimmen des Wassers murmelten und erstarben, die Erde hüllte sich in das alte Schweigen, ihr Gesicht war fahl im grauen Dämmerlicht. Das war die Zeit zur Reise; Menschen und Tiere bewegten sich, Schemen gleich, über das gewaltige Flachland dem Strom zu. Hier gab es keine Hügel, keine Erderhebungen, keine Zeichen, an denen man die zurückgelegte Strecke hätte abmessen können. Sie zogen ohne Ende dahin, verloren im Nebel dunkler Wolkenfetzen, verschwindend in den Wirbeln eines neuen Winters.

Dann gelangten sie an das Ufer des Großen Stroms. Des Stroms! Durch Monate, durch Jahre war es ihr Traum gewesen, an dieses gewaltige Wasser zu kommen. Jetzt lag es vor ihnen. Ein grenzenloses, unentwirrbares Wirrsal von Kanälen und Inseln. Von der allgemeinen Schneedecke verhüllt, war der Fluß vom Land kaum zu unterscheiden. Aber unter dem Schnee der vielen Mündungsarme gab es kein Moos; nur auf den langgestreckten Landstreifen zwischen den Wasserläufen konnten die Rentiere Nahrung finden.

Jon ließ haltmachen, und viele Tage lang lagerte man am Strom. Irgendwo auf dieser weiten Fläche konnte die rasche Strömung die Eisdecke zu gefährlicher Dünne abschleifen. Die vielen Winter, in denen Jon Erfahrungen gesammelt hatte, hatten ihn klug gemacht.

Jetzt gab er nicht mehr dem Drang nach Eile nach. Viele Nächte bitterer Kälte taten not, daß die Eisdecke dick wurde und sicher für die Rentiere.

Als das Eis in den Wehen der Ausdehnung zu splittern und sich zu türmen begann, wußte Jon, daß es jetzt von gewaltiger Stärke war. In den Zelten und den Iglus auf dem Land wälzten sich die Schläfer unruhig hin und her und trachteten, der wachsenden Kälte zu entrinnen. Unsichtbare Finger tasteten nach den Nähten der Schlafsäcke und durchdrangen die dicksten Felle. Der gepeinigte Strom erweckte die Menschen. Lautes Krachen, plötzliches Knallen, langes markerschütterndes Stöhnen, hohl und furchtbar, drang vom Strom herauf, der sich in der Umklammerung seines Erbfeinds wand. Zuzeiten wurde das Schweigen der Nacht plötzlich zerrissen, wenn sich am Ufer lange Spalten öffneten und rasch hinauszogen über das Eis.

Es war schrecklich, doch darauf hatten sie gewartet. Es war das Anzeichen dafür, daß das Eis schon dick wurde. Im hellen weißen Mondlicht konnten sie jetzt bei Nacht reisen, denn im tiefen Winter waren die Nächte manchmal heller als die Tage. Wenn das Nordlicht über die Sterne wallte, konnte man noch immer weitergehen. Sie waren schwarze Zwerge, die auf einer weißen Bühne ihre Rollen spielten. Hinter ihnen wogte und flatterte und erlosch der ungeheure Farbenvorhang. Zu welcher Tageszeit sie reisten, war nicht wichtig. Sie mußten nur den Großen Strom überqueren, und dann waren die Rentiere daheim. Dann konnten die Tiere rasten; die Menschen konnten rasten; die Hunde konnten rasten – während der ganzen Zeit, die vom Winter noch blieb, konnten Menschen und Tiere rasten. Manchmal hatten sie das Gefühl, als könnte es nie wieder im Leben genügend Ruhe geben; vielleicht reichte der ganze Rest ihres Lebens nicht hin, daß sie sich ausrasteten.

Endlich zogen sie zum Wasser und begannen den Marsch über den ersten Mündungsarm des Großen Stroms. Jon erinnerte sich, wie er im Sommer beinahe entsetzt dieses Wassergewirr betrachtet hatte. Und nun überkam ihn ein gespenstisches Gefühl der Unwirklichkeit – jetzt war er hier und schritt über die ungeheuren Strecken strömender Wellen. Das schien ein Ding der Unmöglichkeit zu sein, dennoch zogen Menschen und Schlitten und Rentiere über die gewaltige Wasserwüste. Unter ihnen strebten die dunklen

Fluten noch immer zum Meer. Jon verlor sich in wirrem Staunen; es gab so mächtige Kräfte, so furchterregende Wandlungen, daß es fast zu tiefgründig war, um darüber nachzudenken.

Sobald man auf die breiten Strecken des Deltalands kam, machte man halt, um die Tiere weiden zu lassen. Das Moos war herrlich dicht, und die Tiere scharrten ihre Löcher mit neuem Eifer aus. Das war das Land, das die Weißen Häuptlinge als Heimat der Tiere auserkoren hatten. Jenseits des Stroms erwarteten ungezählte Tausende Acres die Ankunft der Herde.

Weiter zogen sie über das Land und über einen anderen Arm des Großen Stroms und über Inseln und Kanäle und viele Meilen Flachlands. Hier lag in Wahrheit die Mächtige Mutter aller Ströme.

Dann hatte das Eis ein Ende, man sah nur noch endlose flache Ebenen. Der Fluß war überschritten! Fast ohne es zu wissen, hatten sie den großen Übergang vollbracht. Jetzt reisten sie nicht mehr zum Strom hin; so unglaublich es auch war – der lag hinter ihnen. Wie seltsam, jetzt durch dieses geheimnisvolle Land jenseits des Stroms zu ziehen. Jetzt mußten sie durch das große Gebiet, das die Weißen Häuptlinge reserviert hatten. Doch galt es, vom Fluß zu dem höhergelegenen Land emporzusteigen. Ein Verweilen im Sumpfland des Stroms hätte beim Anbruch des Sommers Gefahr gebracht. Die weichen verräterischen Sümpfe hätten den Tieren verhängnisvoll werden können.

Eines Morgens gab Jon den Befehl. Jetzt wurde kein Lager mehr abgebrochen, kein Schlitten mehr verpackt, kein Hund und kein Rentier angeschirrt – man zog nicht mehr weiter. Die Leute saßen in ihren Zelten und starrten einander an. Dann begannen sie von einem Zelt zum anderen zu laufen, und großes Schwatzen hob an. Die Männer bemühten sich, Gleichmut zur Schau zu tragen. Sie durften nicht plaudernde Weiber werden. Langsam verbreitete sich die große unglaubliche Neuigkeit, langsam drang sie ins Verständnis. Der lange Zug hatte ein Ende! Man wanderte nicht weiter! Die Herde, die kostbare Herde, war daheim.

Welche Jahre des Marsches! Es schien unwirklich, daß das vorbei sein konnte. Dann kam ein Gefühl der Vereinsamung, als ob die Zukunft plötzlich abgeschnitten wäre. Es war allen, als hätte das Leben keinen Sinn mehr. Als aber dieses fremdartige Gefühl sich gelegt hatte, dachte man schon daran, neue Arbeit zu finden.

Am nächsten Tag verließ Jon das Lager. Nach wenigen Stunden war er zurück. Am Morgen sollten alle sich in Bewegung setzen, nur zu einer kurzen Reise – eine kleine Strecke nach Norden, ein wenig näher zum Meer. Sie wollten dies jetzt tun, solange ihnen der Marsch noch Gewohnheit war. Wenn sie eine Zeitlang hiergeblieben wären, sei es auch nur für wenige Tage, war es schwer, von neuem aufzubrechen. Die Habseligkeiten waren dann zur Gänze ausgepackt und die Hunde gar nicht mehr in Laune zum Ziehen.

Welches Behagen, durch das große Reservationsland zu reisen! Das war so glatt, so eben – fast, als glitte man dahin über eine Eisfläche. Und wie weit man sehen konnte! Der Blick fand keine Grenze, und dort, wohin er nicht mehr drang, ging die Fläche weiter. Gegen Mittag sah man seltsame Iglus. Und doch waren es eigentlich keine Iglus. Diese Bauten sahen höher aus und waren von sonderbar eckiger Form.

Unwillkürlich beschleunigte man die Geschwindigkeit. Wahrlich ein wunderbares Dorf und ganz gewiß von einem Stamm Übermenschen bewohnt! Die Schlitten hielten nahe den wunderbaren Bauten, aber niemand kam heraus, die Fremden willkommen zu heißen, nicht einmal Hunde bellten. Dann erklärte es Jon den staunenden Gefährten, denn er hatte es schon vor dem Antritt der langen Reise gewußt, aber niemandem etwas davon gesagt. Was für ein Mann das war! Gestern war er allein ausgezogen, um dieses Dorf zu entdecken, denn er hatte gewußt, daß es nicht fern liegen konnte.

Das also waren die herrlichen Häuser, die die Weißen Häuptlinge vor zwei Jahren für die erwarteten Rentierhirten hatten bauen lassen. Es waren schöne Blockhütten aus kleinen festen Balken, die man den Großen Strom abwärts geflößt hatte. Hier zu wohnen war Seligkeit.

Pehr und seine Familie erhielten von Jon die größte Wohnstätte zugewiesen. Pehr, der getreue Lappe, sollte in Hinkunft der Leiter sein und alles unter sich haben, was die Wartung der Rentiere betraf. Auch Akla, der jetzt Stellvertreter des Befehlshabers war, erhielt eine Hütte, desgleichen Mikel, der jüngste der drei. Jon hatte das Mikel und Neji gegebene Versprechen nicht vergessen. Diese drei, Pehr, Akla und Mikel, waren von allen denen, die beim Beginn des langen Zugs dabeigewesen waren, die einzigen, die bis zum Ende gelangten. Im Frühling ging dann auch Jon fort, aber diese drei sollten bei den Rentieren bleiben, sie warten und die Herde hüten.

Im Geiste konnte Jon sie jetzt schon vor sich sehen, wie sie durch den endlosen Schnee wanderten, in Wintern, die er nicht mehr erlebte. Sie waren tüchtige Männer, und Jons Auge wurde trübe, wenn er an die Treue dachte, die sie ihm in diesen Jahren erwiesen hatten, Pehr, Akla und Mikel – mit dem Alter wächst die Klugheit –, aber jetzt waren sie tüchtige Männer, überaus tüchtig. Sie kannten die Rentiere, sie würden bei den Tieren bleiben, vielleicht jahrelang, und die Stämme des Nordens lehren, wie man die Herde mehrte.

Jon behielt sich ein kleines Haus vor. Er war noch immer der Einsame, so hatte man es während der ganzen Reise gehalten. Zwei Hütten standen leer. Die Eskimos, die in den letzten Monaten des Marsches mitgearbeitet hatten, wurden eingeladen, sie zu beziehen, wenn sie wollten. Man wußte ja bei den Eskimos nie genau Bescheid – sie waren ein seltsames Volk mit seltsamen Bräuchen. Es schien gar nicht ausgeschlossen, daß sie sich neben den Hütten lieber Iglus errichteten. Ganz gewiß hätten die alten Häuptlinge solches geraten, weil es sicherer sei, sich an die alten Sitten zu halten. Immerhin, die Unterkünfte standen da, wenn die Leute Lust hatten, sie zu beziehen.

Welch ein Auspacken! Jetzt unterlag es keinem Zweifel mehr, daß die Reise zu Ende war. Wie ungeheuer groß erschienen die Hütten nach den engen dunklen Zelten, und wie hell – jede hatte zwei wirkliche Fenster! Was für feste Wände! Da konnten die Schneestürme toben, soviel sie wollten! Nach wenigen Tagen würden sich alle schon erstaunt fragen, wie sie es fünf lange Jahre in den Zelten ausgehalten hatten. Zudem noch Sommer und Winter! Sie hatten darauf gerechnet, zwei Winter und einen Sommer in den Zelten zu leben. Doch was weiß der Mensch zu Beginn eines Unternehmens? Nicht einmal Jon hatte es gewußt, auch nicht die Weißen Häuptlinge.

Doch jetzt war man hier. Jetzt mochten die Winde heulen!

Wie sonderbar war die erste Nacht! Jak und Ata, die Kleinen, saßen noch lange, nachdem man sie zu Bett gebracht hatte, mit staunenden Augen da. Auch für Neji lag in allem ein besonderer Reiz. Denn sie wurde doch bald Herrin eines prächtigen Hauses, das ihr Eigen sein sollte. Sie hatte gehört, wie Jon die Hütten zuwies, und sie wußte, welche Mikel erhalten hatte. Sie fragte sich, ob er wohl morgen oder übermorgen kam, sie zu holen. Doch mußte Zeit bleiben, daß man sich hier niederließ und zu Atem kam.

Am nächsten Tag wurde man bei den Hütten der Rentiere ansichtig. Die vergeudeten nicht viel Zeit auf Schauen, sondern begannen sogleich mit ihrer Arbeit des Scharrens. Mit dem seltsamen Wissen, das sie hatten, schienen sie sogleich zu verstehen, daß die Hütten ihnen keine Gefahr brachten. Die Tiere waren in ausgezeichnetem Zustand. Seit man das Gebiet des Großen Stroms betreten hatte, fand man Moos von herrlicher Dichte. Darum hatten ja auch die Weißen Häuptlinge aus allen Gebieten des Nordens dieses reiche Weideland ausgewählt. Darum hatten sie mit Adleraugen aus ihren raschen Flugmaschinen herabgespäht und auf solche Art das schönste Moos der ganzen Welt gefunden. Hier mochten sich die Tiere vermehren, bis man sie nicht mehr zählen konnte. Ganz gewiß überstiegen sie dereinst an Zahl die Karibus jener alten Zeit, von denen die Greise erzählten.

Am nächsten Tag sprach Mikel zu Jon. Wie? Er wolle schon ein Weib nehmen, nachdem er erst einen Tag und eine Nacht in seinem neuen Haus verbracht habe? Wie ungeduldig die jungen Männer seien! Natürlich nehme die Einrichtung nicht lange Zeit in Anspruch. Es gebe nicht viel einzurichten; aber im nächsten Jahr wollten sie mehr haben – viel mehr. Sobald sie nicht ständig auf der Reise sein mußten, konnte man die herrlichsten Dinge verfertigen. Was für ein Haus!

Jon dachte nach. Ja, Mikel hatte die Frau verdient. Er hatte mehr Gefahren bestanden als irgendein anderer während dieses langen Zugs. Vielleicht hatte er einen Teil dieser Gefahren durch seine eigene vorschnelle Kühnheit verschuldet. Und jetzt begab er sich in eine andere Gefahr, doch bestand er auch diese ganz gewiß. Er war ein ausdauernder Geselle. Sollte er's versuchen!

An dem Festschmaus, der an diesem Abend in Pehrs Haus gehalten wurde, nahm Akla teil und natürlich auch Mikel, ja sogar Jon persönlich gesellte sich ruhig zu den anderen. Alle waren hier aus dem alten Lappland; sie gedachten anderer Hochzeitsfeste in der Heimat. Jetzt waren sie hier, eine kleine Gruppe mit ihren Häusern, ihren Rentieren, ihren Kindern, und jetzt gab es sogar eine Hochzeit. Das schien ihnen, als hätten sie ein kleines Stück der Heimat in ein fernes Land verpflanzt.

Ein wenig Kaffee war noch übriggeblieben und ein wenig Zukker, sehr wenig, aber im Frühling sollten sie mehr bekommen. Man konnte nicht jeden Tag ein Hochzeitsfest halten. Es gab frisches Rentierfleisch; Jon hatte das zur Feier des Tages zugelassen. Aus dem Rentiermagen kochten sie eine köstliche Suppe, und Mikel und Neji teilten miteinander die Zunge. Dann setzten sie sich auf die wundervollen neuen Bänke, spalteten Markknochen und erzählten alte Sagen. Jak und Ata durften mit den anderen aufbleiben, bis sie, eingehüllt in Fett und Zufriedenheit, sich auf die Felle wälzten, um zu schlafen. Welch ein Fest!

Die Jungen träumten von der Zukunft; aber Jon sann nach über die vergangenen Jahre der langen Reise. Von neuem erlebte er die Schlacht mit den Moschusochsen, den Eispfad, die Kämpfe gegen Wölfe und Menschen, Erdbeben und Stürme, tückische Flüsse und wildes Gebirge und alles, was die langen Jahre gebracht hatten. Wie hatten sie ihn gebeugt! Alles war jetzt vorbei, sogar die leichte Befehlsgewalt über das Lager lag jetzt bei Pehr. Dieser mußte in Hinkunft entscheiden. Jon fühlte sich sonderbar schwach, als ob Lebenskraft und Stärke aus ihm gewichen wären. Auf dem großen Zug hatte er sein Letztes hergegeben. Fast über Nacht war er alt geworden.

Ah, der Schmaus war zu Ende! Jetzt kam Jon wieder zu sich. Mikel und Neji gingen längs der Zeile der Hütten zu ihrem Haus. Nach allen Seiten schüttelte man einander die Hände. Vielleicht grämte sich Waas ein wenig – Neji war ihr ältestes Kind. Jetzt entschwanden die beiden Arm in Arm ins Dunkel. Auch Jon blickte ihnen ernst nach. Wie hoffnungsvoll die Jugend war! Ach ja, das Leben mußte seinen Lauf nehmen. So ging es in allem.

Die langen Wintermonate verstrichen. Die Hirten bezogen die ihnen zugewiesene Wache bei den Rentieren; die Frauen kochten in den eisernen Töpfen das Fleisch, und die Hunde schliefen oder haderten um die Knochen. Gewaltige Stürme brausten von Norden heran, und in den langen klaren Nächten herrschte dieselbe bittere Kälte. Aber eines Tages kam die Sonne wieder, und die großen Nebel hoben sich von der Erde empor. Der harte, schiefergraue Himmel wurde wieder blau und der Schnee weich.

In den kommenden Tagen mußte es auf dem Rentiergebiet reges Leben geben. Dann hüpften frische Kälber übers Moor, und die Kühe grunzten ihnen in der langen Dämmerung ängstliche Befehle zu. Das Leben ging weiter, das Leben in seinem ewigen Kreislauf, das Leben, das rascher wurde und verebbte und ebbte und flutete – weiter und weiter, gleich den unermüdlichen Wassermassen des Großen Stroms. Neue Männer würden kommen, aus den östlichen Stämmen und aus dem Westen – Männer mit ihren Weibern, und sie sollten die sonderbaren Sitten der Rentiere kennenlernen.

Jon begann den Himmel zu beobachten. Eines Tages im Frühling sollten fliegende Weiße Häuptlinge aus dem Süden kommen, um ihn fortzuführen. Das hatten sie ihm gesagt, und er wußte, daß sie ihr Versprechen halten würden. Er fühlte sich abseits und fremd wie ein Mann, dessen Werk getan ist. Während der Strapazen der Reise war er die führende Hand gewesen; den anderen oblag es, ein großes Rentierreich auf dem Fundament aufzubauen, das er gelegt hatte.

Während er beobachtete, wie der Schnee schmolz, träumte er phantastische Träume von dem großen Land, dem er die letzten Jahre seiner Kraft geweiht hatte. Es war ein rauhes Land, grimmig und furchtbar und erbarmungslos. Und es war ein Land für Männer, für großherzige Männer, die sich am Kampf freuten, die bei Strapazen gediehen. Ebenso wie von einer Herde nur die tüchtigsten Tiere am Leben blieben. Und die, die am Leben geblieben waren, unterlagen ihrerseits wieder. Sie verfielen einem unwiderstehlichen Bann: der Zauber des Landes unterwarf sie.

Jon wußte, daß dieses wilde Land nie ganz gebändigt werden konnte, nicht so, wie der Mensch die gemäßigten Länder unterwirft. Aber die schütteren Stämme des Nordens konnten sich mächtig vermehren. Da sie jetzt Nahrung hatten, würden sie das Gespenst der Hungersnot in weite Fernen verjagen. Denn diese Nahrung war nicht das zufällig erbeutete Fleisch wandernder Karibus oder aussterbender Moschusochsen, nicht unverläßliche Beute wie erlegte Seehunde oder Eisbären, sondern die dauernde, ständige Nahrung, die zahllose Herden von Rentieren bieten konnten. Ja, das war das Geheimnis des Lebens im Norden – Fleisch. Immer mußte es Fleisch geben, nahrhaftes, reichliches Fleisch. Die einzige Hilfe gegen die durchdringende Kälte, das einzige, was das Leben aufrecht hielt – Fleisch. Und er, Jon, hatte bewirkt, daß für das höchste Nordland ein neues Leben begann.

Während er träumte, kamen in der ersten Frühlingswärme allmählich Männer fremder Stämme. Aber Jon sprach nicht mit ihnen. Er hörte nicht, wie sie sich über die Zahl und über die Zahmheit der Rentiere wunderten. Mikel sollte es ihnen zeigen; Akla konnte sie belehren, Pehr übte bereits die Befehlsgewalt über sie aus. Jon hatte das Seinige getan; er hatte sein Versprechen gehalten. Mit dem Ende seiner Aufgabe war der Zweck seines Lebens erfüllt.

Er hörte das erste leise Surren des Aeroplans; er sah den ersten Schimmer der Mittagssonne auf den weißen Flügeln. Er war bereit. Die Hirten der langen Reise versammelten sich zu einem schweigenden Lebewohl. Es war ihnen allen, als könnte man keine Worte sprechen. Langsam ging Jon von einem zum anderen und legte jedem die Hand auf die Schulter. Er konnte kein Wort sagen, aber sie kannten seine Gedanken. Er dachte jetzt wohl an die alten Tage des Sturms und des Dunkels, an schlüpfriges Eis und schwarze Gewässer, an Kämpfe mit Wölfen und an wildes Scheuen der Herde. Was für Männer! Was für getreue Brüder! Wie hatten sie miteinander gearbeitet!

Kaas, der Alte, war fort, war vor langer Zeit in einem Schneesturmwirbel erloschen; und Quag war im Dunkel verschwunden und Uff zugrunde gegangen in der Schlacht mit den Moschusochsen, und Ome war nicht mehr da und Kult und Soak. Auch Tapik und Kipi waren unterwegs fortgewandert. Alle waren fort! Nur Pehr und Akla und Mikel hatten das Ziel erreicht, und Jon musterte sie jetzt ernst. Er wußte, daß er sie nie wiedersah. Ein Stück hinten standen Waas und Neji und Ata und Jak. Jon winkte ihnen mit erhobener Hand. Dann nahmen ihn die Weißen Häuptlinge in den Aeroplan. Sie hatten eine weite Strecke nach Süden zu fliegen, solange die Luft noch hell war.

Jon sah, wie die kleinen Gruppen vor dem plötzlichen Aufdonnern der Motoren zurückwichen. Er beobachtete, wie die emporgewandten Gesichter nahezu in einem Augenblick verschwanden. Jetzt wurde er nach Norden getragen, dem Wind entgegen. In weiter Ferne sah er ein Eisfeld glitzern. Das Große Meer! Ein letzter Blick auf die grimmige, eisstarrende See! Höher und höher schraubten sie sich in die scharfe helle Luft, in die Luft, die so oft erfüllt gewesen war von tosenden Stürmen und schwarzen Wolkenfetzen. Nie wieder sollte er das tiefe Dröhnen des Bodenwinds und die heulenden Stimmen in den oberen Luftschichten hören. Das scharfe Bersten von Eis störte nimmermehr seine Nachtruhe. Auch das Wallen der großen Lichter sollte ihn nicht mehr in seinen Bann ziehen.

Dann machte der Aeroplan eine Wendung nach Süden, den langen Flug anzutreten. Wieder war Jon jetzt über dem Lager, hoch oben. Die Zelte waren wie runde Kreise im Schnee. Dann sah er einen Augenblick einen dunklen Fleck auf dem Weiß, eine schwarze Masse winziger Gegenstände. Die Rentiere! Jetzt scharrten sie wohl nach Futter, so wie immer. Scharf blickte er hin, um sie zu sehen. Ihnen hatte er seine letzte Kraft geweiht. Dort unten, tief unter ihm, nährte sich die lebende, lebenspendende Nahrung! Plötzlich senkte sich ihm ein Schleier über die Augen, und die Rentiere verschwammen vor seinem Blick.

An der Buckland-Bai in Alaska begann knapp vor Weihnachten 1929 der heldenhafte Zug von 3000 Rentieren nach dem Schutzgebiet östlich des Mackenzie-Stromes, wo er fünf Jahre später endete.

Inhalt

Nikos Kazantzakis

Alexis Sorbas
Der berühmte Roman über Alexis Sorbas, den urwüchsigen Philosophen des einfachen Herzens, der alle Berufe kennt, «die man mit Fuß, Hand und Kopf» ausüben kann. (158)

Freiheit oder Tod
«Freiheit oder Tod» schworen die Griechen auf Kreta während der langen Türkenherrschaft. Mit diesem Schlachtruf erhoben sich die Fischer und Bauern der Insel, um das osmanische Joch zu brechen. (1861)

Rechenschaft vor El Greco
Einer der bedeutendsten Schriftsteller unseres Jahrhunderts gibt vor seinem Ahnen El Greco Rechenschaft über sein gelebtes und erlittenes Leben. (4598)

Griechische Passion
Eines der Hauptwerke des großen griechischen Dichters, in dem die Leidensgeschichte Christi in einer Tragödie unserer Tage wiederersteht. In einem griechischen Dorf werden die Laiendarsteller eines Passionsspiels so sehr von ihren Rollen überwältigt, daß sie sich mit ihnen identifizieren. (4747)

4870

5464

rororo

C 2188/1

Malcolm Lowry

Gesamtwerk in Einzelausgaben
Herausgegeben von Joachim Sartorius

Hör uns, o Herr, der Du im Himmel wohnst
Erzählungen
Deutsch von Susanna Rademacher
dnb 121

Oktoberfähre nach Gabriola
Roman
Deutsch von Susanna Rademacher
dnb 157

Ultramarin
Roman
Deutsch von Werner Schmitz
dnb 167

Fünfunddreißig Mescals in Cuautla
Gedichte
Deutsch von Joachim Sartorius
dnb 172

Unter dem Vulkan
Deutsch von Susanna Rademacher
durchgesehen von Karin Graf. Gebunden

Spinette der Finsternis
Über Malcolm Lowry
dnb 177

Briefe
dnb 175

Dunkel wie die Gruft, in der mein Freund begraben liegt
Roman
Deutsch von Werner Schmitz
dnb 178

rororo

C 2147/3

Graham Greene

Schlachtfeld des Lebens
Roman (1806)

Ein Sohn Englands
(1838)

Zentrum des Schreckens
Roman (1869)

Der Honorarkonsul
Roman (1911)

Das Attentat
Roman (1928)

Orientexpress
Roman (1979)

Mein Freund, der General
(5807)

Jagd im Nebel
Roman (4093)

Zwiespalt der Seele
Roman (4177)

Am Abgrund des Lebens
(4249)

rororo

C 57/31 a